县域经济纵横

XIANYU JINGJI ZONGHENG

王科健　著

兰州大学出版社

图书在版编目(CIP)数据

县域经济纵横 / 王科健著. —兰州:兰州大学出版社,2013.8

ISBN 978-7-311-04231-8

Ⅰ.①县… Ⅱ.①王… Ⅲ.①县级经济—研究—中国 Ⅳ.①F127

中国版本图书馆 CIP 数据核字(2013)第 201393 号

责任编辑　李　丽
封面设计　李鹏远

书　　名　县域经济纵横
作　　者　王科健　著
出版发行　兰州大学出版社　(地址:兰州市天水南路 222 号　730000)
电　　话　0931-8912613(总编办公室)　0931-8617156(营销中心)
　　　　　0931-8914298(读者服务部)
网　　址　http://www.onbook.com.cn
电子信箱　press@lzu.edu.cn
印　　刷　兰州人民印刷厂
开　　本　710 mm×1020 mm　1/16
印　　张　20
字　　数　334 千
版　　次　2013 年 9 月第 1 版
印　　次　2013 年 9 月第 1 次印刷
书　　号　ISBN 978-7-311-04231-8
定　　价　48.00 元

序　言

据《辞海》解释：县，作为我国地方行政区划名，始于春秋时期。最初设置在边地，秦、晋、楚等大国往往把新兼并得的土地置县。到春秋后期，各国才把县制逐渐推行到内地，而在新得到的地区置郡。郡的面积虽较县大，但因地广人稀，地位要比县低。所以晋国赵简子说："克敌者上大夫受县，下大夫受郡。"（《左传·哀公二年》）战国时期，边地逐渐繁荣，才在郡下设县，产生郡、县两级制。秦统一六国后，乃确立郡县制，县隶于郡。隋唐以后县隶于府或州（郡）或军或监或厅，辛亥革命后直隶于省、特别区，新中国成立后或直隶于省、自治区、直辖市，或隶于自治州、省辖市。所以，县在我国已经有两千多年的历史，其主要职能是作为一级行政管理机构，行使行政、司法、税收和治安权力。

新中国成立之前，我国长期处于封建自然经济社会，经济主体是自给自足的家庭，又长期实行中央集权体制，县由中央政府或省级政府直管，县一级既没有形成自己空间意义上的经济，也没有自己能独立支配的财权，更谈不上县域经济的发展问题。新中国成立后，全国实行土地改革，进而实行合作化和集体化,传统的农业进入了集约化和规模化发展。围绕农业生产资料和人们生活必需品的需求,县一级开始创办地方国营的小型工业企业,在大炼钢铁的时候一些县也出现了钢铁和煤炭企业,由政府出面组织的统购统销和农村信用合作金融机构也逐步发展,由此形成了一、二、三产业的雏形。至20世纪70年代,我国县一级基本上形成了初步的县域经济体系。

从20世纪80年代开始,我国连续进行了多次机构改革和财政体制改革。从本质意义上来看,是为了适应逐步由计划经济向市场经济的转变。同时,为适应城市化的需要,推行了"地改市",并实行"县由市代管"的管理模式。这些改革同时也加大了县一级的自主权,直到20世纪90年代,县一级分灶吃饭,独立形成财政体制。县一级抓财源建设的责任和力度加大,县域经济出现新亮点,具有地域特色、产业优势和功能完备的县域经济发展模式异军突起,引起社会广泛的注意。与此同时,相当一部分县因为经济步入困境,财政入不敷出,群众生活困难,成为社会普遍关注的现象。由于这些现象与党和国家的政策密切相关,是我国现代化和城市化过程中遇到的问题,影响改革和发展的深入,成为学界关注的重点。县域经济的发展问题成为关系我国"三农"问题解决、实现全面小康和保持经济持续快速发展的大事,从此进入中央决策层。

县域是指县(市)行政区域内所包罗的地理、空间范围。县域经济是以县级行政区划为地理空间,以县级政权为调控主体,以市场为导向,优化配置资源,具有地域特色和功能完备的区域经济。根据县域经济发展的过程,结合区域经济的一般特征,县域经济的内涵应该包括以下内容:一是以行政区划为地理空间;二是以县级政权为中观调控主体;三是有独立财政体制为标志;四是具有地域特色和产业优势、功能完备、城乡结合的经济体系。所以,县域经济的定义可以这样表述:县域经济是以行政区划为地理空间,以县级政权为中观调控主体,以独立财政为标志,具有地域特色和产业优势、功能完备、城乡结合的经济体系。

县域经济的特点主要有:一是区域性。县域经济以县域为边界,是县域行政范围内的生产力和生产关系的总和。在市场经济条件下,市场对资源配置起主导作用,生产要素不受区域限制合理流动。但是,县域经济包含的只是在县域范围内的生产和收入。二是基础性。县域经济的基础性包括两层意义:第一是县域经济是国民经济的基本单元，其经济活动包括一、二、三产业，涉及生产、流通、消费领域，存在产品、要素、技术市场。第二是县域经济中相当比重为农业，农业在我国将长期是国民经济的基础。三是系统性。在国民经济系统中，县域经济可以看成是一个个功能完备的子系统，作为一个独立的经济体，自身又形成一个系统。如县域经济既有城镇经济，又有乡村经济，城乡经济相互交融形成县域经济这个系统。同时，县域经济可以分成工业、农业和服务业等部门。组成县域经济的各子系统，又是由下一层次的子系统组成，子系统之间相互独立，相互联系。四是开放性。市场经济的开放性决定了县域经济的开放性，它必须参与广泛的市场竞争，受全球经济环境的影响，在一体化的市场中配置资源。更重要的是，它必须执行国家的宏观政策，接受行政干预措施，并在国家的调控中扬长避短，寻求发展。同时，随着经济发展水平的提升，产业合作和积聚的发展，区域化和城市化的快速推进，县域经济还要承接更大区域的经济辐射和产业转移。

县域经济处在城镇经济与农村经济的结合部、工业经济与农业经济的交汇点、宏观经济与微观经济的衔接点，是统筹城乡经济社会发展的基本单元，是国民经济的重要基础。县域经济的地位和作用主要体现在五个方面：一是富民强国县为基础。目前，我国列入县域统计范围的有 2862 个行政单位。其中，县共计 1636 个，县级市共 374 个，另有 852 个财政收支和市政建设相对独立的区。目前，我国县域国土面积为 880 多万平方公里，占全国国土面积的 92%;年地区生产总值和社会消费总额都约占全国的 50%以上。县域经济的地方财政一般预算收入占全国地方财政一般预算收入的 23.01%以上。县域全社会商品零售总额占全国的 35.7%以上。县域经济发展已经具有相当的规模，县域范围内的规模以上工业企业有 10 万多家，从业人员达 2800 万人，年末的固定资产总值已经达到 4 万亿元以上。二是工业资源的根本和依托。县域资源是国家资源的基本构成部分。我国土地、矿藏、森林、水源等自然资源大都集中在县域。以农副产品为原料的食品业和轻工业，以矿物质为原料的重工业和新兴产业等，大都依赖于县域资源的支撑。同时，广大农村还为国家建设提供了充足的劳动力资源。可以说，社会生产力发展的生产要素主要来源于县域。三是发展不平衡形成的产业转移与互补。由于自然资源禀赋、地理条件、历史人文、技术进步等差异，县域间的经济发展水平有很大的差别。中国百强县的一个县(市)的财政收入200多亿元,相当于中部省份7个地市的财政收入,相当于西部3个经济最弱省区财政收入之和。但同时有些县(旗)的财政收入却不足千万元。这种发展差距决定了县域经济的发展空间,形成产业互补,并有效推动产业梯度转移。四是国内潜在的巨大消费市场。目前,县以下社会商品零售总额只占全国的1/3强一点。随着县域经济的发展及扩大内需政策的推进,农民的收入和购买力进一步提高,对经济增长的拉动力会更强,县域将成为我国最大的潜在市场。五是经济发展的动力源。随着产业在城乡间、地区间的梯度转移,国有、集体、个体私营、外资、股份制和各种混合经济在县镇产业集群的发展空间很大,特别是在农产品加工业、城镇化建设、物流运输、商业服务等第二、三产业的发展潜力很大,无论哪个层次、哪种成分实现大的跨越,都会对县域经济乃至整个国民经济发展起到重要的促进作用。

县域经济的发展模式是在长期发展过程中形成的, 非一时一地可随意改变和生成。但是,在一个大的发展机遇面前,特别是在社会经济发生改革和转轨的时候,发现机遇,把握规律,勇于创新,科学实践,就能加快形成或改变县域经济的模式和水平。县域经济的根本是产业,经济竞争的直接形式是产业的竞争,产业兴则县域兴。因此, 县域经济发展的手段和路径都体现在产业的兴旺和强势上。从县域经济发展的动力机制来考察,县域经济的模式可以划分为五种类型:一是资源禀赋型。指依靠县域所拥有的自然和社会资源的比较优势,包括矿山能源、农业资源、历史文化和旅游资源等,发展形成的县域经济,如山东寿光。二是政策拉动型。主要指由于政府的政策性因素,如移民、扶贫、特区、边贸等政策导致的县域经济发展模式,如湖南资兴。三是产业扩展型。指县域经济依靠特色产业打造特色经济,拉长产业链,形成产业集群,从而发展形成的县域经济模式,如浙江义乌。四是承接转移型。指由于大城市的产业辐射或区域性产业转移,带动而形成的县域经济模式,如江苏昆山。五是制度创新型。指县域经济发展的主要动力来源于制度的变迁和制度创新, 像企业制度的创新或政府产业引导机制的创新而形成的县域经济模式,如山东诸城。从产业结构上对县域经济发展模式进行分析, 可把县域经济发展模式界定为以下几种:第一,农业主导型。实现农业产业化, 实施规模经营、专业经营战略。第二,发展企业型。发挥地区优势, 鼓励发展各类型企业，创拳头产品，实施以“特”兴县战略。第三,高科技企业带动型。发展高技术产业，实施名牌联动战略。第四,大企业带动型。借助大企业优势，发展本县经济，实施借名牌发展战略。第五,经济联合型。实施经济发展不同阶段的县乡经济联合，促进县域经济整体发展。

县域经济发展,关键在于县级政府经济职能的有效发挥。县级政府是国家的权力机构,它具有管理经济社会的多重职能,比如政治、经济、文化、教育、宗教、环境等职能。其中经济职能是县级政府的核心职能,主要有以下几个方面。一是制度供给。在县域经济发展中,县级政府首先要提供能够刺激经济主体的有效制度安排,这是市场经济条件下县域经济发展的基础和前提。提供有效的制度安排是县级政府经济职能的基本内容,它主要包括:健全市场体系、调节收入分配、完善产权制度改革、建立民营资本运营机制等。二是促进县域经济发展。县级政府是县域经济的利益相关主体，在县域经济发展的进程中，发挥着十分重要的作用。县级政府通过发展规划、发展战略、经济政策和经济杠杆,在要素积聚和资源配置中发挥更加有力的作用,以此促进县域经济发展。三是提供公共产品。县域公共产品是县域内城乡居民所消费和享用的,涉及公共设施、公共事业、公共福利、公共服务等各个领域。比如:义务教育、计划生育、社会保障、社会治安,文化、卫生、体育等社会事业;供水、供电、道路等公共基础设施;生态环境建设、环境综合整治,防灾减灾、气象、公共科技资源与服务;病虫害防治,行政、法律和社区服务等。四是协调经济主体之间的利益关系。主要有:协调自身与市场主体之间的利益,政府不仅要为市场主体服务,还要向企业分权让利,给予企业充分的发展空间;协调区域主体之间的利益,即县、乡(镇)、村之间和相互之间的利益;协调市场主体之间的利益,政府运用财政税收和区位控制政策,协调包括企业与企业之间、企业与居民、农民与农民之间的利益。此外,政府还要对县域经济发展中各个利益主体在遵守法律、市场规则等方面进行管理、监督,维护县域经济发展的正常秩序。五是矫正外部经济效应。矫正市场失灵的不足,提高经济效率。比如,特殊情况下出台的政府补贴政策。

乡镇是县域经济的重要组成部分，经济发达的乡镇则是县域经济的重要支撑。根据县级政权机构在国民经济和社会发展中的地位与作用,特别是县域内农村经济和社会发展的需要、解决“三农”问题的需要和建设社会主义新农村的需要，乡镇政府在发展县域经济中具有非常重要的工作职能。主要有：一是政治建设职能。贯彻落实党在农村的各项路线、方针、政策和国家法律法规，加强基层组织建设、政权建设和民间组织建设，加强社会主义政治文明和精神文明建设。二是经济发展职能。制定经济和社会发展规划，并认真组织实施。推进农业产业化和农村城镇化，加快产业富民进程。加强项目建设，抓好招商引资。积极开拓群众致富门路，不断增加群众收入。创新经济合作组织，提高农民的组织化程度。三是公共服务职能。加强基础设施建设，主要包括：教育、卫生、文化、水利、林业、农电、交通、环保等。加强投资组织工作，对政府想投资又投不起资的项目，组织投资进行建设。利用社会资金办好社会事业，鼓励私人办学、私人修路、私人办医院。加强资金争取工作，主要是争取国家投资和私人的无偿投资。四是社会管理职能。加强民主法制建设，实行民主选举、民主管理、民主监督、民主决策，依法行政，依法治乡、依法治企、依法治村，依法维护农民、妇女、儿童的合法权益。加强社会治安综合治理，搞好信访工作，妥善处理突发性群体性事件，维护社会稳定。发展社会事业，巩固普及义务教育成果，提高农村合作医疗水平，搞好人口和计划生育工作。加大对农民的再教育、再培训的力度，提高文化、科技、法制、民主素质。开展多种喜闻乐见的文化活动，尽力满足农民的各种文化需求。加强农村劳动和社会保障工作，全力推进农村劳动力转移。五是民生保障职能。主要有：惠农资金落实，新型农村合作医疗保险，农村养老保险，农村最低生活保障，农村“五保户”供养及优抚工作，农村危旧房改造，计划生育“两户”奖补，自然灾害及其他突发性事件引发的群众生活问题。乡镇政府职能的主要特点是：执行性，综合性，直接性，交叉性，弱势性。

加快县域经济发展，必须科学提升县乡政府发展经济和管理社会的能力。一是转变施政理念。政府要由“管制型”施政理念转变为“服务型”施政理念，提高县乡政府机构对服务型政府的理解和认同能力。这就要求政府机构的所有工作人员，扭转政府既当“运动员”、又当“裁判员”的双重角色定位，实实在在做好裁判员，为县域经济维护好发展环境。二是健全决策机制。完善信息收集传达机制，建立领导调查研究机制，改革完善察觉机制。形成民主参与的决策机制，拓宽公众与政府的沟通渠道,不断完善人民群众利益表达和利益综合的机制。建立规范的决策程序,即发现问题、确定目标,调查研究、拟订方案,分析评估、抉择方案,决策公示、群众监督,实施反馈、修正完善。三是强化目标管理。目标管理是政府现代管理的重要手段。在全年的目标管理中,要继续突出对经济发展和社会管理的考核;突出对上级政府目标管理指标的考核;突出对县政府确定事项的考核,包括一年一度《政府工作报告》中明确事项,县政府常务会议议定事项,县长办公会议确定事项,政府分管领导和党组成员以各种形式安排事项。四是提高行政效能。坚持为民用权、规范用权、审慎用权、阳光用权,带头遵守党的各项纪律和规定。着力加强政府作风建设,深入开展行风政风评议,坚决整治庸懒散慢现象,坚决整治中梗阻塞问题,坚决整治不作为、乱作为。全面推行岗位责任制、服务承诺制、限时办结制和失职追究制,实现办事提速提效、服务创质创优,全面提升政府廉洁勤政和为民富民能力。五是坚持依法行政。市场经济条件下,必须认识到政府是"有限政府",而不是"无限政府",必须在法律规定的范围内以合理的方式行使权力,行政不作为和错误行使权力必须承担相应责任。在行政过程中,必须严格贯彻实施法律、法规、规章,做到有法必依、执法必严、违法必究。加大政务公开力度,实施阳光下的政府行为,认真接受人大的依法监督、政协及社会团体的民主监督、司法机关的法律监督,进一步加强政府法制、督查、监察、审计等内部监督。同时,还要主动接受人民群众和社会舆论的监督,畅通群众监督渠道,完善举报投诉制度,充分发挥群众监督和舆论监督的作用。六是化解社会矛盾。围绕做好信访工作和维稳工作,提升群众工作能力和维护社会稳定能力;健全和完善信访调处机制,形成登记、调处、包案、化解、稳控的工作流程。

县域经济发展,说到底还是要坚持以项目建设为牵引。项目工作是经济发展永恒的主题,必须创新思路,努力在土地利用、产业发展、投资融资、城市建设和管理等重点领域,以及行政审批等关键环节的改革上为项目建设创造条件。特别要高度重视政策机遇,用足用好政策,破解项目工作中遇到的资金、手续办理、项目落地等方面的难题。一是主动谋划,积极向上争取。把国家政策吃透,从字里行间找出机遇,提高学习研究政策的能力,大胆谋划政策上提倡支持的项目、争取谋划政策上模棱两可的项目、变通谋划政策上有所限制的项目。二是主动作为,大力招商引资。积极创新思路、创新理念、创新方法，在产业招商、战略招商方面多想办法，多出主意，实现招商引资新突破。三是主动出手，面向社会融资。善于用明天的钱办今天的事、用别人的钱办自己的事、用社会的钱办大家的事，变“有多少钱做多少事”为“做多少事筹多少钱”，用政府资金“一瓢水”，引来银行资金“一井水”，带动民间资金“一江水”，积极引进民间资本投资园区基础设施和城市基础设施建设。四是主动开放，转变思想观念。敢于打破束缚发展的陈规陋习，大胆地试、大胆地干、大胆地闯，只要是符合国家法律法规的，只要是符合历史发展规律的，只要是对发展有利的，都可以去试，直到找到正确答案和途径。通过不断创新，冲开思想的枷锁，打破禁锢的牢笼，释放发展的潜能，闯出一片新天地。

是为序。

王科健

2013 年 2 月 1 日

目 录

第一章

县域经济概述

- 县域经济的提出及内涵
- 县域经济的特征、类型和新机遇
- 县域经济发展的支撑体系
- 我国县域经济发展的现状及问题

第一章　县域经济概述

第一节　县域经济的提出及内涵

一、县域经济的提出

自秦置郡县以来,“县”就是我国行政区划中的一个基本单元,成为整个社会稳定发展的“基石”,因此也得到了社会各界的普遍关注。十六大以前,中央有关文件中一直在使用“县级经济”这一概念,党的十六大则明确提出“壮大县域经济”。发展县域经济是全面推进小康建设的重要任务。十届全国人大一次二次会议、党的十六届三中全会、中央农村工作会议、中央连续几个“一号文件”都对县域经济进行了表述,并将县域经济与发展农产品加工业等非农产业、发展小城镇、扩大就业、增加农民收入、全面建设小康社会等工作结合起来,丰富了县域经济的内涵。全国许多省市区专门发布加快县域经济发展的文件,推动了县域经济发展。

二、县域经济的内涵

什么是县域经济呢?目前学术界还没有统一的定义。20世纪80年代,关于县域经济常见提法很多、很乱,不够统一,有诸如农村经济、县经济的提法,也有县区域经济和县级经济的提法。胡福明与孙学文是最早出专著研究县域经济的学者,他们认为县域经济的发展必须以国家政策为引导,以市场为导向,以乡镇私营企业为载体。刘志澄、余汉新(1988)指出,县域经济是国家宏观经济这一大系统之中最基础的一个层次。因此,发展县域经济必须以国家宏观经济发展战略为前提,遵循商品经济和社会化大分工规律,重视资源的基础地位,发挥市场导向作用,以提升科技含量推进产业结构优化升级,从而优化城乡生产要素配置,同时使各系统相互协作，实行农工商一体化经营。王长远、王怀岳把县域经济定位为区域经济，认为县域经济是县域的各个部门以及再生产的各个环节的一系列运行机制所构成的一个综合系统，是国民经济结构中最基础的一个层次。谢自奋、凌耀初(1996)从多角度界定了县域经济的涵义：从政治方面看，县在我国行政建制上属于最基本的政治单元；从经济方面看，县域经济存在于整个国民经济的大系统之中，属于一个囊括县城经济、集镇经济和乡村经济的区域性经济子系统，是按行政区划认定的区域经济，并依靠自身经济社会发展所凝聚的内在张力向外部区域扩展、渗透。张金山(1997)则将县域经济界定为一种具有开放性的、自具特色的、不平衡发展的行政区划经济，并且认为县域经济具有"系统性、中介性、开放性、多样性的特点"。

著名经济学家厉以宁(2000)撰文指出，县域经济是我国国民经济体系中基础层次的行政区域经济，且具有综合性和相对独立性的特点。朱舜(2001)也撰文指出，县域经济是中国国民经济结构中的基础经济单元，和其他经济单元区别在于，其运行相对独立，且具有综合性、区域性的特征。陈锡文(2001)把县域经济界定为一个复合的概念。他认为，从县域经济活动的地域分布情况看，县域经济是城镇经济和农村经济的复合体；从县域经济所囊括的产业看，第一、第二、第三产业互有包含；从县域经济的所有制性质看，既涉及全民所有制经济、集体所有制经济，也涉及大量混合所有制经济。刘福刚、孟宪江 (2002)认为县域经济是功能比较完备且具有明显地域特色的区域经济。

李小三、徐鸣等(2000)从县域经济的运行范围、运行机制和结构维度界定了县域经济的内涵，认为县域经济是以行政县作为其区域运行范围，独立财政运作，县城、集镇等各层级市场要素之间通过相互作用，具有了整体性功能的经济系统。陈清(2004)立足于国民经济大系统，认为县域经济是在经济社会发展过程中长期演变形成的具有相对稳定性的县级行政区域经济，是构成国民经济有机体的一个重要细胞。刘俊杰(2005)从县域经济运行空间角度界定县域经济，认为县域经济是以行政区划县为空间运行场域的空间经济体，它的内涵涵盖"行政区经济"和"市场区经济"，具有复合经济空间的特点。

闫恩虎(2005)从县域经济的特征出发界定县域经济的内涵，认为目前我国县域经济首先要体现转型时期我国经济的三元结构，即城市经济、乡镇经济和农村经济三元并存；其次要体现传统中国社会所形成的二元经济结构的矛盾，即城乡二元结构的矛盾；再次要体现县域经济的核心是"三农问题"，即"农村、农业、农民”问题。

本书借鉴中郡县域经济研究所的定义，认为县域经济是以县级行政区划地域为地理空间，以市场需求和市场竞争为导向，以产业发展为载体，以对外开放为纽带，以县级政权推动和深化改革为动力，以实现城乡一体、工农并进为任务，优化配置资源，具有地域特色和功能完备的区域经济。

1.县域经济属于区域经济范畴。县域经济是一种行政区划型区域经济，是以县城为中心、乡镇为纽带、农村为腹地的区域经济。但是，区域经济学的不少理论、方法在运用时尚需结合我国县域经济的具体情况，有关县域经济的发展规律还需要我们努力探索。

2.县域经济具有一个特定的地理空间，是以县级行政区划为地理空间，区域界线明确。

3.县域经济有一个县级政权作为市场的重要推动，有一个县级财政。因此，县域经济有一定的相对独立性，并有一定的能动性。温家宝同志指出“农村的发展，县委、县政府是关键”。

4.县域经济具有地域特色，这种地域特色与其地理区位、历史人文、特定资源相关联。

5.县域经济以市场为导向。县域经济不是封闭的“诸侯经济”，具有开放性。县域经济虽然是在县级行政区划上形成的，但它又不同于县级行政区划，随着市场经济的发展，县域经济要突破县级行政区划的约束，在更大的区域内进行资源配置，获取竞争优势。县域经济还要接受国家宏观经济政策的指导。

6.县域经济是国民经济的基本单元。县域经济是功能完备的综合性经济体系，县域经济活动涉及生产、流通、消费、分配各环节，一、二、三产业各部门。但是，县域经济又不同于国民经济，县域经济不能“小而全”，要“宜农则农”“宜工则工”“宜商则商”“宜游则(旅)游”，注重发挥比较优势，突出重点产业。

7.县域经济是以农业和农村经济为主体，工业化、城镇化、农业现代化是县域经济的发展主题和方向。发展县域经济是解决“三农”问题的新的切入点，是全面推进小康建设的重要任务。

第二节 县域经济的特征、类型和新机遇

一、县域经济的特征

(一)县域经济的理论特征

第一,综合性。县域经济是国民经济大系统中的重要组成部分,由多部门、多层次、多因素构成,是一个极为复杂的有机体。它既包括产业部门,又包括非产业部门;既有县、乡(镇)、村等多层次政权单位,又有多层次的所有制结构。

第二,枢纽性。县域经济在国民经济中起着承上启下的桥梁作用。特别是宏观调控对微观经济的作用和影响,必然要通过县域经济这个层次来完成。国家的政策法令、计划规划等也要通过县域经济系统逐步传达、分析、落实。

第三,差别性。首先是各县域之间在生产力水平、自然条件、地理位置、资源状况、产业结构等许多方面存在着很大差异,由此形成各县域在经济发展水平、经济发展战略重点以及在国民经济中所处的地位上都有很大的差异。其次是县域内部不同部门、不同层次、不同产业间也存在一定的差异性。其次是尽管县域经济具有相对的稳定性,但随着生产力发展水平的提高和科学技术的进步,县域经济在承受外在经济条件时,都会发生变化而出现经济发展水平差异。

第四,开放性。随着社会主义市场经济的深入发展,社会劳动地域分工程度的日益深化,县域经济的对外依存度将逐步提高,各县域自给自足的产品和劳务比重会越来越低,相互交换的比重则越来越大,县域经济与外界的联系更为广泛和密切,县域间形成相辅相成的交往和协作关系。

第五,相对独立性。县域经济的发展虽然有利于宏观经济的调控,其发展状况与国家、省、市的经济控制高度关联,但因县域是具有相对独立性的行政区域,县域经济在决策上有一定的自主权,可以根据国家经济发展战略方针和政策,结合本地实际情况,独立地制订发展计划和规则,制定并实施一系列有利于自身经济发展的政策措施。

第六,内在竞争性。由于行政区划的存在,客观上形成了生产力要素的使用与流动上的县域区别色彩。由此出发的县域产业发展、县域经济主体对市场的拓展甚至意识形态的归属感,都会在不同县域之间构成内在性的竞争。这种发自于体制深处和人们内心的竞争往往更为惨烈和直接。

(二)县域经济的实践特征

第一,先天缺陷性。主要是指县域经济发展中的二元结构和多重约束。在县域产业结构中,现代化产业与传统自然经济即农业经济客观并存,并在相互之间存在相当大的实力、技术、要素流动、政策等断层。县域经济由于规模较小,比较封闭,内部市场相对来说较为狭窄,受资源、市场、信息、资金、科技、人才、管理水平、软环境等多种因素的约束,经常导致县域经济发展动力不足,实际运作中经常出现各种各样的困难。

第二,不完整性。是指县域经济结构相对于整个国民经济体系而言,由于自然资源与技术资源不足以支撑,难以建立完整的国民经济体系。主要表现为县域经济结构中存在资源结构与生产投入结构的不对称断口以及产业结构与县域市场需求结构的不对称断口。同时实现县域经济发展目标所必需的各种资源量与县域内可提供的资源量之间也常常出现缺口,如资金缺口、技术缺口、人才缺口、信息缺口和市场缺口等。

第三,结构趋同性。受计划经济体制的影响,县域经济间的产业结构趋同甚至雷同现象比较严重,这是目前县域经济发展面临的最大顽疾。但也由此激发了县域经济发展思路上对非趋同性的追求热情,使不趋同性将成为县域经济发展未来的突出特征之一。

第四,非均衡性。由于历史、区位、资源等种种原因,县域经济发展存在着极大的不平衡趋势,即使在同一县域内的不同地区、不同部门、不同行业、不同经济主体之间也会有较大的发展差。非均衡是横向比较上县域经济发展的一种常态。

第五,资源依托性。我国市场经济制度建设还在深入推进,县一级的市场体系还没有完全形成,市场发育还不成熟。受此影响,县域经济主体在产业发展上多从资源开发型起步,以至形成了现有县域经济上明显的资源依托特征。随着买方市场作用的不断加强,大部分县域则纷纷面临着转型的问题,资源依托性尽管还将在县域产业发展中扮演相对重要的角色,但逐步淡出将是一种必然趋势。

第六,政府行为主导性。多年的实践发展,使大部分的县域经济几乎成为政府主导型经济。从现实看,县域经济产业布局结构和要素流动大部分是通过政府行为进行协调的,经济发展中政府主导统筹安排经济社会资源的痕迹较为明显。

二、县域经济的发展类型

县域经济发展的类型,实际上是对静态时点上县域经济运行状态的总结性描述。确定县域经济类型,对于准确把握县域经济未来发展内在规律和趋势,适时制定适宜、有效的县域经济发展战略具有极其重要的实践意义。

1.按主导产业,县域经济发展的类型有农业经济型、工业经济型和服务经济型,甚至还可以再加细分,如粮棉型、加工型、机械制造型、轻工型等等。

2.按发展实力,县域经济发展可以确定为发达型、富裕型、欠发达型,甚至落后型等。

3.按经济综合实力和竞争力,县域经济发展可以区分为强大型、较强型、较弱型和最弱型等。

4.按资源禀赋差异,县域经济发展可以分为矿产资源型、农业资源型、人才资源型、区位资源型等等。

5.按财税收支状况看,县域经济发展可以分为高收入型、较高收入型、中低收入型和较低收入型等。

6.按发展模式和成长机制,县域经济发展可以分为特色产业带动型、城郊型、集贸市场促动型、乡镇企业集聚型、项目建设带动型、城镇建设拉动型、财政投入维持型、扶贫开发型等。

三、县域经济发展面临的新机遇

县域经济作为国民经济的基础性单元,充满着活力,蕴涵着希望,在全面建成小康社会和建设社会主义新农村的进程中越来越受到社会各界的关注。目前,县域经济发展已经进入了一个新时期,其发展的大环境有了非常大的变化,以前带有制度和机制性的约束越来越少,而在统一市场体制下的"强县富民"思想渐渐深入人心。因此,县域经济大发展面临着新机遇。

第一,社会主义市场经济体制建立和完善。市场机制在经济活动中起着基础性调节作用,县域经济的发展既不是以前的"统收统支",也不是"诸侯经济",而是以市场为导向的基于县域经济要素禀赋的特色经济。

第二,全面建成小康社会和建设社会主义和谐社会的战略目标确定。十六大提出"全面建设小康社会",十六届六中全会又提出建设社会主义和谐社会的战略目标,十八大进一步做出"全面建成小康社会"的新部署。全面建成小康社会、建设社会主义和谐社会的重点和难点在农村,县域是农村的集中区域,发展县域经济成为全面建成小康社会的重要抓手。

第三,"工业反哺农业、城市支持农村"论断提出。工业的发展不再以牺牲农业的积累为前提,中心城市要发挥对农村的辐射带动作用,县域经济发展有了内生积累和外在推动。

第四,建设社会主义新农村工作不断加强。近些年来中央加大了对新农村建设的投入,为县域经济增加了新的动力。以地域为对象的县域经济发展与以人为对象的扶贫工作结合起来成为强县富民的重要内容。

第五,科学发展观在各地的普遍实践。县是统筹发展的"主体",也是"客体",是主客体的统一。县域经济之所以被重视是由于县域经济的差异性。县域与中心城区相比较,是"弱势群体",是统筹的客体;另一方面,县域内有城镇、有农村,有农业、有工业,还有第三产业,县是统筹的主体。县域经济的发展为县的统筹发展提供了坚实的、外界无法补足的经济基础。县是统筹区域、城乡发展的基础性操作平台。

第六,经济国际化步伐加快。县域经济的发展,主导产业的选择,不仅要着眼国内,还要着眼国外,要有国际化视角。

第七,走上了新型工业化道路。工业化、城镇化是县域经济发展的主题和方向,新型工业化为县域经济的工业化发展提供了指导和约束。

第八,"多予、少取、放活"的农村政策,为县域经济发展提供了非常好的外部环境。

第九,县域经济发展还有许多制度性约束,比较突出的有"市管县"体制、户籍体制、金融体制等等。现在许多省份进行"强县扩权""财政上省直管县"等体制改革,虽然是在进行"边际调整",但都是有益的探索。

第十,县域经济发展道路多种多样,富于特色,这个特色与其地理区位、人文历史、资源禀赋相关联。县域经济发展还要处理好县域经济内、县域经济间、县域经济外的关系,和谐发展成为县域经济的又一主题。

第三节　县域经济发展的支撑体系

科学家阿基米德曾经这样表述:给我一个支点,我将撬动整个地球。支点的作用可见一斑。而县域经济的支点问题,就是在县域经济的发展中带有根本性、全局性的支撑体系问题。县域经济作为立体多维的整体,不仅仅是一个地理范畴和资源堆积的平面关系,更重要的是一个主次分明、纵横相持的整体构架;是一个活体,不是一个外区,既是一种人为化很重的经济态,又是一种发于本源的生物态。

从动态的角度看,县域经济的支撑点主要包括:思想观念、政策机制、文化因素、人力资源、科技创新。从静态的角度看,县域经济的支撑点主要包括:产业支撑、项目支撑、基础设施、生态资源、保障体系。

一、县域经济发展的静态支撑体系

(一)农业产业化支撑

产业既是经济的载体,又是经济的本身;经济发展到一定阶段,必然形成产业规模。因此,产业化是经济形态的高端,是经济发展追求的目标。推进农业产业化,发展壮大县域经济,全面建成小康社会,奋力实现县域经济崛起,必须坚持以工业化为主导、以城镇化为支撑、以农业现代化为基础,创新机制,协调发展,强力推进;必须发挥优势,形成特色,强化农业基础地位,率先推进农业产业化进程。农业产业化是我国新一轮农村经济改革和发展的突破口,是实现农业现代化的必由之路,是推进工业化、城镇化进程的基础和前提。

1.实现农业产业化,必须从树立城市理念、扩大城市规模、提高城市品位入手,建立高标准"生态城市",有效发挥城市的带动作用。坚持市场导向、科技推动、效益优先、因地制宜、充分尊重农民经营自主权的原则,切实转变农业生产经营方式,加快传统农业向现代农业转变,是农业产业化的根本内容。

2.实现农业产业化,必须强力推进工业化进程,用研究工业的眼光去研究现代农业,用发展现代企业的战略去对待农业产业化,并以发展近农企业为突破口,进而形成工业驱动的发展格局。推进工业化进程,要着力培植主导产业,着力培植龙头企业。必须坚持大、高、外、新、多的原则,集中人力、物力、财力搞好以农副产品深加工为重点的龙头企业建设,使之形成经营机制新、技术水平高、规模效益好、市场覆盖广、带动能力强的经济组织。

3.有效推进农业产业化进程,必须在增强市场引力、扩大市场规模、壮大市场组装者队伍上做文章,真正产生市场辐射效应。

4.实现农业产业化,必须从转变服务方式入手,少一些行政命令,多一些效益引导,通过示范带动,产生农业产业化的规模效应。

(二)项目建设支撑

当前,县域经济发展能力和综合实力的竞争越来越集中地体现为项目的竞争。谁拥有高科技含量、高市场容量、高产品质量的项目,谁就能在今后的竞争中占据主动。

项目是投资和发展的载体。迎接国际和东部发达地区的产业梯度转移、加快调整经济结构和保持企业持久活力和竞争力,有效破解“三农”问题,承接西部大开发和国家各类政策性机遇,都需要抓项目。抓项目,是加快县域经济发展的必然选择。没有项目就没有投资,没有投资就没有经济效益和发展后劲。抓项目,是扩充县域经济总量的根本途径,更是优化经济结构的有效手段。“发展抓项目”是一个系统工程。既要有抓项目的胆识,更要有抓项目的智慧;既要争取好项目,更要实施好项目。

总而言之,发展县域经济,要切实推进项目建设。项目是载体,是内生力,是增长点,是拉动经济增长的关键因素。只有从县域经济实际出发,谋划一大批产业化项目,特别是带动辐射作用明显的大项目,才能调整优化产业布局,提高城市的综合承载能力,确保经济持续快速增长。发展是硬道理,发展抓项目也是硬道理,发展县域经济抓项目更是硬道理。发展县域经济,一定要在谋划大项目上做文章,立足县情,发挥优势,转化劣势,坚持市场化运作,强化政府主导作用,集中力量规划设计一批产业关联度高、带动作用强的产业化项目,形成项目集群,逐步构建县域经济发展的项目支撑体系。

(三)基础设施支撑

农业基础设施是指从事农业生产的全过程中所必需的物质条件和社会条件,是在农业生产完成的各个环节所使用的劳动材料、劳动对象等生产力要素的总和,按其内容可分为物质基础设施和社会基础设施两大类型。前者包括供应生产资料的产前环节的基础设施、生产农业初级产品的农业产中环节的基础设施、加速农产品流通的农业产后环节的基础设施;后者包括农业综合教育方面的基础设施、农业科研方面的基础设施、农业推广方面的基础设施、农业政策及法规方面的基础设施、农业信息方面的基础设施。不论是物质基础设施还是社会基础设施,其作用都是为了扩大和提高农业综合生产能力和生产水平,二者互为条件,互相补充。只有各方面基础建设综合发展,协调配套,相互促进,农业基础设施建设才可能有所发展、有所提高。

农村的发展、农民收入水平的提高,有赖于完善的现代农业基础设施;薄弱和落后的农业基础设施无法支撑现代农业的发展,并将严重制约农业和农村经济发展。改善农业基础设施建设的现状,切实加强农业基础设施建设,对于解决

“三农”问题具有十分重要的意义。

(四)生态环境支撑

节约自然资源,保护生态环境,是实现县域经济资源环境协调发展的唯一出路。人类的生存与发展问题是一个庞大的系统,而经济、资源、环境都是这个大系统中的子系统。大系统中任何一个子系统的改变,都会引起其他系统发生变化,并对整个大系统的状态产生影响。长期以来,人们只考虑经济增长而忽视其他相关系统的健康发展,使县域经济、资源和环境之间存在着极不协调的关系,造成许多问题,严重制约了县域经济持续健康发展,甚至已经威胁到人们的生存。

从县域经济的竞争基础来看,环境出生产力,环境出竞争力。只有按照市场经济的要求,创新服务理念,拓宽服务领域,创造宽松的宏观社会环境、平等竞争的体制环境、加快发展的政策环境和高效快捷的服务环境,才能形成磁场效应,赢得发展主动权,实现经济社会跨越式发展。

二、县域经济发展的动态支撑体系

(一)思想支撑

经济发展和社会进步总是以思想观念的转变为先行的。思维方式的不断创新是推动县域经济发展的先导因素。县域经济是城市经济与农村经济的结合部,是国家经济发展和社会稳定的重要基础。要推进全面建成小康社会进程,加快县域经济发展,关键在于思维方式的更新速度和创新力度。在发展县域经济中不断创新思维方式,应着力提高五种思维能力。

一是前瞻性思维能力。前瞻性思维的特征是在思维对象实际发生变化之前,就能够准确判断、把握、预计未来可能出现的各种趋势、状态和结果。其实质是对事物的预见性和洞察力。谋求县域经济的大发展,必须有前瞻的眼光、高度的敏锐性、较强的预见性和洞察力。 二是战略性思维能力。战略性思维是人们研究、分析和解决全局性、长远性、根本性问题的立场、观点和方法。提高战略性思维能力,首先要清醒地把握全球、全国、全省的发展形势、发展战略、发展重点,做到全局在胸;其次要把自身放在经济发展大局中去衡量、定位,认清自己的优势和劣势,把握所处的环境和状态,寻找发展机遇;再次,要抓住本地区事关全局的重大问题和主要矛盾,出思路、指方向、定盘子;最后,要站在战略高度,分析形势,突出重点,构建特色,创造性地开展工作。三是开放性思维能力。改革开放以来,以长江三角洲、珠江三角洲为代表的开放型经济圈迅速兴起,很大程度上得益于这些地区开放的理念和措施。与此相比，差距就在于思想观念上，在于思维方式上。这就要求西部地区的县域经济决策者必须努力提高开放性思维能力，迅速融入大开放的格局中，在更广阔的天地里寻找机遇，谋求发展。提高开放性思维能力，要用开阔的眼界观察世界，汲取和借鉴先进经验，要敢于跳出长期自我封闭的狭小圈子，站在历史的天空审视自己，寻找差距，寻找对策；要大胆走出去，多方捕捉信息；要敢于引进来，借助外力发展。四是系统性思维能力。系统性思维是指领导者在考虑问题时必须思路鲜明，条理清楚，一以贯之，始终保持事物发展的连续性和整体性。五是理性化思维能力。理性化思维强调的是客观性和科学性。面对错综复杂的形势，如果不能坚持理性化思维方式，而是头脑发热，仅凭自己的好恶，凭一时的情绪去决策，盲目上项目，片面求发展，必将失之偏颇，造成巨大损失，贻误县域经济发展时机。

(二)政策支撑

所谓政策无非是一定的权力中心在众多备选的计划、规划或可行的行动方案中做出选择并采取行动。政策问题带有全局性、根本性、长久性和共性。大政策有大影响，小政策也有大影响，只要一成为政策，就会在不同的层面发生或大或小、或正或负的影响。改革开放的政策改变了整个中国的命运，包产到户的政策改变了九亿农民的命运，但“文化大革命”的政策使国民经济走到了崩溃的边缘，政策的影响力和影响面由此可见一斑。就县域经济而言，构建起科学的政策支撑平台尤为重要。政策往往与资源要素的配置和整合密切相关，与利益格局的重组和平衡息息相关。我国大多数县域都存在一个共性：市场发育和市场配置资源的活力不足，机制不健全。因而，用科学合理的政策机制，支撑起县域经济发展的有效平台，营造出县域经济发展的良好环境，就显得特别重要。

(三)文化支撑

今天的文化就是明天的经济，抓文化其实是在更高层面上抓发展。发展县域经济不仅离不开文化而且要求发展文化，它需要文化的支撑，它是与文化建设同步发展的。发展县域经济是全面建成小康社会的关键，但在发展县域经济的大盘子里，文化远远没有进入，许多地方“撂荒”而无人问津，已成为一个值得关注的问题。发展县域经济应做到经济建设与文化建设同步发展，着力提高文化软实力，增强县域经济的竞争力，让文化伴随着经济一起腾飞。

(四)科技支撑

科技已成为加快县域经济发展的核心动力。实现县域经济的大发展，必须高度重视并充分发挥各级特别是县域内科技工作的支撑作用。因此,要坚持"一把手"抓科技工作,建立强有力的组织保障体系,将科技工作融入县域经济的主导产业,同时建设一支高素质的基层科技干部队伍。

第四节　我国县域经济发展的现状及问题

一、我国县域经济发展的现状

经过新中国成立60多年,特别是改革开放30多年来的发展,县域经济已成为我国国民经济的基础。

(一)县域地域广阔,经济总量巨大

我国县域的整体特征是地域广阔,人口众多,是国民经济和社会发展的一个重要领域。目前,我国列入县域统计范围的有2862个行政单位。其中,县共计1636个,市级县共374个,另有852个财政收支和市政建设相对独立的区,也可纳入县域经济范畴。目前,我国县域国土面积为880多万平方公里,占全国国土面积的92%;年地区生产总值和社会消费总额都约占全国的50%以上。县域经济的地方财政一般预算收入占全国地方财政一般预算收入的23.01%以上。县域全社会商品零售总额占全国的35.7%以上。县域经济发展已经具有相当的规模,县域范围内的规模以上的工业企业有10万多家,从业人员达2800万人,年末的固定资产总值已经达到4万亿元以上。

(二)发达的县域经济已成为国民经济中最具活力的亮点

1.百强县的经济规模令人瞩目。2011年全国县域经济百强县(市)的平均规模:人口83.12万人,地区生产总值475.64亿元,地方财政一般预算收入29.04亿元,人均地区生产总值64070元,城镇居民人均可支配收入约22170元,农民人均纯收入约10560元,其分别比上年增长0.53%、18.97%(当年价比,下同)、30.67%、18.77%、13.56%、14.47%。

2.基础设施发达,城乡一体化进程明显。随着高速路网的建设,近年来,许多百强县与大都市的距离缩短到1小时车程,大多数百强县成功纳入大都市经济圈。县域市政建设、通讯设施、环境美化也已达到较高水平,公路密度已达1.42公里/平方公里,每百户拥有电话115个,每百户拥有民用小汽车23辆。

3.经济结构趋于合理。目前,百强县(市)产业结构为一、二、三产业比例是

11.8:55.3:32.9。可见经济强县均以工业为主,第三产业正在不断壮大。在经济结构调整中,从农产品加工业到制造业,从普通工业到高科技产业,百强县都确立了自身较为强势的产业。

4."三农"问题得到较好解决,统筹城乡发展走在全国前列。百强县的农村社会保障体系已初步完善,"三农"问题得到较好解决,统筹城乡发展得到切实落实。部分县已实现农村城市化、农业产业化、农民居民化,农村卫生、教育事业全面发展,已基本普及高中教育。

(三)县域经济的固县强省效应明显

1.集聚导向效应。县域经济强县是区域经济发展中比较突出的部分,具有区位或资源等比较优势,具有强大的集聚效应,是全国工业化和城镇化的重要空间载体,是社会关注的重点,为经贸合作和生产力布局提供科学导向。全国县域经济空间分布以及全国县城的空间分布为金融、经贸等机构在县级层次的分支机构设置提供了向导。

2.区域崛起效应。县域经济是区域经济发展的中坚力量,在一定程度上是区域崛起的先锋队。省域经济之间的差距深层次上是县域经济的差距,强省必先强县,中西部地区发展相对落后,是由于县域经济发展不足。全国县域经济百强县在省(市、区)间的分布也说明这一点。县域经济强县将会在西部大开发和中部崛起中扮演先锋队角色。

二、我国县域经济在发展中存在的主要问题

(一)县域之间发展的不平衡性明显

经济发达的县主要分布在东部,而落后的县市主要集中在西部。浙江、江苏、山东和广东等省是县域经济发展水平最高的四个省份,而广大的中西部地区县域经济发展水平相对落后。百强县的GDP、地方财政收入、人均GDP分别是全国县域平均数的4.5倍、5.5倍、2.2倍。百强县的各项经济指标均明显高于一般县市,县域经济的亮点主要集中在百强。

(二)县域经济产业结构低下与劳动力素质较低并存

当前,各县加快产业发展的冲动十分强烈,但制约县域产业发展的因素也很多。这种制约主要表现如下:一是农产品加工龙头企业不强,工业企业竞争力缺乏,县域现有企业做大做强很难;二是资金、土地、劳动力等生产要素从农村向城市集中,县域发展产业缺乏要素资源;三是城镇化推进缓慢,第三产业发展缺乏

经济基础;四是县域经济结构的战略性难度大,经济结构调整主要集中在农业产业内部进行,也难以焕发出经济发展的动力。总体上,我国大多数县域经济发展面临产业要素的极端缺乏。有人形象地描述县域发展存在的四大抽水机:一是农业产业化,目前来看农业产业化还处于初期阶段,农产品增值的部分主要在城市完成,农民未能直接受益。二是土地,土地是农村、农业、农民最宝贵的资源,也是县域经济发展的最大资本,近年来随着中心城市和大量开发区的圈占,农民失地、失业、失利的情况十分严重。三是中央对农民的补贴,由于层层截留,真正发到农民手里的大打折扣。四是信贷金融的缺失,四大国有商业银行从农村的退出,使得农民缺乏必要的金融支持,而与此同时,邮政储蓄等揽储业务的渗透反而加剧了农村资金的外流。从劳动力素质来看,县域劳动力的素质明显偏低。据统计,在县域,小学文化程度的人口占了总人口的43%,即使是排名最前的10个县,人口平均受教育的年限还是低于全国城市的平均年限。目前县域6岁以上的人口,平均接受教育的年限是7年多,而城里受教育的平均年限是8年多,两者相差1年多。教育落后、人才不足是发展县域经济面临的一个突出问题,有技术、懂市场、熟悉法律的高层次人才十分匮乏。这种状况直接导致县域经济基础不牢,农民增收困难,也对国家粮食安全和县域经济的健康发展构成了严重威胁。

(三)县乡财政问题突出,工业化和城镇化推进过程中有许多盲目性

据统计,现在全国平均每个县的赤字是一个亿,全国赤字县占全国县域的比重大约在3/4左右,赤字总量占这些地方财政总量的近80%。早在2004年,国务院发展研究中心做了一个报告,结论是目前中国地方政府的债务风险实际上已经超过金融风险,成为危及我国经济安全与社会稳定的头号杀手。县级政府没有财力考虑经济发展中的财政支持问题,在项目配套、支农、结构调整以及小城镇建设方面有心而无力。县乡农村金融问题突出,难贷款、贷款难的问题依然存在,县域经济发展缺乏财政金融支持。与此同时,政府长期负债又造成农民负担加重,进一步使县乡村政府的信用降低。由于县乡的财政问题突出,在一定程度上造成了工业化和城镇化推进过程中出现盲目性,同时,省、市在县域经济发展中,对工业化、城镇化发展要求过高,片面强调招商引资和城市建设,过度考核并与干部业绩挂钩,对产业富民的考核却失之于偏、失之于弱。主要表现在以下几个方面:一是把工业化等同于建开发区、建工厂、建基地。这一方面直接导致了大量失地失业农民的出现,据国土资源部的抽样调查和估计,现在我国完全失地又失

业的农民约1200万人，平均每年以200万人的人数增加。另一方面导致了各县市在招商引资方面的无序竞争和胡乱招商，为吸引投资，“饥不择食”的现象非常严重。目前，从全国总体情况看，高耗材、高耗能、高污染项目主要转移到了中西部地区，中西部地区的贫困县市又是其中的重点转移区域。二是把推进城镇化等同于加快城镇建设。不少县领导将推进城镇化工作的精力集中在了建大马路、建大市场、建大广场、建豪华办公楼上，这种所谓推进城镇化的做法不仅使得建设资金大量浪费，而且极大地损害了农民的利益。三是国家对县域经济的工业化、城镇化发展支持乏力，政策导向显而不实。在国家政策、规划导向和项目、资金流向上，对县域内城市基础设施建设支持非常有限，涉及县域城市市政设施几乎没有项目。以县城供水为例，2010年，甘肃省县城供水项目，国家发改委列的计划盘子中，甘肃省86个县市区只有760万元，解决其中一个县都有困难。

(四)农民增收的前景不容乐观

按照国家政策，到2020年农民人均纯收入要实现比2008年翻一番的目标，这要求今后12年农民人均纯收入年均增长速度必须保持在5.95%以上。从过去30年农民收入增长的情况看，要实现这一目标，任务非常艰巨。尤其是当前受国际金融危机的影响，农民增收形势非常严峻，面临既难以靠农产品价格上涨，也难以靠外出务工增收的双重困难。从实现效果看，改革30多年来，农民收入有了大幅度提高，但受市场经济本身发展进程的影响，农民收入的增长速度远低于城镇居民的收入增长速度。(见图1-1)县域广大农民增收缓慢，还有一部分农民生活非常困苦，也导致农村市场消费偏冷，启动和扩大内需的问题比较突出。

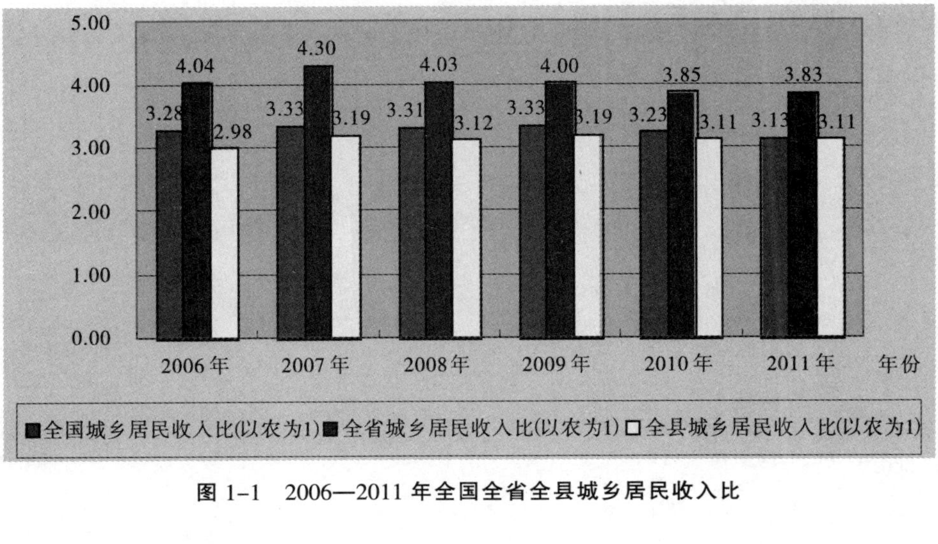

图1-1　2006—2011年全国全省全县城乡居民收入比

(五)县级政府拥有的权力与承担的义务的极不对称性

自 1994 年以来,税务、烟草、工商、医药、盐业、金融、技术监督、土地等部门相续实行了垂直管理。从长期看,这种中央直属的垂直管理体系,便于国家政策的贯彻实施,有利于垂直部门具有相对较大的超脱性和独立性,可有效防止地方保护主义,从而建立起全国统一大市场。但从近期看,这种调整直接导致了县级政府权力与义务的明显不对称,不利于县域经济的发展。一方面,县级政府动用力量发展经济,进行经济调控的手段明显弱化,原有权力削弱;另一方面,也一定程度上增加了县级政府与垂直管理部门之间相互推诿、服务意识欠缺等问题出现的可能性,发展县域经济的难度随之加大。同时,县级政府在现有职能转换、机构设置方面仍存在很多问题。从政府机构方面看,人员过多、机构臃肿问题仍十分严重。据调查,目前我国一个县(市)享受县级待遇的干部一般有 50~80 人,副科到正科级的干部一般为 300~800 人,还有为数众多的一般管理干部,人员数量十分巨大。当然,这其中也有不平衡性,西部地区部分贫困县在实行财政转移支付之前,因财力负担原因,编制管制过硬,目前也存在编制偏紧的问题。特别是随着人口增长、社会发展、公共服务职能增加,教育、医疗、文化方面编制过少的问题较为突出。但从全国总体情况看,县级机构还是过于庞大。再如,目前我国绝大多数乡镇除了设立党委、政府和人大主席团外,普遍都还设有“五中心一院”:“五中心”为农业服务中心、计划生育服务中心、文化服务中心、社会事务服务中心、农经财政服务中心,“一院”为乡镇卫生院。初步估计,每个乡镇吃财政饭的人数为 50 人左右(不含教师)。由此可见,县级政府权力与义务极不对称,县域经济发展要背负的包袱很重。

第二章 县域经济发展的理论基础

- 理论框架
- 经济增长理论
- 区域经济理论
- 可持续发展相关理论

第二章 县域经济发展的理论基础

县域经济是区域经济理论的新领域。特别是，随着中国经济的长期、稳定发展以及各级政府的高度重视，再加之东部发达地区县域经济地位凸显，因此，对县域经济的研究成为业界、政界和学术界的探讨热点。

对于这一新的领域，我们需要从现象看本质、从鲜活抽象出理论，并用理论来指导现实的经济活动。总体上看，县域经济发展应从经济增长、区域经济和可持续发展等三个角度寻找理论支点。

第一节 理论框架

首先，促进经济增长是县域经济发展的首要目标，也是中国县域经济发展的基本前提。只有保持经济持续稳定增长，才有社会的进步与公平，离开了合理的经济增长，县域经济和社会发展将会失去依托。因此，县域经济发展的核心是经济增长，经济增长的理论就成为中国县域经济发展的重要理论支点。

经济增长是指“一个国家或地区生产的产品和劳务总量的不断增加，即以货币形式表示的国民生产总值不断增加的过程”。“经济增长的快慢通常用一定时期国民生产总值或人均国民生产总值的平均增长速度来衡量。”古典经济增长理论认为，劳动是经济增长的真正动力；新古典增长理论认为，物质资本是经济增长的动力；内生增长理论认为，知识积累、人力资本是经济增长的发动机；二元结构理论认为，农业剩余劳动力的非农化转移能够促使二元经济结构逐步消减，而二元经济结构的逐步趋同，就能促进社会经济的稳定增长；改造传统农业理论认为，应将传统农业改造为现代农业，因为只有现代化的农业才能对经济增长做出重要贡献；借用技术理论认为，大量引进并消化吸收先进的技术是经济增长的关键；新制度经济学则认为，交易成本、产权、契约、制度等才是经济发展的动力。

其次,区域经济理论也是县域经济发展的重要理论支点。众所周知,不同国家、同一国家的不同省区,省区内部甚至更小的县域,区域经济发展的时空不平衡性是一种普遍存在的现象。对这一问题的关注与研究促进了区域经济理论的产生与发展。本书将从区域经济理论中的区域非均衡发展理论、增长极理论、梯度推进理论、比较优势理论、倒 U 理论、区域竞争力理论等方面来阐述县域经济发展的理论支撑。

第三,可持续发展理论。可持续发展是一种全球范围内的持久稳定发展,也是县域经济发展的指导理论。因为县域经济的发展不仅包括经济增长,而且包括经济、社会和生态环境三大系统的整体协调发展。本书主要介绍可持续发展理论、循环经济理论和科学发展观等三个基础理论。

综上所述，本书的县域经济基础理论就是基于以上分析构建的，具体见图 2–1 所示。

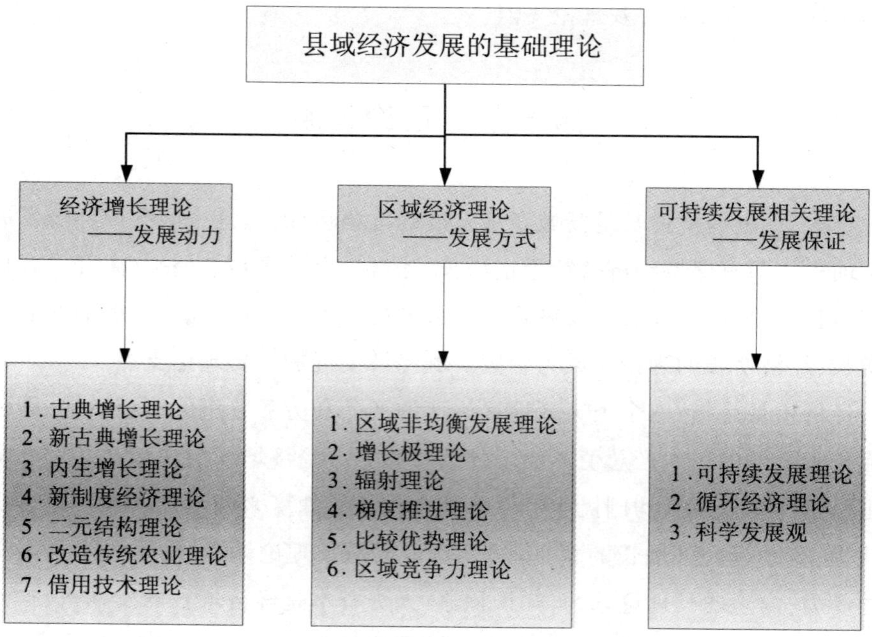

图 2–1　理论框架图

第二节　经济增长理论

经济增长理论的出发点是居民储蓄，有储蓄就会有投资，有投资就会带来经济增长。在不同时期，储蓄、投资和对应的生产、消费的关系的表现形式是不一样的。

在传统的农业经济中，从某种程度上说，农民既是投资者，又是储蓄者，他们的储蓄行为和投资行为是有机地联系在一起的。

在计划经济年代，很大一部分投资是由政府来完成的。政府一般可以通过税收来获得财政收入，同时财政收入(税收)被政府用来花费在社会、经济运行的各项活动中，既包括当前的消费，又包括投资。

在现代的市场经济社会中，大多数储蓄和投资都来自两个有明显区别的群体：家庭储蓄和工厂投资。家庭通过减少当前的消费来进行储蓄。工厂通过使用能提高将来生产能力的新技术、厂房和设备来进行投资。这正如"哈罗德—多玛"模型所陈述的经济术语即"经济增长就是抑制当前消费的结果"。同时我们还必须注意这样的事实，家庭以银行存款、股票或者债券的形式持有的储蓄并不会自动地提高投资水平。减少当前的消费(如储蓄)仅仅使投资成为可能，而投资实际上是用这些当前的资源来购买新资本的实际行为。

当投资超过资本的折旧从而导致新一期更大规模的循环时，经济增长为正，经济就会扩张。否则，经济就会停滞，甚至收缩。从而也就理解了所有经济增长模型的基石——储蓄和投资规模是经济增长率的重要决定因素。

一、古典经济学派的经济增长理论

古典经济学家亚当·斯密的《国富论》，是一部关于技术进步和经济增长关系的著作。斯密的中心思想是：国家的富裕在于分工，而分工之所以有助于经济增长，一个重要的原因是分工有助于某些机械的发明，这些发明将减少生产中劳动的投入，提高劳动生产率。"任何社会的土地和劳动的产物，都只能由两种方法来增加。其一，改进社会上实际雇用的有用劳动的生产力；其二，增加社会上实际雇用的有用劳动量。有用劳动的生产力改进，取决于：一是劳动者能力改进；二是他工作所用的机械的改进。"这里，劳动者能力的改进、机械的改进，都与技术进步相关。从这段话里我们看到，斯密已认识到，技术进步是除资本、劳动力之外又一个促进经济增长的重要因素。而李嘉图认为，国家财富的增加可以通过两种方式，一种是用更多收入来维持生产性劳动；另一种是不增加任何劳动量，而使等量劳动的生产效率增加。在后一种情况下，要求改善各种要素的组合方式，使一定的投入取得更大的产出，这只有通过技术的改进和机器的运用才能得到。

二、新古典增长理论

(一)哈罗德—多玛模型

该模型的基本假设是：第一，全社会只生产一种产品，这种产品既可以作为消费品，也可以作为资本品；第二，生产过程中只使用两种生产要素，即劳动力L和资本K，这两种生产要素之间相互不能替代，每单位产量所需要的生产要素数量保持不变；第三，生产规模收益不变；第四，储蓄在国民收入中所占的份额保持不变；第五，劳动力按照一个固定不变的比率增长；第六，不存在技术进步，也不存在资本折旧问题。

哈罗德—多玛模型的基本公式是$Y=F(K,AL)$。即经济的增长是由劳动力推动的，这是该模型的主要观点。

另外，哈罗德—多玛模型将经济增长的两个基本变量——经济储蓄的能力和资本—产出比联系在一起，通过提高储蓄率，可能使经济增长率得以提高；同样，降低资本—产出比，经济增长也会加速。用公式表示就是：

$$s/\theta=g+\delta$$

其中，s——储蓄率(总储蓄额除以总收入额)；

θ——资本—产出比；

g——总的增长率；

δ——资本储备的折旧率。

可以看出，哈罗德—多玛模型中最重要的参数是储蓄率。储蓄率是一个外生变量，受消费者的选择行为决定和社会总收入水平的影响。欠发达国家和地区大多数居民的收入只是能够维持基本的生存，不可能有很高的储蓄率，经济增长必须依赖于资本的积累，比如外部信贷和国外援助等。当然投资是由厂商根据利润最大化原则和宏观经济状况而决定的。根据利润最大化原则，厂商会有一个意愿的资本—产出比，按照这个意愿的资本—产出比所计算的经济增长率是厂商感到满意的经济增长率。

从这个意义上说，哈罗德—多玛模型对发达国家经济增长进行了总结，即导致经济增长的最重要动力来源是物质资本对经济的推动作用。同时,也为发展中国家经济增长提供了指南,即应研究如何提高储蓄率,来达到经济起飞的目的。

(二)索罗模型

索罗模型有两个基本函数:一个是生产函数,另一个是资本积累函数。生产函数的基本公式是:

$$Y=F(K,L)=K^{\alpha}L^{1-\alpha}$$

其中 α 介于 0～1 之间。

索罗模型的第二个公式是资本积累方程,它描述的是资本是如何积累的:

$$K=sY-dk$$

该方程表示的是资本存量的变化 K 等于总投资 sY 减去生产过程中的资本损耗 dk。

索罗模型对于经济增长的理论分析可以概括为以下四点结论:

第一,索罗模型为我们提供了资本积累促进经济增长的机制分析,从投资增长促进资本存量增长,再通过生产函数促进经济增长。索罗模型在增长因素分析中,对要素投入的贡献做出了合理的解释。第二,索罗模型认为,由于要素的边际报酬是递减的,所以从长期看,任何一个经济体都会逐渐达到一个稳定的均衡路径。第三,索罗模型意味着任何经济增长都具有趋同(或收敛)的性质。第四,索罗模型认为,经济增长的主要推动力量是技术进步。

索罗模型是通过生产函数分解的方式将资本、劳动要素贡献之外的剩余贡献归于技术进步的贡献。没有技术进步,由于资本报酬递减规律,最终经济增长将会停止。必须指出,索罗模型的一个重要假设是技术进步是外生的,是独立于经济之外自动产生的。

索罗以及同时期的斯旺、丹尼森等人提出的技术进步论,为外生经济增长理论构造了一个比较完整的理论框架,为论证经济增长机制,阐释各国经济增长水平的差距提出了一些独到见解。但是,这些模式无法摆脱一个内在矛盾,即长期增长必然离不开收益递增,而新古典经济增长模式的稳定均衡均是以收益递减规律为基本前提的。因此,难以就各国经济增长的历史现实给出一致的、富有说服力的解释。

三、内生增长理论

所谓内生动力,是指经济发展过程中,县域自身所拥有的、区别于外部因素、客观存在的条件总和。它反映了一个县(市)的经济发展基础条件和现实水平。系统论认为:一切事物、现象和过程,都按照自身的结构水平,有序地组成整体性的系统,并在与周围环境的相互联系和相互作用中存在和发展。其存在状况和发展趋势,唯物辩证法原理又做了进一步揭示,即事物发展的根本原因在于事物内部的相互联系和规定性,外因通过内因而起作用。也就是说,如果县域经济发展没有内部基础条件的支撑,即使外部条件再好,其综合经济发展水平也很难得到较快提升,县域经济发展必将受到严重制约。

内生增长理论主要有知识外溢长期增长模式和人力资本积累理论。

(一)罗默的知识外溢长期增长模式

罗默是知识外溢长期增长模式的主要创始人。在罗默模式中,生产性投入的专业化知识(知识资本)的积累是长期增长的决定性因素,它不但自身具有递增的边际生产力,而且能使资本和劳动等其他要素也产生递增收益,进而使整个经济的规模收益递增,收益递增保证了经济的长期增长。

该模式认为,产出不仅是资本、劳动等实际投入的函数,而且是专业化知识与社会知识总存量的函数。由于知识的外在效应,投资与资本收益率可以是资本存量的递增函数,一国既有的资本存量越大,则其投资与资本收益率越高,经济增长率也越高。这样,罗默从理论上证明了在长期中,产出可能无限增长。

罗默认为,技术进步是由谋求利润极大化的厂商的知识积累来推动的,它不是外生的,而是源自知识积累的递增的边际生产力。

罗默模式强调知识积累是经济增长的决定性因素,诸如资本、劳动、土地等因素都受边际收益递减规律的制约, 它决定着各种投入要素结合在一起的方式不可能决定长期增长。但知识却不同,随着知识的积累,即使同样的投入要素也可以以异常多样的形式加以组合,由此带来边际生产力递增的无限空间。

(二)人力资本增长模式

卢卡斯在1988年发表的论文《论经济发展的机制》是新增长理论的开拓性文献, 提出了一个以人力资本的外在效应为核心的内生增长模式。在这一模式中,卢卡斯区别了人力资本的两种效应,即内部效应和外部效应,强调人力资本的外部效应——社会劳动力的平均人力资本水平具有核心作用, 正是源于人力资本外在效应的递增收益使人力资本成为“增长的发动机”。卢卡斯模式认为人力资本是劳动者的技能水平, 一方面, 这种技能水平会提高劳动者自身的生产率,更为重要的是,人力资本的外在效应会从一个人扩散到另一个人身上,从旧产品传递到新产品，从家庭的旧成员传递给新成员，因而会对所有生产要素的生产率都有贡献，进而使生产产出具有递增收益，使人力资本成为增长的发动机。

内生增长理论对县域经济的借鉴意义如图 2–2 所示：

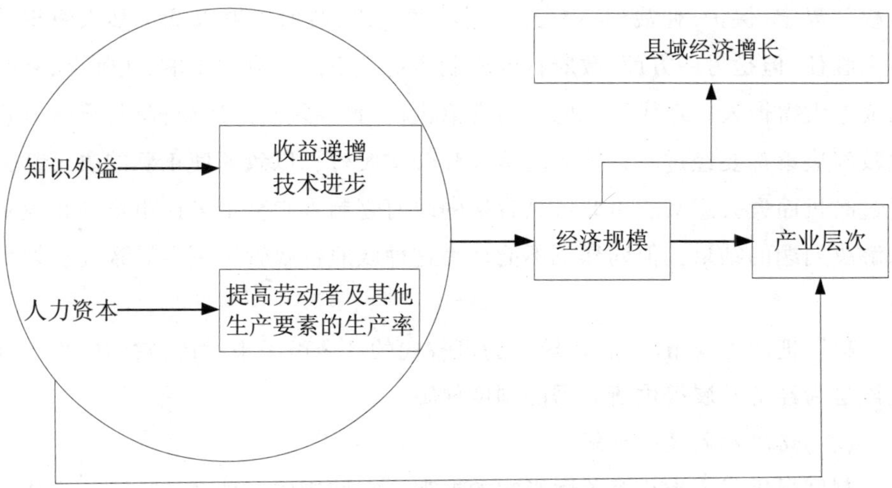

图 2–2 内生增长理论与县域经济增长的机理

四、新制度经济学理论

新制度经济学认为，在经济运行中，最重要的约束变量不仅是生产成本，而且还包括交易成本，或称作制度成本；一个节省交易成本的制度安排、制度框架和制度创新的空间是至关重要的。一个国家的基础制度安排、制度结构、制度框架、制度环境和制度走向决定了它的经济绩效。

(一)科斯的政府作用论

科斯通过分析交易成本后指出，在市场经济中政府作用至为重要。“一种权利的调整会比其他安排产生更多的产值。但除非这是法律制度所确认的权利调整，否则通过转移和合并达到同样后果的市场成本如此之高，以致最佳的权利配置以及由此带来的产值也许永远也不会实现。”

科斯对政府作用的利弊做两面观。一方面，政府在经济活动中具有市场、企业等组织形式所不具备的优势。在某种意义上，政府就像一个超级企业，它能通过行政决定影响生产要素的使用，但它又不同于企业，企业的经营会受到竞争对手制约，而且如果企业管理成本过高，市场交易就会取代企业内部组织。而政府如果需要的话，就能完全避开市场，它不会受到任何竞争的约束，并且政府可以强制规定各种生产要素如何使用，规定人们必须做什么或不能做什么。进而言之，政府可以依赖警察、立法、司法、仲裁等法律机构以确保其管制的实施。这样，不仅具有任何私人组织都不具有的权威性，而且可以收到规模经济的效果，即从产权的界定、保护、仲裁到各种经济活动的组织，政府能够以低于私人组织的成本来胜任。但是另一方面，政府行政机制本身也不是没有成本的，实际上，有时它的成本大得惊人。现代国家庞大的官僚机构，日益繁复的法律程序，意味着每一项政府决策都要经过旷日持久的争议和公文履行，以致即使正确的决策都会因错过时机而失去意义。由此可见直接的政府管制未必会带来比市场和企业更好的解决问题的结果，但同样也不能认为这种政府行政管制不会导致经济效率提高。

科斯把政府与市场、企业等作为可替代的社会组织来对待，它们的恰当组合应该是为经济发展提供所必需的制度保障。

(二)诺思对制度的理解

制度提供了人类相互关联影响的框架，它们构成一种经济秩序的合作与竞争关系。实际上，制度是个人与资本存量、物品与劳动产出及收入分配之间的过滤器。而且制度不是静态的概念，随着经济发展，专业化水平不断提高，人类相互依赖关系越来越强，制度所包括的范围也不断变化和扩展。

在整个历史中，人类设计出制度以创造秩序和降低交易的不确定性。与经济学的标准约束在一起，它们规定了选择集，决定了交易成本与生产成本，由此决定了从事经济活动的生产率与可行性。制度是逐渐演进的，联系着过去、现在与未来。

集体行动的“搭便车”问题在国家这个巨大集团中十分突出，它阻碍着制度变迁的行动主体作为组织而发展起来。诺思认为，在许多情形下，即使现行制度的缺陷已经暴露无遗，但它仍然会延续很久。原因是人们都不愿意自己去承担制度变迁的成本，而让其他社会成员都从变迁后的新收入流中获利；相反地，人们都希望其他人承担制度变迁成本，而自己坐享其成。结果是制度变迁的组织成本变得很大，以致无法实施。由此，制度创新通常不是来自个人、集团，而是来自统治者。这是因为对于统治者而言，没有搭便车问题，他既面临已出现的制度变迁的需求，同时也更容易采取行动。尤其是国家掌握法律等强制手段，他能够以较低的成本带来正规规则的变化与调整。

五、二元经济结构理论

(一)主要内容

二元经济由发展经济学家刘易斯首先提出,此后拉尼斯、费景汉等人又发展了该学说。1954 年、1955 年,刘易斯先后发表了《劳动力无限供给条件下的经济发展》和《经济增长理论》。在文中,他提出了著名的“二元经济”理论。他在文中指出,在落后国家弱小的资本主义部门(现代工业部门)与相对强大的传统部门(古代村落为载体的传统农业部门)并存形成社会的二元经济结构。前者资本相对充足,实行竞争,产生利润,工人得到自己的边际产品;后者资本相对稀缺,没有竞争,不产生利润,人们如果要维持生计,必须要消费多于边际产出的产品。

刘易斯考察了印度和埃及等许多发展中国家,发现农业部门存在着大量剩余劳动力,即隐蔽性失业。假如农业部门的一部分劳动力转移到其他部门,则农业部门的剩余劳动力不仅能够保持原有的产量,而且在一定的情况下还会增加产量。因此,一部分农业劳动力对于农业部门而言是多余的。农业部门的剩余劳动力向工业部门转移,对两个部门都有利。因为,这一转移不仅为农业的隐蔽性失业人口提供了新的就业机会,减轻了人多地少的负担,有利于提高农业劳动生产率,而且使工业部门也得到了自身发展中所需要的劳动力。因此,这种过剩的劳动力在部门之间的转移,对于工业和农业乃至整个国家经济的发展都是必要的。而由于工业的发展,农业中的这种剩余劳动力最终将被全部吸收。

刘易斯认为,在他的劳动无限供给的发展模型中,经济发展的关键因素是利用资本主义的剩余,即通过利润的再投资来增加新的资本和吸收更多的非资本主义领域的劳动力,从而获得更多的利润。这种方式的反复进行,不但资本主义领域不断扩大,而且利润、储蓄和资本积累在国民收入中的比重也逐渐增加,直到多余劳动力吸收完毕,真实工资相应上涨时为止。

美国发展经济学家拉尼斯和费景汉发展了刘易斯的二元经济结构理论,提出了改造二元经济结构的新设想。1961 年,拉尼斯和费景汉在《经济发展的一种理论》一文中提出,二元经济是处于农业经济和现代增长之间的一个历史时期,即从农业经济阶段过渡到现代增长阶段,其主要标志就是农业剩余劳动力的转移状况。拉尼斯和费景汉强调现代工业与农业部门应保持平衡,以使农业部门所提供的农业剩余刚好能满足工业部门对于农产品的要求。拉尼斯和费景汉还将劳动力转移速度快于人口增长速度作为改造二元经济结构的必要条件,并十分重视技术进步在经济发展中的作用，认为技术进步与资本同样是促进生产率提高的根本途径。

(二)对二元经济结构理论的评价

二元经济结构理论主要是从劳动力由农村部门向现代工业部门转移的角度,阐述了发展中国家的经济发展过程,但是缺乏对于农业自身的发展过程的分析,忽视一个发达的农业对促进发展中国家的经济增长过程的重要作用。在刘易斯二元经济理论中,农业是被动地起作用的,忽视了农业自身对整个经济的基础作用。拉尼斯和费景汉虽然指出这一缺陷，强调了农业在经济增长中的积极作用，认为农业生产力的提高出现剩余是农村劳动力向现代工业部门转移的先决条件。但是,在拉尼斯—费理论中,却仍然缺乏对发展中国家经济停滞的特点和原因的深入研究,特别是对农业部门自身发展的分析很不够。另外,拉尼斯—费模型忽视了资本积累与技术的关系，从而在一定程度上减少了模型的预测分析能力。但二元经济理论对研究县域经济发展仍有十分重要的指导作用。

(三)二元经济理论对县域经济发展的指导作用

我国是最大的发展中国家，二元结构的特征在我国国民经济中表现得特别明显。根据现有的二元结构理论和我国的现实状况,我国国民经济二元结构的主要特点是“双重二元结构”的存在,即:既存在现代工业部门与传统农业部门之间的经济二元结构,也存在城市社会与农村社会的社会二元结构。从县域经济发展的角度来看,二元经济结构的指导作用如下:

第一,从经济结构来看,有农村经济与城市经济并存的局面,而且农村经济所占比重还较大。目前的县域经济,占较大比重的是农村经济和农业经济,城市经济和工业经济比重还比较小。这说明目前中国县域经济还比较落后,二元经济结构是县域经济的基本结构。

第二,从经济发展趋势看,二元经济只是农业经济向工业经济过渡的阶段,一定是农业经济先转变为农业经济与工业经济并存,再转变为完全工业化经济。发达国家的经济发展过程都证明了这是经济和社会发展的必然规律，也是县域经济和社会发展的必然规律。在我国,从二元经济向一元经济过渡,肯定是要通过县域经济的发展来实现的。

第三,从二元结构的转化看,农业和农村剩余劳动力的转化是重点。二元经济结构在不同程度上依然存在,尤其是农业比重较大,主要表现为农业人口基数大和农村劳动力过剩的问题,呈现出县域经济发展中的农民收入低等诸多困难。

上述问题必然要转化成社会问题,其中最重要的是农村剩余劳动力的转移问题。当工农业劳动力的经济效率相当的时候,就表明二元经济结构的基本结束。

综上所述,县域是工业经济和农业经济的交汇之处,是二元经济结构特色最显著的地方;县域工业和服务业的发展能带动当地农业剩余劳动力的转移,并促进县域经济的增长与发展。所以,二元经济理论对研究县域经济发展具有十分重要的指导作用。

六、舒尔茨的改造传统农业理论

(一)主要内容

舒尔茨认为,并不存在使任何一个国家的农业部门不能对经济增长做出贡献的基本原因。欧洲、日本、墨西哥等国正是通过农业发展而实现了较快的经济发展。他通过对危地马拉的帕那加撒尔和印度的塞纳普尔这两个传统农业社会的详细调查后得出结论:在传统农业中,生产要素配置效率低下的情况是比较少见的,相反,传统农业的要素配置达到了很高的效率。他认为,在传统农业中农民并不愚昧,农民多年来的努力,使现有的生产要素配置达到了最优化,重新配置这些生产要素并不会使传统农业的生产增长,外来的专家也找不到发展中国家传统农业的生产要素配置有什么低效率之处。

舒尔茨还对刘易斯和罗森斯坦-罗丹等人提出的农业的隐蔽失业理论提出了批评。他认为,发展中国家的传统农业确实不能对经济增长做出贡献,只有现代化的农业才能对经济增长做出重大贡献。但问题是传统农业为什么停滞、落后,因而不能成为经济增长的源泉呢?一般的看法认为,传统农业中储蓄率和投资率低下,缺乏资本,而储蓄率和投资率低下的原因又是农民没有节约和储蓄的习惯,或者缺乏能抓住投资机会的企业家。而他则认为,传统农业中的确存在储蓄率和投资率低下、资本缺乏的现象,但根源并不是农民储蓄少或缺乏企业家,而在于传统农业中对原有生产要素增加投资的收益低,对储蓄和投资缺乏足够的经济刺激。为了说明这一点,舒尔茨提出了收入流价格理论。

收入流价格理论实际上是用西方经济学中传统的平衡分析法来说明投资和经济增长之间的关系。它的基本观点是:“收入是一个流量概念,它由每单位时间既定数量的收入流组成。因此,收入流数量的增加就等于经济增长。”要得到收入流,就必须得到收入流的来源,要增加收入流就要增加收入流的来源。收入是由生产要素生产出来的,所以收入流的来源就是生产要素。生产要素是有价值的,在这一意义上，收入流是有价格的。研究经济增长就应该研究收入流的来源以及价格。所以，中心经济问题就是要解释由什么决定这些收入流的价格。

舒尔茨用收入流价格理论解释了传统农业停滞落后、不能成为经济增长源泉的原因。他分析说，在传统农业中，由于生产要素和技术状况不变，所以持久收入流来源的供给是不变的，即持久收入流的供给曲线是一条垂直线。另一方面，传统农业中农民持有和获得收入流的偏好和动机是不变的，所以对持久收入流来源的需求也不变，即持久收入流的需求曲线是一条水平线。这样，持久收入流的平衡价格就长期在高水平上固定不变。这就说明了来自农业生产的收入流来源（生产要素）的价格是比较高的，即传统农业中资本的收益率低下，在这种情况下就不可能增加储蓄和投资，也无法打破长期停滞的平衡状态。资本收益率低下，也就是收入流来源的价格高，即社会所依靠的生产要素是昂贵的经济增长源泉。因此，改造传统农业的出路就在于寻找一些新的生产要素作为廉价的经济增长源泉。

舒尔茨提出改造传统农业的关键是要引进新的现代农业生产要素，这些要素可以使农业收入流的价格下降，从而使农业最终成为经济增长的源泉。促进整个经济增长的关键是技术的变化，技术的变化就是生产要素的增加，所以，改造传统农业的根本途径是应当对农业进行技术引进，包括技术本身、农业制度。发展中国家应当向农民投资，发展农村教育事业，以改善农村的人力资本结构。所有上述这些，目的是希望从供给和需求两方面为引进现代的农业生产要素创造条件。

（二）对改造传统农业理论的评价

舒尔茨理论具有极大的包容性，可以把农业发展的保持、区位和扩散理论的中心概念都包括进去。但同时农民的行为受到了高度不确定性和相当多的制度与文化限制，而且，由于他们很贫穷，所以农民是厌恶风险的，宁愿把资源投入到风险小但潜在利润也小的生产项目上，也不愿把资源投入到风险大而潜在利润大的生产项目上来。因此，农业经济的实际情况并不总是与确定情况下的完全竞争模型相一致。另外，舒尔茨并没有具体说明要素投入的具体方法和过程，即忽视了“新型投入的供给和生产部门的资源分配问题”，而且，舒尔茨也没有说明现代要素投入的来源，以及这些投资决策与运作过程在农业发展中是作为外生变量还是内生变量发生作用等问题。

舒尔茨对发展中国家，特别是传统农业经济占主导地位的发展中国家的经济发展做出的重要警示，对中国县域经济的现代化建设具有重要的参考价值。

七、速水佑次郎的借用技术理论

借用技术理论是日本经济学家速水佑次郎提出的。他从人口增长、资源耗竭、资本积累和技术变化等方面，对不同地区、不同时期、不同社会和文化传统，由资源禀赋和技术变迁引起的制度演进进行了研究。

(一)主要观点

发展机制潜在于表面落后之中，一旦这种机制被开发出来，发展中国家就有可能实现赶超目标。他认为发展中国家与发达国家经济增长的差异与自然资源禀赋没有多大关系，而要用物质资本和人力资本来解释，其中关键是技术的引进和消化。他认为，无论采取什么标准，日本与美国相比，自然资源禀赋极其匮乏。然而，日本的人均收入达到了美国的平均水平，资源贫乏的韩国人均收入也超过了拉丁美洲资源丰富国家的收入水平。这些事实说明，自然资源禀赋不是经济增长无法逾越的障碍，甚至不是支持经济发展的必要条件。资本积累是工业化发展的必要条件，但是在自然资源禀赋对人们构成实质性制约阶段，要特别关注通过更多的劳动和资本来提高自然资源生产力。经济增长不仅仅取决于资本积累率，还取决于资本在各种投资机会中的配置，特别是有形资本和无形资本之间的配置。积累的资本能否得到有效利用取决于人的能力和社会组织，要使可投入资金的配置与目标相一致，需要组织创新。日本的历史经验，亚洲新兴工业化国家经济的快速增长，以及紧随其后的东南亚和中国沿海地区的发展，都证明了这一点。一个国家开始工业化的时间越晚，所积累的可以供它借用的技术就越多，它的工业化和经济增长的速度就会比先行国家更快。如果发展中国家能够沿着由发达国家积累的科学和工程知识扩展的创新可能性边界，采用适合它们资源禀赋的新技术，就能在成本节约方面获得巨大的收益。①在发展中国家，在新的技术体系中，教育与研究开发这样的无形资本投资急剧增长，就可以为总生产率增长做出很大的贡献。

发展中国家所需的投资超过了国内的储蓄能力。所以，引进资本是其摆脱低增长率和低储蓄率恶性循环的措施。当然，外债的配置必须有效，用它们生产出来的商品能为减少进口、扩大出口做出贡献，从而可以用由此节约或挣来的外汇

①史晨煜：《速水：发展中国家如何从贫困走向富裕》，上海证券报，2008年6月23日，A7版。

偿还外债,否则外债有可能累积到无法偿付责任的危险。速水佑次郎认为,只要政策适宜,低收入国家或地区就能动员足够的国内储蓄和国外资本而步入发展的良性循环,实现收入和投资增长的相互促进。而相反,一个国家,即使收入达到高水平,如果政策选择不当,它仍会处于发展停滞或延迟的危险中。

发展中国家与发达国家在发展上的差距正是其加快增长的潜力。开发这种潜力的关键是在市场结构、产业组织、劳动管理、教育、培训等领域进行制度创新,使其适应自身的经济和社会环境,以避免经济基础和上层建筑之间发生灾难性冲突。

发展中国家应当实现政府与企业家之间对产业政策和信息的分享,这是促进经济增长的重要条件之一。产业政策对经济增长的贡献,是在制订计划过程中通过各种渠道的对话实现政府和企业的信息分享,这对于动员企业家齐心合力地发展具有战略互补特性的产业,包括前向关联产业,避免所谓的“协调性失败”,可能是有效的。

发展中国家农业发展的前提是建立产权界定与保护规则。产权界定和保护是促进现代农业技术引进和本土化的必要条件。农业产权界定和保护决非个人努力就能做到,必须依靠社会中人们的集体行动。有效地组织人们采取这些集体行动,需要有适宜的制度。

(二)借用技术理论对县域经济发展的借鉴意义

这一理论在理解农业与经济发展问题上是一个巨大的飞跃,它是一种比较全面的综合性的理论,是具有较高理论价值和实用价值的农业增长理论。为不同资源禀赋和结构状况的发展主体制订能够促进增长的政策与计划提供了一个指导思想。

速水佑次郎的借用技术理论对中国县域经济发展是有积极借鉴意义的。中国县域经济发展中的大量要素,包括资金、人才、技术等在县域内严重缺乏,本地的原有要素也发生转移。县域经济要获得持续发展必须大量引进外来经济要素,这些要素除了资金以外,主要是要大量引进技术,实现经济发展的飞跃。

传统的比较利益理论认为,资源禀赋是区域经济和贸易发展的必要条件。中国县域经济发展固然需要强调依据自然资源禀赋,发展特色经济,培育其他区域所不能替代的核心竞争力。但是,仅仅强调自然资源禀赋来发展县域经济是远远不够的。如果仅强调自然资源禀赋,那么,也许就没有今日浙江省县域经济的快速发展,就没有中国沿海地区用不到 20 年的时间赶上世界发达国家要 100 年和日本40年才能够达到的发展水平。另外,资源禀赋是一个动态的概念,资源有时也可以创造。浙江省义乌市,本没有什么资源,但是,通过大力发展小商品市场,使义乌市成为中国重要的小商品集散地。义乌市积极发挥小商品市场优势,大量引进和集聚先进的技术资金和人才,走工业强市之路,使第二产业增加值得到增长。

第三节　区域经济理论

区域经济发展的时空不平衡是一种普遍存在的经济现象，对这一问题的关注与研究促进了区域经济理论的产生与发展。这方面的理论相当复杂和浩瀚,本书只选择最为相关的理论来探讨县域经济发展的基础问题，重点对非均衡发展理论、增长极理论、梯度推进理论、比较优势理论、倒U理论和区域竞争力理论进行阐述。

一、区域非均衡发展理论

非均衡发展理论是中国县域经济发展的一个非常重要的理论支点，该理论以赫希曼和威廉姆森为代表。

(一)主要内容

赫希曼认为，由于不发达国家或地区不具备产业和地域全面增长的资金和其他资源,包括人才、技术和原材料等;因此,理论上的平衡发展是不可能的,经济进步并不同时出现在所有地方,而一旦出现在某一处,会使得经济增长围绕最初的增长点集中。这种增长点或增长极的出现,必然形成区域间的不平等,而增长极发展到一定程度时会产生一种力量扩散到其他地区，即极化效应和涓流效应。增长极存在的高工资、高利润以及完善的生产和投资环境,一方面不断吸引周围落后地区的资本、技术和人才,从而使得这些地区的经济发展受到制约,两个地区之间的经济差距日益扩大;另一方面,发达地区向周边地区的购买力或投资增加,以及周边地区向发达地区的移民,提高了落后地区边际劳动生产率和人均消费水平。从长期来看,由于经济增长达到一定程度,发达地区会产生集聚不经济,从而促进产业向周边扩散。因而,地域上的涓流效应将超过极化效应,逐步缩小发达地区与不发达地区的经济发展差距。

威廉姆森认为,一国或一地区经济发展的早期阶段,区域间成长的差异将会扩大,倾向不平衡成长。以后,随着经济发展,区域间不平衡程度趋向稳定,当达到成熟阶段,区域间经济水平发展的差异将逐步趋于缩小,倾向平衡成长,而区域间经济发展差异的缩小又构成经济增长的必要条件。这是一种有时间变量的平衡发展理论,即所谓倒"U"字形理论。区域经济成长从不平衡到平衡的演变过程是极化效应和扩散效应相互作用、相互转化的结果。在区域成长的初期,极化效应较扩散效应显著,区域经济差距呈现拉大趋势,这种不平衡表现在生产要素首先集中在少数点或地区。而在区域成长后期,扩散效应变得更为重要,集聚经济向周围扩散渗透,并导致区域经济差异的进一步缩小。

区域经济不平衡发展战略与平衡战略有着显著的不同, 它们的差异主要表现在三个方面:一是平衡发展战略强调地区间平衡发展,而不平衡发展战略则承认区域间发展不平衡的现实,主张一部分地区经济发展率先起飞,使其经济高速增长,通过一部分地区的先发效应带动欠发达地区;二是平衡战略强调地区间的公平与平等,而不平衡发展战略则突出了经济效益目标;三是在地区布局、投资分配和区域政策方面,平衡发展战略突出内地,急于推动生产布局内移,而不平衡发展战略的重点放在生产要素和基础条件较好的沿海地区或一个地区的经济基础和交通条件较好的某一个点上,给予投资和政策上的优惠。

(二)对中国县域经济发展的指导意义

就县域经济而言,在经济发展过程中,采取不平衡发展战略是切合中国县域发展实际的。理由是:

第一,中国县域经济面广量大,地区经济和社会水平的差异千差万别。以财政收入为例,沿海与内地收入差距悬殊。中国东部沿海的一些县连续十几年保持了经济的快速增长。沿海地区个别县的地方财政收入甚至接近了内地落后地区的省级地方财政总收入。与沿海地区快速发展的县域经济相比,在中国广大中西部地区,县域经济发展十分缓慢,甚至财政负债严重,基层财政风险不断加大,县乡政府无力提供农村最基本的公共服务。

第二,中国县域经济的发展类型各异,在县域经济发展战略上,也不可能采取或根本没有条件实行平衡发展战略。目前,对县域经济的分类有多种方法,一是按地形划分,可分为黄淮海地区县、长江中下游地区县、黄土高原地区县、青藏高原地区县、丘陵地区县、山区县、平原地区县等类型;二是按地带划分,可分为东部、中部和西部地带县三种类型;三是按经济指标划分,可分为发达县、次发达县、欠发达县和不发达县四种类型;四是按产业结构划分,可划分为农业主导型县、工业主导型县以及服务业主导型县等。在资源有限、经济条件各异的前提下,要求县域经济平衡发展是不可能的,唯一的出路是从各自的具体情况出发,实行非均衡发展战略。

二、增长极理论

(一)主要内容

增长极理论是区域非均衡理论的一个重要分支。20世纪50年代,法国经济学家弗朗索瓦·佩鲁提出了增长极的概念。佩鲁认为:由主导产业中的创新企业在某些大城市进行聚集而形成的产业之间密切协作关系是促进区域经济增长的重要途径,这些企业通常是位于城市中心,具有生产、贸易、金融、信息、运输、服务和决策等多种功能,就像一个"磁极",能够对周围地区的生产要素产生吸引作用,同时也能把自己的生产要素扩散到周围地区,从而既促进自身的经济增长,又推动其他地区的经济发展。佩鲁将这样的"磁极"称为增长极。

佩鲁在其理论中,从四个方面阐述了增长极的作用机制。第一,技术创新与扩散。增长极能不断地进行技术创新,从而使新技术、新产品、新组织和新的生产方法层出不穷。它一方面吸引其他地区的最新技术和人才,另一方面又将新技术扩散到其他地区。第二,资本聚集与输出。增长极有良好的投资环境,能从其所在地区和部门或从其他地区和部门吸引和集聚大量资本。同时,为了满足其对原材料、农产品等的需求,增长极又向周围地区和部门输出资本。第三,规模经济效益。增长极的企业和行业集中,生产规模庞大,形成规模经济,产生内在经济效益,同时由于完善的基础设施以及其他服务部门的建立,因而形成了显著的外部经济效益。第四,凝聚经济效果。增长极的形成,将促使产业活动和技术、资本、贸易、人口在地域上的聚集,从而产生具有多种功能的经济中心,并通过与周围地区的密切联系,利用吸引和扩散作用机制,推动整个区域乃至一个国家的经济发展。

佩鲁的增长极理论可以很好地解释城市经济发展对于农村经济的极化作用。正是由于城市经济的极化作用,导致农村的劳动力、资金等生产要素不断向城市聚集,形成了城乡经济发展的差距。

后来法国经济学家布代维尔、美国经济学家弗里德曼、瑞典经济学家缪尔达尔、美国经济学家赫希曼分别在不同程度上进一步丰富和发展了这一理论。

(二)对增长极理论的评价

由于积累性因果循环的作用,回波效应往往大于扩散效应,出现发达地区越来越发达,不发达地区越来越落后,经济不平衡状态越来越突出,甚至形成一个区域内地理上的二元经济局面,甚至形成独立于周边地区的“飞地”。增长极的负效应具体表现在以下几个方面:第一,增长极的发展导致外围地区资本筹集困难。增长极具有良好的投资环境和优厚的投资利润以及需求日益扩大的市场,这些因素吸引银行及其他金融机构将经济落后地区的储蓄转化为经济发达地区的投资;而外围地区由于落后的经济基础和投资收益率低,资本外流,致使资本积累逐渐减少,资本日趋短缺和枯竭,任何现代化的产业都难于起步。第二,增长极的经济发展使外围地区人才缺乏,经济发展受到极大制约。增长极在就业机会、工资待遇、工作环境、个人多样化需求的满足程度、子女上学就业等方面具有很大优势,这些优势吸引着落后的外围地区的劳动者和各类专业人才通过各种途径纷纷流向那里,结果在增强增长极发展能力的同时,却对外围地区造成了十分不利的影响。第三,增长极的发展导致外围地区贸易状况恶化。由于地域邻近,增长极与外围地区势必发生区域贸易活动,前者以输出工业品、资本品为主,并从后者输入初级产品,而后者以初级产品的生产和输出为主。初级产品的价格低而不稳,且缺乏需求弹性,因而竞争形势和交易条件有利于前者而不利于后者。总之,增长极的极化效应往往是以牺牲外围地区的发展为代价的。

(三)增长极理论在各国经济实践中的应用

增长极理论在各国经济实践中应用广泛。美国在开发西部时制定了“增长中心战略”,西部太平洋沿岸形成了旧金山、洛杉矶、西雅图等增长极;法国制定了“在经济薄弱地区发展中心计划”;英国则是“企业区”“科研—工业综合体园区”等。这些都是实施增长极理论的具体体现。

再比如,巴西曾采取种种激励手段来刺激亚马逊河流域等落后地区的经济增长。首先把首都从繁荣的里约热内卢迁往落后的巴西利亚,修理贯穿亚马逊河流域的公路体系,鼓励向落后地区移民,同时,重视落后地区的自我发展能力,开辟新工业区,利用优惠政策吸引外来投资,开辟内地自由贸易区。在政府政策的扶持下,位于亚马逊河中游的玛瑙斯自由港成为巴西最大,也是全世界最大的经济特区。它被作为推动中西部经济发展的增长极和辐射中心,有效地带动了周边地区的经济发展。

马来西亚也是成功利用增长极理论的国家。该国开始鼓励在一定时期内将增长集中于特定的产业和特定的地区。但当经济发展到一定水平后,马来西亚开始减少向繁荣地区的人口流动,而是鼓励人才和资金向中等发达地区转移。因为这些地区具有较好的基础设施和发展潜力，其经济扩张力大到足以克服发达地区带来的不利的回波效应。政府通过为建立西北地区的增长极提供优惠政策以产生扩散效应，尤其是政府对高科技电子等创新产业的扶持，带动了许多企业的模仿和不断创新，使帕朗和周围地区发展成为世界性的电子产品出口基地。与此同时，马来西亚政府鼓励发展全国各地的贫困中小城市。因此，马来西亚采取的措施，既考虑到地区优先发展战略，又兼顾了落后地区的发展，从而较好地解决了地区发展差距和地区收入差距的问题。

增长极理论提出以来，世界上许多国家曾运用它治理落后地区，有的成功了，有的失败了。我们既不能因此全面肯定增长极理论，也不能全盘否定该理论。增长极理论告诉我们，增长极本身有正效应也有负效应，必须借助国家干预，使不利的回波效应小于有利的扩散效应，才能达到经济平衡发展的效果。事实上，许多国家特别是落后国家和地区差异较大的国家都接受了发展经济学的这一主张：一个经济上落后的国家必须首先将有限的资源用于发展那些有优势的地区，在这些地区建立若干个增长极或增长中心，在增长极中创建一个或多个推进型企业，以促进这些地区的飞速发展。等到这些增长极和增长地区发展到一定程度后，再逐渐向外围地区和其他不发达地区扩散，最后达到所有地区较为平衡地发展。

我国自改革开放以来，通过对增长极理论的具体应用，已形成了以长江三角洲、珠江三角洲和京津唐地区为代表的区域增长极，在全国经济增长中越来越发挥着举足轻重的作用，成为推动中国经济发展的重要极点。

增长极理论对县域经济的发展也有积极的指导意义。县域经济的发展可以依靠条件较好的少数地区和少数产业带动，把少数区位条件好的地区和少数条件好的产业培育成经济增长极，通过增长极的极化效应和扩散效应，影响和带动周边地区经济发展。

三、辐射理论

(一)点轴辐射理论

点轴辐射理论最早是由波兰经济学家萨伦巴和马利士提出的。“点”主要是指各级中心地，即各级中心城镇，是各级区域的集聚点，也是指具有较强创新能力和增长能力、能带动区域经济发展的各类区域的增长极。“轴”是连接各增长极的线状基础设施，包括水陆交通干线、动力供应线、水源供应线及其沿线地带，是在一定的方向上联结若干不同级别的中心城镇形成的相对密集的人口和产业带。

点轴辐射理论是增长极理论的延伸，但在重视“点”增长极作用的同时，还强调“点”与“点”之间的“轴”的作用。点轴开发的步骤包括：第一，将具有发展潜力的交通干线作为发展轴，予以重点开发。第二，在发展轴线上，确定若干个点（城镇）的地位、功能和发展方向。第三，确定“点”和“线”的等级结构和网络体系。

（二）网络辐射理论

网络辐射理论是点轴开发理论的延伸。这里的网络是指一定区域内结点与结点之间及轴线与轴线之间经纬交织而发展成的点、线、面的统一体。其中，结点是指区域内部的增长极，即各级中心城市和城镇；相互交叉的轴线是指在结点间起连接作用的线状通道，如铁路、公路、动力管道、电力网、通讯等基础设施类。当经济发展到一定阶段后，生产要素和资源配置开始跨区在更大范围的区域之间流动和重新配置。这个过程客观上促使区域与区域之间、城市与城市之间形成更广泛的专业化分工与协作关系，并逐渐在空间上形成以线状基础设施为主骨架的地域经济网络体系。

区域经济发展中的辐射理论对县域经济发展具有重要的指导意义。首先，依据这一理论可以有效提高各县域中关于道路、交通、通讯等基础设施规划与建设的科学性。其次，对小城镇建设布局提供了制定措施的理论依据。此外，对于正确引导县域间、县域与中心城市间的劳动力流动和就业提供了决策依据。

四、梯度发展理论

梯度发展理论源于美国哈佛大学教授雷蒙德·弗农等人所创立的“工业生产生命周期阶段论”。

（一）主要内容

该理论的要点如下：

第一，工业各部门及各种工业产品，都处于生命周期的不同发展阶段，即经历创新、发展、成熟、衰退等四个阶段。区域经济的发展盛衰，主要决定于该地区产业结构的优劣以及转移，而产业结构的优劣又取决于地区各经济部门，特别是主导专业化部门在工业生命周期中所处的阶段。由于较发达地区主要处于技术创新和经济繁荣的阶段，无论在经济或技术上均属于高梯度地区。因此，新兴产业和高技术生产部门适宜于在较发达地区布局，而传统的产业部门适宜于在技术、资金和劳动力素质受到限制的欠发达地区或低梯度地区布局。

第二，由于科技进步引致的新产品、新技术、新思想以及新的生产管理与组织管理方法等，大都发源于高梯度地区，因此，产业结构的更新，促使地区经济向高梯度地区发展和集中。

第三，产业结构的更新随着经济发展的时间推移和生命周期的衰退，逐步有秩序地由高梯度地区向低梯度地区多层次转移。首先是按照距离远近向外围经济联系比较紧密的地区局部推进。而总体范围推进则按梯度高低顺序，跳跃式地向周围扩散，首先向第二梯度地区推进，随着产业生命的盛衰，再逐步向处在第三、第四梯度的地区推进。

第四，梯度推进的过程是动态的，是区域极化效应和扩散效应逐步演变的过程。在初期，经济发展要素一定是向高梯度地区积聚，这是区域经济发展的极化效应阶段。在高梯度地区的经济发展到一定程度以后，随着要素的边际报酬的逐步下降，高梯度地区的要素开始逐步向低梯度地区转移，这是区域经济发展的扩散效应阶段。

梯度发展理论也引申出了反梯度推移论。反梯度推移论认为现有生产力水平的梯度顺序，不一定等于引进先进技术和经济发展的顺序，这种顺序只能由经济发展的需要和可能决定；只要经济发展需要，而又具有条件，就可以引进技术，进行大规模发展，而不管该区域处于哪个梯度。落后的低梯度地区，可以直接引进世界最新技术，发展自己的高技术，实行超越发展，然后向二级、一级梯度区进行反推移。

（二）对县域经济的指导意义

经济发展的梯度理论在我国改革开放的实践中，发挥了积极的作用。我国的经济特区建设、首期开放 14 个沿海城市、推行温州等农村经济改革试验区等都是梯度发展理论在具体工作中的运用。

但是，中国县域经济发展具有典型性和多样性。东部地区工业化程度比较高；中部地区是以传统的经济结构为主体，工业化已开始起步；西部地区主要以传统农业为主体，不少地区还未解决贫困问题。从目前的实际情况看，地区间梯度发展的极化效应远远大于扩散效应，欠发达地区稀缺的经济要素，如人才、资金还将进一步涌向高梯度地区，东西部地区以及城乡之间的两极分化还将进一步扩大。所以，在实行梯度发展战略时，应促进各地区经济的协调发展，增强综合实力。要采取措施，防止地区间梯度发展的极化效应一味超过扩散效应，特别是要发挥高梯度地区向低梯度地区的扩散效应，积极实行统筹城乡的经济社会发展战略。

五、比较优势理论

(一)主要观点

现代经济学之父亚当·斯密创立了绝对优势原理,这种绝对优势是形成国际分工和国际贸易的根本。按照亚当·斯密的理论,两国间的贸易基于绝对优势。如果一国相对于另一国在某种商品的生产上有更高效率(或有绝对优势),但在另一种商品的生产上效率较低(或有绝对劣势),两国就可以通过专门生产自己有绝对优势的商品并用其中一部分来交换其有绝对劣势的商品。

大卫·李嘉图则发展了绝对优势理论,形成了比较优势原理。他认为,只要两国商品在相对劳动资本上存在差异,就能产生各自的相对比较优势产品,通过相互贸易获得利益。即一个国家即便在各种生产处于劣势的情况下,仍可通过生产产品成本劣势较小的商品来出口交换成本劣势较大的产品,赚取比较利益。即使整体上都处于劣势状态,仍可从诸多劣势中寻找相对优势,参与国家分工与国际贸易。

李嘉图的理论比斯密的学说更为完整，能更好地解释地域分工和国际贸易问题。20 世纪 20 年代,瑞典经济学家伊莱·赫克歇尔和他的学生伯蒂尔·奥林补充发展了斯密和李嘉图的理论,提出了生产要素禀赋理论。他认为,每个国家或区域的生产要素禀赋不同,若不考虑需求因素的影响,利用相对丰裕的生产要素进行生产就处于有利地位。因此,各地应利用其相对丰裕的生产要素进行生产,形成合理的分工、贸易体系。

(二)对县域经济的启示

比较优势理论对县域经济发展的启示是，无论该地区处于哪一个经济发展阶段，也无论其资源的贫富和经济实力的强弱，都有参与区域分工和贸易的可能。只要利用相对优势,“优中选优,两利相权取其重;劣中选优,两弊相衡取其轻”,进行区域分工,就能以较少的劳动耗费获取较多的使用价值。

同时,比较优势理论已经在我国县域经济发展中被广泛运用。这种运用主要以发展特色经济的形式出现,利用本地区产业传统和资源优势,形成“一县一特”“一乡一业”“一村一品”。

所以,对县域经济发展来说,如果能够根据自己的资源和技术禀赋条件发展有比较优势的行业,生产有比较优势的产品,就有可能在激烈的市场竞争中处于有利地位,就有可能获得本地区经济的更快发展。

六、区域竞争优势理论

美国哈佛商学院的迈克尔·波特教授及其同事利用5年的时间，在调查了10个国家(丹麦、原西德、意大利、日本、韩国、新加坡、瑞士、瑞典、英国、美国)和一些地区的基础上,完成了其论著《国家竞争优势》,提出并完善了竞争优势理论。波特认为,一个国家之所以能够兴旺发达,其根本原因在于这个国家在国际市场上具有竞争优势,这种竞争优势源于这个国家的主导产业具有竞争优势,主导产业的竞争优势又源于企业，而企业的竞争优势来自于创新机制所带来的生产效率的提高。波特认为,一个国家的竞争优势也就是企业、行业的竞争优势,具体包括6个方面的因素:生产要素,国内需求,相关产业与支撑产业,企业的战略、结构和竞争,政府的作用,机遇。其中前面4个属于基础要素,后两个属于辅助要素。这六个因素构成“钻石模型”。具体见图2–3所示。

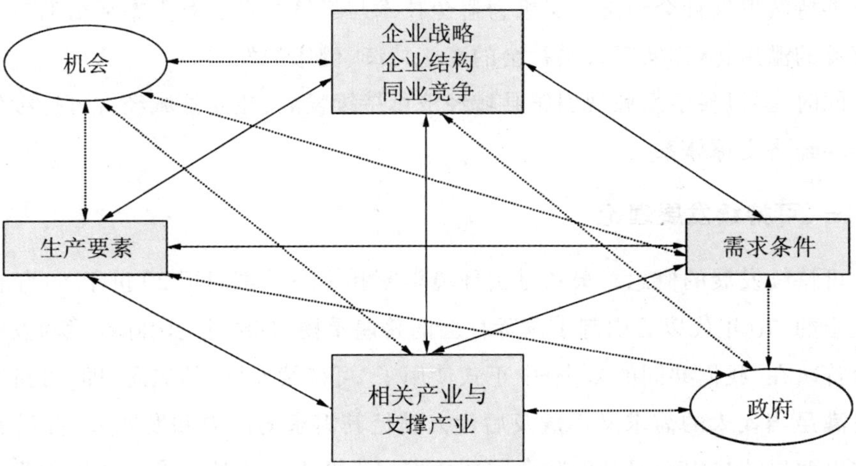

图2–3 波特竞争优势的“钻石模型”

资料来源:〔美〕迈克尔·波特著,李明轩、邱如美译,《国家竞争优势》,华夏出版社,2002年版,第119页。

值得注意的是,波特在其竞争优势理论中指出,国家竞争优势的获得,关键在于产业的竞争，而产业的发展往往是在国内几个区域内形成有竞争力的产业集群。因为国家内部产业群的健康发展和利于创新的发展环境,会提高企业自身的创新机会,而“产业群的发展并非自然的分散而是倾向于地理集中”。所以,波特的国家竞争优势理论中包含了区域竞争优势的内容，从而对于区域竞争优势理论的建立产生了重要意义。国内有些学者则直接将国家竞争优势理论等同于区域竞争优势理论。当然，它们之间既存在共性，也具有不同点。

波特的竞争力理论对于建立县域经济的竞争力具有启发作用。增强县域经济的竞争力，不仅取决于微观层次的优势培养，还取决于国家宏观层次的支持。

第四节　可持续发展相关理论

可持续发展理论是一种全新的发展理论。它包括资源与环境的可持续发展、经济可持续发展和社会可持续发展三大部分内容。它要求三方面协调统一。可持续发展对中国的社会进步具有重大意义，实施县域经济可持续发展具有历史必然性。

基于可持续发展要求，县域经济必须遵循循环经济规律。循环经济的主旨是既能够持续发展社会经济，又极力避免技术与经济的发展对生态平衡的危害和对资源的滥用，从而实现人类社会的真正持续、健康的发展。

同时，要以科学发展观引领县域经济可持续发展，建立县域经济可持续发展的循环经济支撑体系。

一、可持续发展理论

可持续发展的概念，最初是由环境学家和生态学家们于20世纪60年代末期提出的，70年代以后引起了国际社会的普遍重视。1987年，国际环境和发展委员会首次在《我们共同的未来》中正式使用了“可持续发展”的概念，即“可持续发展是满足当代人的需求又不危及后代人满足其需求的能力和发展”。直到1992年在巴西里约热内卢召开的联合国环境发展大会上，可持续发展才被作为全人类共同的发展战略，有了较为公认的定义：“可持续发展是在不损害未来世代满足其发展要求的资源的前提下的发展。”显然，这是一种以人的全面发展为目标，经济、社会和资源、环境协调发展的发展观。

可持续发展理论的基本思想主要体现在：

第一，经济可持续发展既包括经济增长、经济发展的含义，也包括经济发展与人口、资源、环境之间的协调，实质是经济社会在人口、资源、环境三个约束条件下的持久、有序、稳定、协调发展。经济可持续发展必须兼顾人口、环境、社会的可持续发展,同时保证资源的可持续利用与优化配置。

第二,经济发展是其核心内容,经济可持续发展是主要任务,但必须以资源的可持续利用和环境可持续发展作为经济可持续发展的依托,并进而实现社会可持续发展。

第三,经济可持续发展的重要标志是资源的永续利用和良好的生态环境,以及高效的经济结构和产业结构,单纯以破坏资源和生态环境而追求经济高速增长不是可持续发展。

第四,科技进步是促进经济可持续发展的强大动力。科技进步促进了产业结构和技术结构水平的高级化,从而促进社会经济的快速发展。同时人类利用新的工具和生产方式使得自然资源利用的深度和广度加强,扩大了资源利用的范围。

二、循环经济理论

循环经济以"减量化(Reduce)、再使用(Reuse)、再循环(Recycle)"的"3R"为原则,提高环境资源配置效率,达到污染低排放或者零排放的一种经济理论。

循环经济是对传统经济发展观念和模式的一次革命,它强调从源头减少资源消耗,有效利用资源,减少污染物排放。在社会生产和消费过程中,谋求以最小成本追求最大的社会经济和环境效益,为工业化以来的传统经济转向可持续发展的经济提供了战略性理论范式。

循环经济的本质是运用生态学规律为指导,通过生态经济综合规划,设计社会经济活动,使不同企业之间形成共享资源和互换副产品的产业共生组合,使上游生产过程产生的废弃物成为下游生产过程的原材料,实现废物综合利用,达到产业之间资源的最优化配置,使区域的物质和能源在经济循环中得到永续利用,从而实现产品清洁生产和资源可持续利用的环境和谐型经济模式。

循环经济的核心是提高生态环境的利用效率,其目标是追求可持续发展。

三、科学发展观

中共十六届三中全会提出了科学发展观,科学发展就是坚持以人为本,树立全面、协调、可持续的发展观,促进经济社会和人的全面发展。坚持以人为本,就是要以实现人的全面发展为目标,从人民群众的根本利益出发谋发展、促发展,不断满足人民群众日益增长的物质文化需要,切实保障人民群众的经济、政治和文化权益,让发展的成果惠及全体人民。全面发展,就是以经济建设为中心,全面推进经济、政治、文化建设,实现经济发展和社会全面进步。协调发展,就是要统筹城乡发展、统筹区域发展、统筹经济社会发展、统筹人与自然和谐发展、统筹国内发展和对外开放,推进生产力和生产关系、经济基础和上层建筑相协调,推进经济、政治、文化建设的各个环节、各个方面相协调。可持续发展,就是要促进人与自然的和谐,实现经济发展和人口、资源、环境相协调,坚持走生产发展、生活富裕、生态良好的文明发展道路,保证一代接一代地永续发展。科学发展观,是用来指导发展的,不能离开这个主题,要坚定不移地推动经济持续快速协调健康发展。

四、可持续发展相关理论对县域经济的指导意义

与城市经济相比,县域经济与自然环境的关系更为密切,县域经济必须走可持续发展的新路子，这是总结中国生态环境保护与经济发展的经验教训得出的结论,是历史的选择,也是时代的要求。县域经济还必须按照生态规律实现更大量的物质循环,减少浪费。对于经济较发达的县市,有能力加强科学技术向生产力的转化和引进先进的技术装备，实现较高水平的循环经济。对于欠发达的县市,面临着工业化的发展趋势,可以用循环经济理念指导工业化进程,逐渐转向循环经济发展模式,最终发挥后发优势,实现经济的跨越式发展和社会的可持续发展。

科学发展观关注的是我国社会的全面发展,它不仅仅包括经济,而且包括政治、经济、文化、生态环境和人的全面发展,是宏观方面的全面指导。县域经济属于中观层次的发展,必须接受宏观方面科学发展观的指导;当然,没有县域经济的发展,全面发展就成为空谈,科学发展观也就不复存在。

第三章

县域经济发展模式

- 概念界定、内容及自身局限性
- 县域经济发展模式的类型与特征分析
- 县域经济发展模式的构建

第三章　县域经济发展模式

据统计，我国县域内的陆地国土面积占全国陆地国土面积的94%，县域内人口占全国总人口的71%，目前我国共有2862个县级行政单位。这些县区在自然条件、资源禀赋、基础设施、思想观念、历史文化、风土人情、经济发展等方面存在显著差异，可谓东西不同、南北迥异。诸多的县域经济在长期发展过程中找到了适合自己的相应模式，比如苏南模式、温州模式、义乌模式、顺德模式、珠江模式、晋城模式、济源模式、义安模式等。这些县域经济发展模式的创立、发展和完善都是因地制宜、逐步探索的结果。研究县域经济发展模式并非要照搬照抄，而是要研究共性、注重个性，最关键的是要结合县域经济实际，探索适合于自己的发展路径。

第一节　概念界定、内容及自身局限性

为了便于研究，首先要对模式、经济模式和县域经济模式这三个概念进行界定。

一、模式、经济模式、经济发展模式和县域经济发展模式

模式是从不断重复的事件中发现和抽象出的规律，是解决问题的方法论和高度的归纳总结。模式是一个良好的参照性指导方略，在一个适用性强的模式下，会有助于高效完成工作，有助于按照既定思路做出一个优良的行动方案，达到事半功倍的效果，而且会得到解决问题的最佳方法。

经济模式是将经济主体运行过程中具有总体性的各经济成分构成形式和调节机制进行高度概括，抽取经济活动中的主要因素或者本质性细节，同时兼顾各经济成分间的整体性及内部的有机联系，形成对经济运行规则的理论构造。

经济发展模式，是指在一定时期内的经济运行实践中，将经济主体取得显著

成绩的经济发展战略、经济运行原则以及要素增长机制进行归纳总结，得出包括经济发展目标、发展方式、发展重心等要素在内的运行机制，实现资源的有效配置与可持续利用。经济发展模式在一定时期内具有相对稳定性，但同时又是一个动态变化发展的过程，需将其界定在一定的条件之下，否则模式将失去应有的经济意义。而经济发展模式的界定则会表现出相对的差异性，需在特定的经济文化背景中分析，通过分析比较，理解特定条件下的模式的本质内涵。

县域经济发展模式是具有一定特色的、能够带动县域经济、社会全面发展的路径的抽象总结，是对不同类型县域经济良好发展的条件、优势、途径、措施、效果等方面的高度概括，是县域生产力和生产关系的相互促进的生动表现。

二、县域经济发展模式的内容

构成县域经济发展模式的因素很多，但区别不同模式的显著标准主要有产业结构、所有制结构、技术结构和市场结构等四大内容。

(一)产业结构

产业结构是指在社会再生产过程中形成的产业构成、产业间相互联系和比例关系。从大的方面说，县域产业结构，就是指第一、第二、第三产业在地区生产总值中所占的比重大小。从小的方面说，县域产业结构还包括三类产业的内部构成及其各行业之间的比例关系。县域产业结构的优化升级构成县域经济发展的核心内容。由于各县域情况差异，资源不同，产业结构及其优化升级也有区别，它成为区别不同县域经济发展模式的一个重要标志。

(二)所有制结构

所有制结构也是县域经济发展模式的一项重要内容。经过30多年的改革开放，县域经济的所有制结构已经改变了以全民所有制和集体所有制为主的局面，可以说所有制构成上已经主要是混合所有制。但细分起来，不同的县域经济发展模式在所有制结构上往往表现出很大的差异，有的县在所有制结构上表现为国有、外资、个体及其他经济成分的混合所有制；有的县表现为个体私营经济占较大比重；有的县则表现为外资占较大比重。

(三)技术结构

技术结构是指生产经营中的技术水平和技术状况，即先进技术和装备、中间技术和装备以及传统技术和装备在生产中的构成状况。由于县域经济发展水平和教育发展程度的不平衡以及环境对人才的吸引力不同，各县的技术水平和状况会有所差别，甚至差别较大，它也成为区分不同县域经济发展模式的标志之一。

(四)市场结构

市场结构主要是指产品销售的范围和方式，即产品是以面向国际市场销售为主，还是以面向区域市场或国内市场销售为主；产品销售时是以现货销售为主，还是以期货销售为主。广义上，市场结构还包括县域工业及其他产业采购原材料的范围，即主要从县域内采购原材料，还是从县域外采购，从县域外采购时，主要是从国内采购还是从国外采购。县域市场结构的差别，也是判断县域经济发展模式的依据之一。

三、县域经济发展模式的自身局限性分析

探索研究县域经济的发展模式，我们一方面需要了解其成功之处，另一方面要应用理性思维来审视县域经济发展模式，要用辩证、客观的观点分析县域经济发展的实践过程，也就是既要看到其成功之处，又要分辨其自身局限性，不能照搬照抄。

(一)时空条件迥异，模式复制存在很大困难

"橘生于南则为橘，生于北则为枳。"成功的县域经济发展模式是特定环境下各种因素综合发生作用的历史发展过程，是县域经济特色化发展路径。这种时空条件和特色化特征具有一定的时空局限性。这种局限性使得模式复制存在很多困难。比如这种发展模式在温州获得异常成功，但在鸭绿江边就可能根本行不通。县域经济发展模式不像工业生产中产品的标准化和规范化操作过程，也不像KFC、麦当劳之类的快餐连锁店那样进行标准化服务管理模式。县域经济是一个中观经济体，它既包括起主导作用的动力因素，也包括相应的周遭环境，最关键的地方在于，很多因素是任何一个组织或个人很难控制的。因此，想要移植或复制一种成功的模式到另一区域，往往会事与愿违，甚至于事无补。

(二)经济发展模式存在惯性思维，导致自我超越很难

县域经济在路径依赖的作用下，存在惯性思维，导致很难进行创新和自我超越。一方面，县域经济发展模式作为对成功经验的总结，在其引导下按照以往经验发展县域经济便成为一种现实选择，因为它一直是成功的，所以经验的作用加上对改革风险的厌恶使模式变革的内在动力很难形成，从而扼杀了县域经济发展模式自我超越的动力；另一方面，县域经济发展模式取得的成功在一定程度上

掩盖了其负面效应，其消极因素即便进入人们的视野也被当作次要矛盾而加以忽视,因此很难生成县域经济发展模式的否定因素,即便出现一些要求变革的声音也会被其曾经的成功所淹没,使县域经济发展模式丧失了自我超越的机会。比如,苏南模式曾经辉煌一时。但苏南模式也存在一系列类似于传统国企的弊端,如企业产权不明、政企不分、所有制实现形式单一等问题。在改革开放之初,尽管大量经济空隙为苏南地区乡镇企业的异军突起提供了历史机遇，致使在很长一段时间里,苏南地区政府超强干预模式取得了辉煌成就,但随着宏观经济环境的变化,尤其是买方市场的出现,苏南经济开始滑坡。到 1996 年,苏南乡镇企业销售收入增幅降到 10%以下,其中苏州、常州两市的利润额出现负增长。

所以,我们既要承认县域经济发展模式本身的客观实在性,又不能抹杀主观能动性在县域经济发展模式形成过程中的重要作用；既要充分肯定县域经济发展模式取得的成功,又不能用昔日的辉煌掩盖其负面效应;既要承认县域经济发展模式是自然、历史、文化、经济等多种因素共同作用的均衡结果,又要重视主导因子对县域经济发展模式的导向性作用。

第二节 县域经济发展模式的类型与特征分析

一、县域经济发展模式的类型

县域经济是一个复杂的经济体系，它的形成与发展受到众多因素的共同影响。尽管县域经济是多变量综合发生作用的结果,但是在一定时空条件下,往往各种变量的贡献是不同的,有的处于主导地位,有的处于从属地位。按照矛盾论的观点,我们应该抓住主要矛盾。所以,本研究按照主导因素来进行县域经济发展模式的分类。具体如下：

(一)资源导向型县域经济

资源导向型县域经济发展模式，是指依靠本地资源优势，打造自身产业优势,通过主导产业和关联产业带动整个县域经济发展的一种经济发展模式。这里的资源既包括矿产、动植物、能源等自然资源,也包含自然景观和人文景观等旅游资源。这种模式可用图 3-1 具体表示：

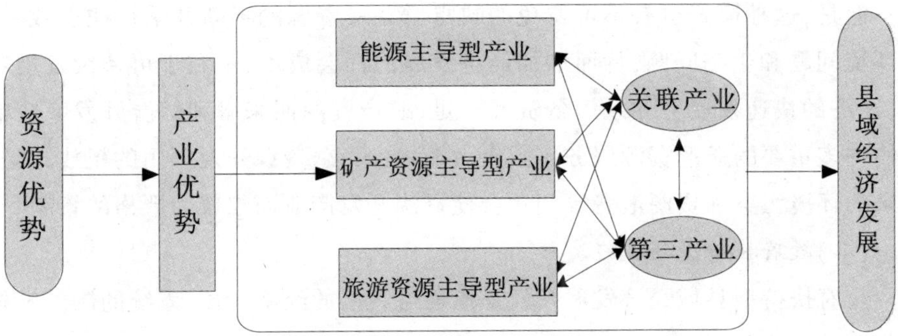

图 3-1　资源主导型县域经济发展模式

资源导向型县域经济的适应条件是：一方面，县域范围内必须拥有丰富的自然资源，特别是矿产资源，而且所拥有的自然资源具有广阔的市场前景，至少在一定时期内具有足够规模的市场需求；另一方面，资源开发领域的行政性和经济性进入壁垒都不高，政府允许和鼓励各类经济主体进入资源开发领域，资源开发产业发展不会面临明显的法律政策障碍，而且资源开发相关产业没有很高的技术要求和资本要求，范围较广泛的经济主体有能力进入资源开发产业。

在资源导向型发展模式下，丰富的自然资源是推动县域经济发展的主导因素，对县域自然资源的开发利用状况决定着县域经济发展的成败。资源导向型县域经济对当地的禀赋资源的依赖性极强，县域经济活动多数都围绕资源的开发利用展开。因此，该模式的基本特征如下：

第一，资本结构总体上呈现出多元化特征，但是自然资源的国家所有制必然使国有资本占据优势地位，民间资本的作用相对较小，国外资本则面临更高的进入壁垒；

第二，资源开采和加工以及相关产业在国民经济中占有相当大的比重，资源开发及相关产业对劳动力和资本的聚集效应为第三产业提供了良好的发展机遇，资源开发相关服务业在整个产业结构中具有重要地位；

第三，资源开发产业的发展对市场需求状况比较敏感，相关经济主体的市场意识比较强，县域经济运行机制的市场化程度比较高。

资源导向型县域经济的优点有两点：其一，在条件具备的情况下，起步难度小，规模扩张速度迅速，见效比较快，能在较短的时间内取得可观的经济效益，特别适用于县域经济发展的初期阶段；其二，有利于发展服务于主导产业的相关配套产业和第三产业，尤其是第三产业，在改变县域经济产业结构的同时，能有效解决就业问题，促进农村剩余劳动力转移。

但是，这种模式也有不可避免的缺点：第一，资源的不断开采往往引致一系列环境问题和生态问题，从而增加经济发展的社会成本，不利于可持续发展；第二，经济的快速发展会导致后备资源不足，矿产资源回采率和综合开发率较低，致使许多重要的矿产资源服务年限大大缩短；第三，资源开发利用的粗放式经营带来的环境污染和资源浪费等问题会使资源开发产业面临较为严格的管制。

（二）政府扶持型县域经济

政府扶持型县域经济发展模式是指通过直接的经济干预、系统的制度安排，依靠政府的有效引导和推动，搭建产业发展平台，实现资源整合，为产业的发展创造一个宽松、开放的政策和经济环境，实现社会资源合理有效的配置，壮大产业规模，逐步壮大产业发展基础，提高产业竞争力的经济发展模式。

当某一产业市场需求旺盛，行业发展前景良好，并对本县的经济发展起着重大作用时，宜采用政府扶持型发展模式。该模式下，政府对企业给予一定的政策优惠，并搭建相应平台，等到该行业市场机制成熟、社会网络健全，政府扶持型县域经济发展模式必然要向市场主导型县域经济发展模式转变。其运行模式见图3-2所示。

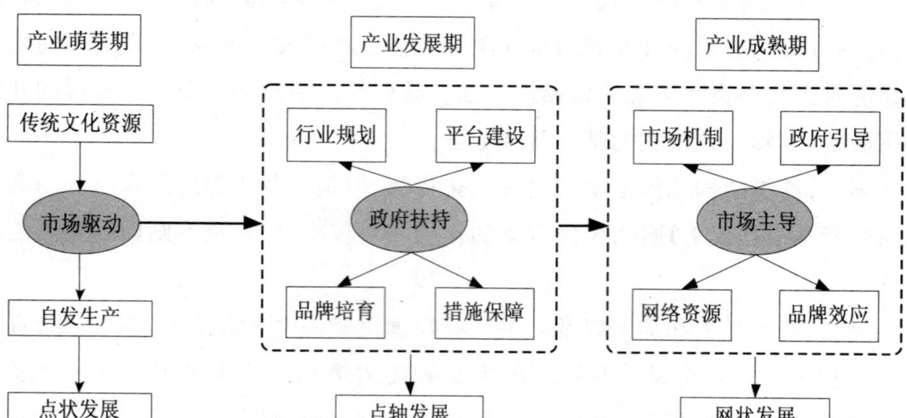

图 3-2　政府扶持型县域经济发展模式

在产业萌芽期，该县域存在传统的手艺、工艺和技能，这些传统文化资源经过世代相传，形成产业发展的特定性知识。但因为具有浓厚的地方色彩和“传内不传外”的思想，这些传统知识资源在空间上和时间上传播很慢，能力也很弱小。随着市场经济的冲击，使得该产业中的个体经营者逐渐增多，规模也有所扩大。但是总体上而言，这种自发的生产企业多数植根于农村，大部分为手工作坊式和家庭式的中小企业，它们生产力水平较低，附加值不高。并且采用家族式管理模式,鲜少采用现代管理方式,企业管理能力薄弱,管理人才缺乏,经营理念滞后,缺乏长远的发展战略。这一阶段的产业,呈点状发展模式,对外的竞争力尚不强。虽然如此,但该产业具有发展壮大的潜力,如果政府对其进行扶持,实现特定性人才、资源的集聚,县域经济就会得到很大的提升和发展。

在产业发展期,政府通过有力的扶持和引导促进县域经济发展。一是进行产业中长期规划、园区规划,把散、乱、小的工业企业引入统一规划的工业区中,促进集聚、集约和规模化健康发展。二是建立产业发展平台,如由政府有关部门牵头组建行业协会、政府部门出资组建相关产业研究所等,为企业提供产业发展的市场和技术信息, 为企业建立网络主页提供支持, 并与县域外相关部门搭桥引线,加强企业对外联系。第三,培育县域品牌,通过举办相应展会、博览会,鼓励企业参与,帮助企业塑造、维护、宣传品牌;同时,不断树立良好的区域形象,改善区域投资环境,提高区域的知名度,为企业在国内外市场建立品牌形象提供支持。第四,提供人才、资金、土地、税收等政策保障,为产业发展构建宽松氛围。在政府的扶持下,产业蓬勃发展,并呈点轴式发展。

在产业成熟期,随着县域经济的深入发展,市场机制越来越完善,政府的中介作用充分体现, 政府扶持型的县域经济发展模式要逐步让位于市场主导型经济发展模式。在市场主导型经济发展模式下,政府对产业的干预是间接的、辅助的,起调节性作用。在市场机制的作用下,企业出于自身发展的需要,为获得专业化经济优势、人力资本优势以及特定区域社会文化优势和持续创新的氛围等而聚集到一起,而政府仅仅是通过一些调节和激励措施,防止集聚外部性的发生,引导并促进集聚区的良性发展。

地方特色产业经过政府一定时期的扶持,已形成良好的品牌知名度、较完善的社会网络和比较健全的制度。区域品牌一经建立,在消费者心中有了良好的口碑,就具有强大的生命力。良好的区域品牌可以节省本地企业的营销成本,更好实现了资源的聚合。地方政府在培育区域品牌的同时,还通过加快相关配套产业开发,延伸产业链,形成融产供销于一体,支柱产业与配套产业紧密联系的产业网络和大量中小企业集聚在一起的企业网络。这些强大的社会网络有利于企业共享信息资源,开展创新活动。

(三)区位导向型县域经济

区位导向型县域经济是凭借区位比较优势, 通过为上级中心城市提供补充服务并接受其辐射而获得推动县域经济全面发展动力的一种经济发展模式。在区位导向型发展模式中,优越的区位是决定县域经济发展的主导因素,区位优势的发挥程度决定着县域经济发展的兴衰。适合于此类发展模式的县域经济通常具有如下特点:邻近现代工业生产力和城市文明辐射力强的城市,交通便利,与中心城市的交往比较密切,吸收大城市辐射的功能比较强。采用区位导向型发展模式的县域经济在产业结构上主要以城市转移产业和补充产业为主；在资金来源结构上源于城市经济的投资占据相当比重；在经济运行机制上与中心城市经济运行机制的相似性和关联性比较强。

该模式的县域经济利用区位优势，依靠城市经济强大辐射力所造成的各种生产要素(资金、技术、信息、人才、项目等)向县域流入的力量,发展工业产品配套型产业、农副产品基地型产业和多层次综合服务型产业,在构建和完善产业结构的基础上发展县域经济。同时,中心城市为周边县域带来发展机遇的同时,也造成一定优秀人才的流失,最关键的是造成一定程度的生态破坏和环境污染。我们应将县域经济与城市经济作为一个对立统一的整体进行研究，以促进两者双赢发展。具体模式见图 3-3 所示。

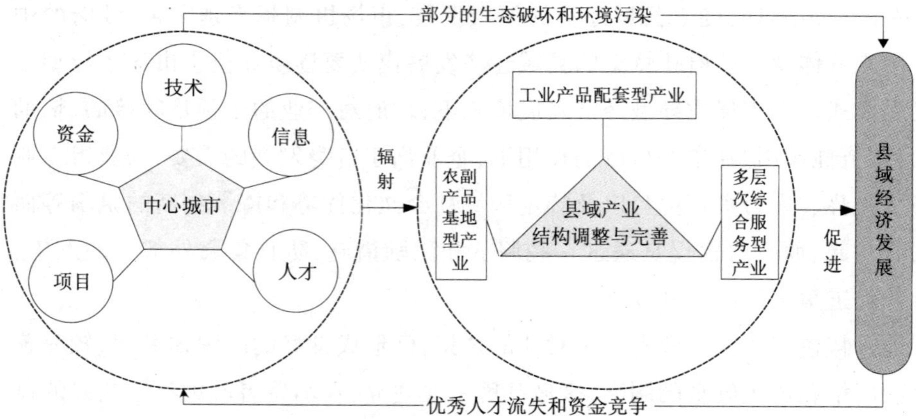

图 3-3　区位导向型县域经济发展模式

区位导向型县域经济的优点在于,在区位优势既定的条件下,经济社会历史积淀壁垒比较低,起步发展比较快,见效比较迅速,而且得益于区位优势的相对稳定性,经济发展动力相对持久。但是,区位导向型县域经济易出现对区位中心过度依赖的问题,经济发展的自主性不强,与区位中心的风险联动性比较明显,区位中心的重大变迁可能会对县域经济造成致命的影响。

(四)民营经济导向型县域经济

可以这么说,没有民营经济的发展,就没有县域经济的今天。越是实力强的县域经济,民营经济的比例就越高。有专家指出,县域经济实质上是民本经济。个体私营企业是县域经济发展最活跃的细胞,也是县域发展振兴的坚实基础。百强县的发展经验也鲜明地印证了这一点。

所谓民营经济带动型县域经济发展模式是指以发展民营经济为主导，通过民营经济的快速发展带动县域经济的综合发展。民营经济的主体是中小企业,它具有产权关系明晰、主题明确、机制灵活等优势,而且企业家精神特征明显。具备这些条件以后,民营经济主体会主动寻求市场和生产要素并组织生产。当民营经济发展到一定阶段后,就会形成品牌经济、“块状经济”和产业聚集从而带动县域经济发展。具体见图 3–4 所示。

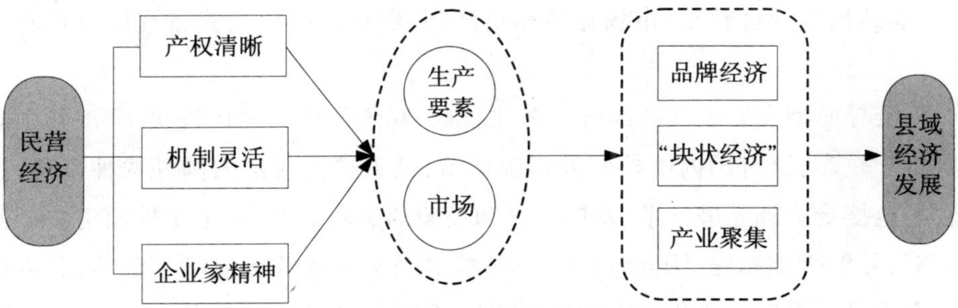

图 3–4　民营经济导向型县域经济发展模式

民营经济具有旺盛的生命力、强大的吸引力和可持续发展的潜力,是社会生产力结构中最具有活力和生机的增长点。把民营经济培育成新的经济增长点是壮大县域经济的重要基础。在激烈的市场竞争中,大多数县属国有企业陷入生产经营困境,主体地位日益萎缩,给县域经济带来了巨大的就业、财政和稳定的压力。因此,要发展县域经济,填补县域公有制经济全面退缩形成的“真空”,只能在国有经济的体制外,大力实施“民营强县”的战略。为此应进一步大幅度提升民营企业的管理水平,构筑民营企业的人才工程,培育和完善专业化服务体系,进一步提升民营企业竞争力。我国江浙发达地区县域经济发展的实践已经充分证明这一点。全国百强县之一的常熟县,目前拥有 1 个世界级品牌——波司登、5 个中国驰名商标、8 个中国名牌产品,居全国县市级之首。同时,拥有 50 个省级名牌产品,17 种产品保持国内市场占有率第一名，著名品牌所创造的产值占全市产值的三分之一。

(五)外资导向型县域经济

外资导向型县域经济的前提条件是，首先，必须对国外资本有较强的吸引力。能够具有这种吸引力既可以源于地缘的情感因素,也可以源于纯粹的经济因素。其次,县域经济本身必须具有较强的对外开拓和经营企业的能力,能为国外资本提供相应的增值载体和空间,以提高资本流入的稳定性。第三,地理位置优势比较明显,对外经济交往成本较低。第四,县域经济必须在经济制度方面为外国资本的进入和运营提供必要的支持和保障。

外资导向型发展模式下的县域经济的特点是:第一,资本来源多元化,即便外国资本也在国别上存在差异;第二,经济结构中的外资经济比重比较突出,第二产业相对于第一产业又非常显著,县域工业经济通常是“三来一补”的形式,载体集中于“三资企业”,同时县域农业经济以出口导向明显的特色化产品为主;第三,基于资本供给主体的差异性和以灵活性规避风险的需要,通常企业规模不大,产品结构差异性较小,市场竞争相对激烈,经济运行机制完备程度也相对较高。

外资导向型发展模式的经济壁垒比较低,起步发展速度比较快,经济的国际化程度比较高,既有国内国外两种资源供给,又直接面对国内国外两种市场,还能较早地接受国外先进技术、发展理念和经验的影响。但是,由于外国资本供给对汇率、外汇管理制度、国际政治经济环境等因素变化的反应极其敏感,其供给的稳定性受外界环境变化的影响比较明显。同时资本需求市场的竞争日趋激烈,不仅面临国际市场的竞争,而且随着区域差异化优惠政策的取消,来自国内资本需求区域的竞争也日趋激烈。珠江三角洲的县域经济走在外资导向型发展模式的前列,拥有侨资优势的闽南金三角地区和浙江甬绍地区的县域经济也是外资导向型发展模式的典型代表,而后起之秀昆山更堪称是外资导向型县域经济的典范。珠江三角洲、闽南金三角地区和浙江甬绍地区的县域经济在外资导向型发展模式方面的优势在于,地理位置上地处沿海,对外经济交往方便且历史悠久,县域居民出国拓业的传统带来了丰富的外资力量,他们走在改革开放的前沿,不仅可以享受先行者优势,而且可以享有一定的政策制度优势。如果说外资导向型县域经济先行者的成功靠的是历史积淀、制度优势和先行者优势的话,那么昆山之所以能在外资导向型发展模式下取得成功,则更多地应归功于市场的作用。

(六)产业导向型县域经济

1.农业产业化推动型县域经济

农业产业化包括布局区域化、生产专业化、管理企业化、经营一体化、服务社会化等内容。农业产业化推动县域经济方式具有以下特点:第一,通过发展在一定区域内的农业专业化生产,充分发挥农业县(市)的资源优势、技术优势和人文优势，并在农业专业化生产的基础上，重点建设一批外联国内外大市场、内联千家万户的龙头企业。第二，通过不断发展壮大的农业产业化龙头企业带动一个系列农产品的生产和加工，建立起以利用当地农产品资源为主，通过农产品加工增值、转化形成当地主导产业。第三，在主导产业带动下，通过种养、加工、流通的有机结合，发展起资源、资产、资金技术集中的大型农业企业集团，从而发挥农业规模优势，取得规模效益。

农业是县域经济的基础产业。虽然农业大县经济发展水平远低于工业大县，但如果发展措施得力，在国家不断强化支持保护下，也能成为县域经济发展的支柱产业和国民经济的重要增长点。由于我国具有劳动力成本低的比较优势，生产的劳动密集型农产品只要质量符合国际市场要求，就能够促进县域经济发展。目前，农业产业化经营成为县域经济的主要发展方式之一。山东省是依靠农业产业化带动县域经济发展的典型。实践证明，对于工业基础薄弱、工矿资源匮乏的农业大县，农业产业化的经营模式可以极大地带动县域经济的发展。

当然，由于各地自然资源禀赋的不同，这种发展模式也不是单一的，而是多样化的，甚至说是各有特色。有的是以种植业特别是以粮食、棉花和蔬菜、水果等为主要特色，这些类型在我国的一些粮食、棉花、水果生产区内比较普遍。有的是以畜牧业为特色，如内蒙古、新疆、甘肃、宁夏等地区有大片的草原，适合发展牲畜养殖。还有一些县域以渔业为特色，这主要分布于我国的沿海地区，主要利用和开发海洋资源，发展海洋捕捞和渔业加工，取得了很好的成就。

2.工业突破型县域经济

从全国百强县的实践看，工业化是县域经济实现跨越式发展的重要模式。一些县提出"工业立县""工业强县"的战略，强调工业在县域经济发展中的主导作用，寻求工业现代化来突破县域经济发展的困境。姜保雨(2006)曾针对中部县域经济，认为："树立以工业化为主导的理念，大力发展工业，培育支柱产业，加速实现工业化，作为实现跨越式发展的突破口和主动力，建立起现代工业体系，提升县域经济整体实力，才能从根本上改变中部县域经济长期所处的不利地位。"赵伟(2007)认为工业驱动型县域经济是指经济结构中第二产业无论从产值还是就业比重都已占主导地位，并将这种模式分为三种情况：大城市依托型工业化、内生型工业化及开放型工业化。类似的提法还有"工业强县型发展模式""工业化带动发展模式"。

3.第三产业带动型县域经济

第三产业是除了农业、工业和建筑业以外的其他各业的总称，包含的具体行业广泛，就业容量和潜力很大，是衡量一个国家、一个地区社会化生产程度和市场经济发展水平的重要标志。从当前比较成功的模式来看，依靠第三产业带动县域经济发展的方式主要有两种：

一是批发市场(专业市场)带动方式。通过发挥自身优势，在当地形成全省、全国乃至世界范围内的批发市场或专业市场，由批发市场(专业市场)带动当地相关产业的发展，从而引领县域经济的全面发展。浙江义乌市、河北辛集和山东寿光是批发市场(专业市场)带动方式的典型。例如，在批发市场的拉动下，浙江义乌拥有130多个加工生产各种小商品的专业村、专业乡镇。

二是旅游资源开发方式。有些县(市)尽管第一、第二产业相对薄弱，但具有丰富的旅游资源，如历史古迹、自然风光、民俗文化，具有发展旅游业的巨大优势。旅游业作为一项包括吃、住、行、游、购、娱六大要素在内综合性很强的产业，它与数十个部门相关联，旅游业发展可以带动其他行业的发展。且随着交通的便利性、个人可自由支配收入的增加、带薪假期的延长和国际关系的缓和，旅游业已经呈现出持续发展的良好势头。对于经济基础较差的县(市)来说，假如具有丰富的旅游资源，那么把旅游业作为先导产业不失为一种良好的县域经济发展模式。

4.产业联动型县域经济

产业联动的县域经济发展模式是指通过培育县域内的主导产业，形成产业优势并带动相关产业发展，促进产业结构优化升级，实现产业时序联动和区域产业联动，带动县域经济全面发展。

该模式主要以发展主导产业为基础，壮大主导产业的龙头企业，然后进行纵向产业链(包括前向产业联动、后向产业联动和双向产业联动)的延伸和横向产业链(产业横向联动)的拓展，促进主导产业所处地区经济的发展，最后通过区域产业联动，带动县域经济的全面发展。其发展的优势在于通过产业联动，促使一、二、三产业均衡发展，从而带动县域经济的全面发展，逐渐提高县域内城镇化水平，实现城乡一体化。

产业联动带动县域经济发展的过程如下：

具体见图3-5所示：

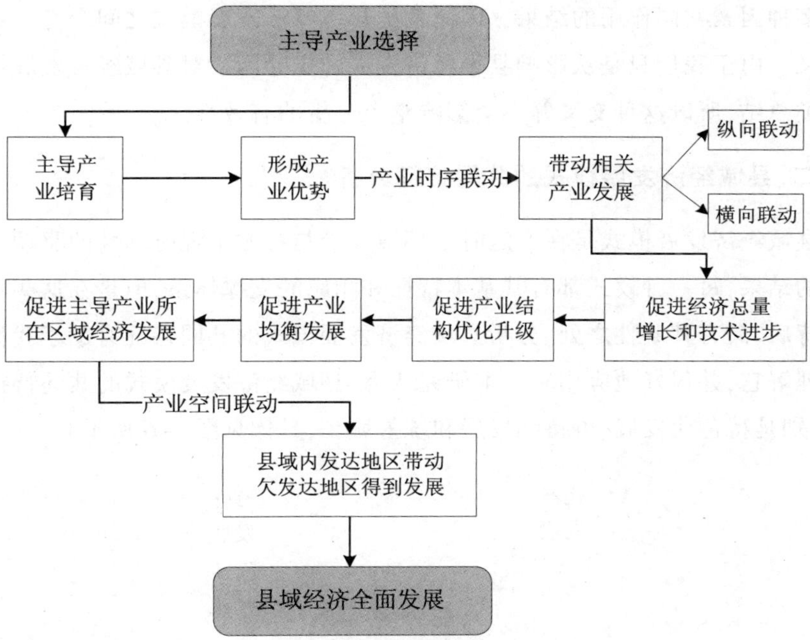

图 3-5　产业联动型县域经济发展模式

产业联动型县域经济发展模式具有以下优点：第一，通过产业联动，提高了要素边际生产力，降低了因地区和产业分割带来的效率损失，提高了整个产业联动的资源配置效率。第二，产业联动降低了产业壁垒，使得产业之间的联系更加紧密，产业之间的生产、投资、价值比例更加合理，促进不同产业间的协同发展。第三，产业联动降低了区域壁垒，使得区域一体化趋势增强，促进不同区域根据比较优势选择适宜发展的主导产业，提高区域分工的合理化程度，各区域基于产业协同形成区域协同，进一步促进县域经济的全面发展。最后，促进产业升级和结构优化，一方面县域内部通过不同产业间联动实现产业协调发展，即结构优化；另一方面，县域内不同区域间的联动促使区域对主导产业及其产业结构做出更加经济合理的调整，将资源投入到本区域的优势产业，从而实现产业升级。

通过以上分析，我们大致理解了县域经济发展模式所呈现出的类型。但是，必须要说明的有两点：

第一，县域经济发展模式不仅仅有上文所说的六种模式，在实践中，还有文化主导型模式、循环经济导向型模式、城乡一体化模式等，在此，本研究不能一一列出并阐述。

第二，影响县域经济发展的各种因素不是单独发生作用的，县域经济发展往往是多种因素共同作用的结果，因而各类县域经济发展模式之间会有一定程度的交叉。由于我们只是从影响县域经济发展的主导因素对县域经济发展模式进行分类总结,所以这种交叉并不会影响整个分析的有效性。

二、县域经济发展模式的共同特征分析

县域经济发展模式是在一定时空环境和参与各方主观能动性的驱动下长期形成的结果,每一种模式都有其基本特征和相应的支撑体系,但是在这些不同的模式背后,又有其共性之处。分析县域经济发展模式的共同特征有助于我们更深刻地理解它,并很好地应用它。本研究认为,县域经济发展模式的共同特征有三点,分别是特色化发展、可持续发展和统筹城乡,具体见图 3-6 所示。

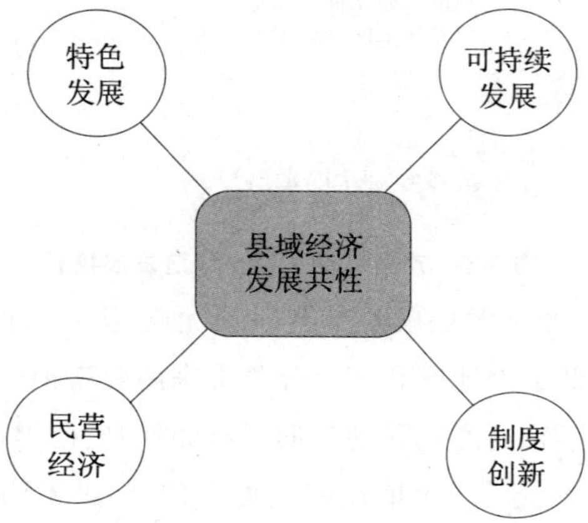

图 3-6　县域经济发展模式的共同特点

(一)特色化发展

特色是县域经济发展模式的生命之源、活力之本。没有特色县域经济会被市场无情淘汰,只有富有特色的县域经济模式才有生存发展的空间。特色不仅可以帮助县域经济发展模式在区域竞争中取得一席之地，而且可以帮助不同县域经济通过运用不同的资源获得一致的发展,从而缓解在稀缺资源领域的竞争。

所以,特色化发展是任何形式县域经济发展模式的最大特点,也是最为关键的本质特征。县情不同,条件各异,在县域经济发展过程中,要挖掘比较优势,走特色化之路,且不可照抄照搬。

县域经济要形成特色化发展模式，首先要准确把握自身资源条件和文化背景的特点,确定合理的发展思路和目标,进行特色化的定位;二是要依托自身的比较优势,科学选择县域主导产业,并协调发展产业结构,强化产业优势,打造特

色化的产业；三是要依托既有的优势企业，积极实施品牌经营战略，夯实市场优势，培育特色化的品牌；四是要树立特色发展理念，使追求特色成为县域经济核心要素之一。

(二)可持续发展

可持续发展从目标层面为县域经济发展模式设定了一个共性特征，即一种成功的县域经济发展模式不论采取了什么样的存在状态，都应该能够在目标意义上保证县域经济的可持续发展。可持续发展有两个层面的意思，一是要实现县域经济、社会、资源和环境保护的协调发展，达到一种既满足现代人的需求又不损害后代人满足需求的能力的发展状态；二是所选择的发展模式能够促进县域经济在一个较长的时期内保持健康发展，不会陷入发展的危机或困境。

县域经济的可持续发展，首先要坚持经济社会发展与资源环境相协调的基本原则，积极转变经济发展方式，合理确定县域经济的发展路径，这一点对于资源导向型县域经济具有特别重要的意义。二是要树立长远发展的理念，基于长期的综合利益进行发展决策，探索有利于县域经济长期持续健康发展的模式。三是要动员全社会的力量共同致力于可持续发展，使可持续发展切实从理念演绎转化为实际行动。

(三)制度创新

生产力决定生产关系，同时，生产关系要适应生产力的发展要求。在制度和政策上为县域经济发展提供条件，这是县域经济发展模式的有力保证。正确和宽松的政策制度环境，能够提升县域经济自身的“造血”功能，这是各种不同类型县域经济发展模式的基本特征。

要进行制度创新，在政策层面为县域经济发展提供保证，首先要从制度上打破城乡二元结构，解除城乡分割的歧视性制度，包括户籍制度、劳动就业制度、社会保障制度等。其次，要深化农村土地制度改革和完善土地流转制度，在保障农民土地承包经营权益和不改变农村土地集体所有制的前提下，探索农村土地资本化，实现农村土地产权明晰化，优化土地资源配置。再次，要在深化农村税费改革的基础上，在财税政策、产业政策、金融和信贷政策等一系列政策上对县域经济倾斜，建立合理的激励机制，刺激县域经济发展，增强县级财政的自给能力和发展能力。最后，要在交通、电信、水利等基础设施和市政公共设施的建设投资上，加大对县域经济发展的支持力度。

(四)民营经济

从全国百强县的实践来看，民营经济发展强劲是县域经济发展模式一个重要特点。民营经济是县域经济发展模式的活力所在。在浙江省的工业产值中，个体、私营等非公有制经济占到95%以上，浙江省民营企业对全省经济发展的贡献达到了60%。所以县域经济的发展模式应按照以民营经济为主体的思路进行，吸引民营企业向产业园区聚集，鼓励企业参与基础设施建设、城镇建设，实现中小企业体制和机制创新，促进以民营化为主体的中小企业强劲发展，带动县域经济发展。

第三节 县域经济发展模式的构建

已有的县域经济发展模式形式多样，内涵丰富，并且不断有新的模式被总结出来。县域经济要发展，除了模仿、学习、借鉴其他成功的县域经济发展模式以外，还要以县域实际为基点，以创新发展为核心，以制度为保障，遵循经济规律，构造适合于本县域的经济发展模式。

构建县域经济发展模式，首先要理清县情，运用多样化分析工具，做好实地调研，从内外环境出发研究县域的经济发展水平、资源情况、社会人文等实际情况；然后依据比较优势理论，确定县域特色化战略；在此基础上，选择主导产业，并协调好接续产业和配套产业；依此构建县域经济发展模式，并最终实现县域经济的全面发展。具体见图3-7所示。

一、内外环境分析

县域内外环境分析包括县域经济条件、自然条件和社会环境条件分析。经济条件包括经济实力：人均GDP、人均财政收入、人均国有经济固定资产投资、人均社会零售商品总额、人均储蓄存款余额，经济发展阶段，经济增长速度等。自然条件包括区位条件，各类土地资源、水资源、矿产资源和能源资源等。社会环境条件包括人口发展、城市化水平、生活质量、科技水平、社会文化积淀和环境状况等。

在分析县域优势时，可以从以下角度来进行：第一，从时空发展的角度上进行优势的比较。时空发展的比较应立足于现时，坚持以发展的眼光来看待，依据主客观条件的变化，实现潜在优势向现实优势的转变。第二，从内外横向的角度上进行优势的比较。内外横向比较从根本上说就是对区域内现有的自然、经济技

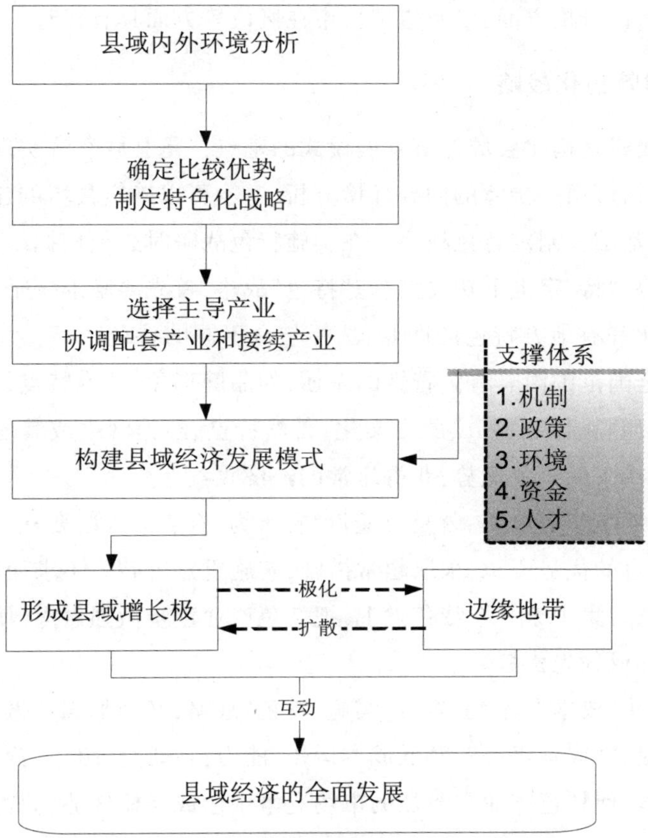

图 3-7 构建县域经济发展模式的框架图

术和社会等各种资源进行一番比较筛选,这种比较和筛选应是层层递进的,从县域经济内再到县际、市(地)际、省际乃至全国,看其对经济社会影响的程度和范围。第三,要从综合的视角上进行优势的比较。综合比较的目标在于实现资源的整合。优势虽然是由单个有利条件所组成的,但是,一方面,它们不能孤立地发挥影响和作用,另一方面它们之间又是相互联结与影响的,从县域内来看可成为优势的有利条件很多,要注意发挥其集聚效应,因而在比较中应把自然优势、经济技术优势与社会资源优势有机地结合起来,并力求寻找他们之间的最佳联合点,以实现优势整合。但同时,这种比较还有一个重要目的就是要充分考虑不利因素对有利因素的影响,把优势与劣势放在一个整体中来加以综合考虑,以扬长避短,实现突破。第四,从互补的视角上进行优势的比较。从互补的视角进行比较的意义在于,通过比较从中发现与进一步挖掘自我优势,实现互补。通过对县域综合比较,可发现许多县域在旅游资源、矿产资源、水电资源、生物资源等自然资源,劳动力储备、价格方面,以及边贸城市在区位等方面具有优势。

二、构建特色化战略

特色化战略是构建县域经济发展模式的基点,是县域经济实现突破和腾飞的有效途径。通过第一步骤的内外环境分析,基本可以确定县域的比较优势和发展机遇,在此基础上制定特色战略。在实施特色战略时必须把握以下几点:

第一,要从“特”字上下功夫。实施“特色”战略,首先要瞄准一个“特”字。就是要盯住个性化和有地方特色的产业,选择与众不同的特色产品,大力发展,形成在全省乃至全国范围内具有独特性的东西,如品牌形象、技术特点、外观特点、客户服务、特殊原料、传统秘方、历史文化、自然特点、经销网络或其他方面的独特性,使之赢得持久的竞争优势,获得超常的经济收益。

第二,要从“点”上着手。就是要懂得“有所为,有所不为”,要从一种特色产业入手,集中各自的优势资源,采取超常措施,实施重点突破。不求面面俱到,而是将战略的注意力集中于一个特色点上,把特色产业逐步做强做大,使之在激烈的市场竞争中形成领先优势。

第三,要从“成本领先”上着力。实施“特色”战略,必须加强并做好成本核算。就是要全面提高“成本优势”和“低成本运作”能力,在研究、服务、营销、广告等多方面节约成本,使特色产业在激烈的市场竞争中形成规模优势,获得领先地位。

第四,要从“循序渐进”上着想。实施“特色”战略,必须稳步推进。要深刻认识到“特色”本身的一个显著特点,就是它体现了经济发展是一个逐步演变的过程。要逐步发展,逐步扩张,逐步向多元化方向发展。

三、选择主导产业

(一)选择的原则

第一,市场需求原则。在选择主导产业时不仅要考虑发展目标,还要考虑国内外市场的开拓和需求。只要市场上存在现实的或潜在的需求,该产业是不会停止自我发展的。市场需求是所选择的主导产业生存、发展和壮大的必要条件。

第二,竞争优势原则。主导产业本身应该是具有竞争优势的产业。特定产业的竞争力取决于生产要素、需求状况、相关和辅助产业的状况、企业的竞争条件等四个基本要素及政府和机遇两个辅助要素。就县域主导产业而言,其竞争力受到宏观主导产业的发展环境、县域整体资源特色、国内外市场现状、基础设施建设、企业规模与能力、主要竞争对手状况及县域产业政策、技术变革等的综合影响,这一竞争力在客观上体现在特定县域主导产业对市场的吸引力,最终决定主导产业的经济效益。

第三,科技进步原则。科学技术是第一生产力。促进经济的增长主要因素是技术进步造成的。主导产业作为优先发展的行业,必须是有巨大的吸纳技术进步潜力,才可以推动区域整体的技术进步速度。因此,未来主导产业的选择要考虑其是否具有科技进步优势。

第四,关联效应原则。产业的关联效应是县域主导产业的基本要求。要确定县域主导产业,就必须衡量主导产业在县域产业群与产业链中的关联度,这一关联度可从产业中间的依赖率、产业连锁度、产业带动系数等方面进行量化的综合分析,在此基础上可以根据县域主导产业直接的经济效应与间接的产业联动效应计算主导产业对整个县域国民经济的贡献率。

(二)选择的基准

第一,持续发展基准。县域主导产业的投入要素在较长时期内应具有持续性,这样才能保证主导产业投入供给的持久性,不至于因资源的枯竭而使产业衰亡,确保县域经济的持续性增长。

第二,市场基准。县域主导产业必须具有广阔的市场前景和较强的市场竞争优势,只有这样才能发挥县域优势,建立起具有较强竞争力的产业结构,引导和带动县域经济的发展。我们用两大类指标来衡量:一是需求收入弹性指标,收入弹性高的产品或产业部门,其社会需求也相对较高,市场前景广阔,因此,应选择需求收入弹性系数高的产业作为区域主导产业;二是产业竞争力指标,产业的竞争力最终表现为市场占有率,市场占有率高,说明产业的市场竞争力强。为消除产值比重大小对市场占有率的影响,同时采用市场竞争优势指数反映产业竞争力的强弱,指数大于1,说明产业具有较强的市场竞争力。

第三,效率基准。一个产业具有较高的经济效益可以有力地推动县域经济的发展,这是一个产业成为县域主导产业的重要条件。产业的经济效益可用比较利税率来衡量,比较利税率系数等于某县域某产业的产值利税率与全国该产业的产值利税率的比值,系数值越大,说明该产业的经济效益越好。

第四,技术进步基准。县域主导产业高于其他产业的经济增长速度必须借助于产业的高效率来实现,因而其技术应具有领先地位和较强的创新能力。选择技术进步速度快、技术水平高、技术要素最密集的产业作为主导产业,可以保证县域产业结构不断保持技术领先，同时保证在区际分工中不断占据比较利益最大的领域。

第五,产业关联基准。产业关联效应是选择区域主导产业的一个重要基准，即选择那些产业延伸链较长、带动效应大的产业作为主导产业。判断产业关联效应的大小主要是利用投入产出表的逆矩阵系数来计算产生的感应度系数和影响力系数,并通过这两个指标来判断。感应度系数和影响力系数均大的产业,具有很强的前向关联效果和后向关联效果，这种产业部门就产业关联方面来讲是主导产业的最佳选择。

除此之外,在选择了主导产业以后,也还要注意协调发展配套产业和接续产业,优化县域产业结构。

四、构建支撑体系

构建成功的县域经济发展模式,除了正确选择主导产业以外,还要搭建支撑体系。包括以下几点：

第一,良好的机制支撑。必须建立县域经济发展的三大机制,一是建立合理的经济结构;二是建立先进的技术进步体系;三是建立灵活的经济运营机制。

第二,政策支持。制定有利于县域特色经济发展的优惠政策、财政税收政策、补助政策和鼓励政策。

第三,改善投资环境。改善投资环境,一是要营造优惠的政策环境,要改革现行市场准入制度,降低企业注册登记门槛和设置成本,禁止行政性、行业性垄断,规范市场秩序,打破地方保护主义和市场壁垒;二是要营造优质的服务环境,要切实转变政府职能,改进和减少行政审批;三是要营造良好的法治环境,坚持依法治县,创造公开、公平、公正的市场竞争环境。

第四,资金保证。一是积极发挥市场机制的基础性作用,运用市场化运作方式,积极吸引民间资金,引导和扶持农村合作基金会、职工股金会等民间融资形式,将社会资金吸引到县域经济发展上来;二是积极创造条件,改善投资环境,吸引县外、省外和国外资金,靠外力启动内部的经济活力,走自我积累、自我发展的道路;三是用足用活国家掌握的政策资源,积极争取上级部门的项目投入和金融部门的信贷资金。

第五,人才开发。要重视对人才的培训、开发、储备、应用和引进,在全社会形成尊重知识、重视人才的良好氛围,发挥第一生产力的作用,充分激活作为生产力内生力量，调动各级各类人才的积极性和创造性，发挥他们的聪明才智，培养和提高劳动者的整体素质，在产品开发、研究、创新上取得突破，为县域经济注入知识含量和新的活力。

五、实现县域经济的全面发展

通过县域经济发展模式的构建，县域特色经济得到培育，主导产业逐渐壮大并发挥巨大的聚集作用，积累较长时间以后，就会形成区域增长极。其具体途径有两种：一是通过市场机制的作用，企业自发在某些地区集聚发展；二是由政府实施经济计划，组织重点投资，创建增长极。这是增长极的极化效应，具体表现为生产要素向极点的聚集；而扩散效应表现为极点生产要素向外围的转移。一般来说在增长极的初期阶段，极化效应是主要的，当发展到一定阶段时，扩散效应加强并逐渐占主导地位。通过极化扩散效应，先后发展增长极和辐射地带，由增长极与边缘带的良性互动发展，逐步消减不平衡发展现象，进而更好地发展增长极和辐射区。当发展到一定阶段后，根据梯度推进理论，首先是按距离远近向外围经济联系比较紧密的地区布局推进，而总体范围推进则按梯度高低顺序，跳跃式地向周围扩展，再向第二梯度地区推进，随着产业生命的衰退，而逐步向处在第三、四梯度的地区推进。为此，县域经济发展模式最终由点到线再到块，最后形成面，逐步发展整个县域经济。

第四章

县域经济发展评价

- 县域经济发展评价概述
- 县域经济竞争力评价
- 县域相对富裕程度评价
- 县域相对绿色指数评价
- 幸福县域建设指数评价

第四章　县域经济发展评价

对县域经济发展进行科学的评价是县域经济研究的重要内容之一。客观有效的县域经济发展评价不仅是对县域经济发展的全面把握和诊断，更是县域经济发展的前提，科学评价才能科学发展。

第一节　县域经济发展评价概述

一、县域经济发展评价的内容与意义

（一）县域经济发展评价的内容

县域经济发展评价的演进，和经济社会发展观的演变息息相关。在“增长即是发展”思想的指导下，县域经济发展评价仅仅考虑 GDP 的增长；在可持续发展观的指导下，县域经济发展评价兼顾经济增长和环境的保护，考虑县域经济的长期可持续发展；在科学发展观思想的指导下，县域经济发展评价兼顾人、社会和环境的和谐发展。

县域经济发展评价的内容和重点，不同学者有不同的看法。靳贞来以经济发展水平和财政金融实力两个方面作为核心竞争力指标，以基础条件指标和科技、文教事业发展水平两个方面作为基础竞争力指标，以卫生健康状况指标、人民生活水平指标、环保和社会安全指标三个方面作为辅助竞争力指标共三大方面对县域经济综合竞争力进行评价。张丽和孙文生以 30 个具体指标从综合经济实力、自然优势与基础设施、政府能动力、产业竞争力、企业竞争力、人才竞争力、经济活力、社会保障与生活水平等八个方面对县域经济竞争力进行综合评价。黄启才以 13 个经济指标对县域经济实力水平进行综合评价，这 13 项指标分别是 GDP、人均 GDP、GDP 增长率、第三产业增加值占 GDP 比重、二三产业之和占 GDP 比重、社会固定资产投资、消费品零售总额、农民年人均纯收入、人均固定

资产投资、人均消费品零售总额、万人拥有中学生数、非农业劳动力人口占总人口比重、公路密度等。盛明兰从经济实力、富裕程度、发展速度三方面选取地区生产总值、地方财政收入、城镇化率、固定资产投资、人均地区生产总值、农民人均纯收入、城镇居民人均工资、人均年末城乡居民存款余额、人均社会消费品零售额、人均地方财政收入、最近3年GDP平均增长速度、最近3年居民收入平均增长速度等12项指标来评价县域经济发展水平。周春蕾、骆建艳以44项具体指标将县域综合竞争力评价体系分为综合经济实力竞争力、产业竞争力、企业竞争力、人力资源与科技教育投入、农村与农户竞争力、发展竞争力等6大竞争因素。杨香合和岳坤设置了25个具体指标,从综合经济实力、自然优势与基础设施、产业竞争力、企业竞争力、农村与农业竞争力、人力资本竞争力、社会保障与居民生活水平等7大方面对县域经济竞争力进行评价。张春光以人均GDP、人均财政收入、服务业增加值比重、服务业就业比重、研究与试验发展经费支出占GDP比重、城镇化率6项指标反映经济增长与经济结构,以国民平均受教育年限、城镇基本养老保险覆盖人数、新型农村合作医疗覆盖率、农业劳动力转移率、城镇登记失业率、城镇居民人均可支配收入、农村居民人均纯收入、贫富差距(基尼系数)、恩格尔系数、刑事案件立案率10项指标反映公共服务与人民生活,人口自然增长率、单位GDP能源消耗、单位工业增加值用水量、农业灌溉用水有效利用系数、工业固体废物综合利用率、耕地保有量、主要污染物排放总量、森林(绿地)覆盖率、农村安全饮用水人口占农村人口比重9项指标描述人口、资源、环境状况,来对县域经济社会发展进行综合评价。刘洁等以29个具体指标分11个方面对县域经济的可持续发展从经济、社会、资源与环境三大子系统进行定量评价。曾智从经济发展的数量、质量、结构和市场化程度等4个方面来选取经济发展指标,从社会结构、人口素质、生活质量和社会秩序等4个方面来构建社会发展指标,从污水处理率、固体废弃物处置率、人均绿地面积、环保投资占GDP比重、大气污染指数、清洁能源占农村能源的百分率作为生态环境发展指标3个方面来评价县域经济综合发展水平。向东进等从基本经济状况、产业竞争力与发展速度、政府能动力与发展后劲、人民生活水平4个方面共20个指标对县域经济综合发展进行评价。中郡所从"一壮大三提高,科学评价助推科学发展"的指导思想出发,认为县域经济评价的目的是壮大县域经济,通过提高富裕程度、绿色指数和居民满意度,建设"富裕县域""绿色县域"和"幸福县域",统筹推进县域科学发展。

（二）县域经济发展评价的意义

1.进行县域经济发展评价是正确认识县情、确定科学的发展目标和发展思路的需要。

一个地区的社会经济发展是否健康、是否可持续，同这个地区经济发展的目标是否明确、思路是否正确具有直接的联系。改革开放以来的实践已经反复证明，符合实际的经济发展目标和发展思路是保证县域经济健康发展的必要条件。而正确的思路只能来自于对客观情况的正确判断，实事求是、一切从实际出发既是马克思主义的基本要求，又是我们在制订工作计划时应该坚持的基本准则。我们在确定县域经济的发展目标和发展思路的时候，首先必须对本县域的社会经济发展状况进行正确的判断，对本县域的特点和优劣势有一个科学、全面的认识。而要做到这一点，最基本的方法是对县域的社会经济发展状况进行准确的评价。

2.县域经济发展评价是全面了解和比较县（市）之间的差异，正确借鉴先进地区发展经验的需要。

近几年来，我国的县域经济出现了良好的发展势头。江苏、浙江和福建等地县域经济发展迅猛，积累了丰富的经验，非常值得全国其他地方学习和借鉴。但是，发达地区县域经济的发展既有许多成功的经验，但也存在着一些值得我们认真吸取的教训。比如，一些地区只注重 GDP 的发展速度，而忽视了对环境和生态的保护，环境问题日益突出；一些地区只注重经济总量的增长，而忽视了人民生活质量的改善；一些地区只注重物质文明水平的提高，而忽视了精神文明建设，导致刑事犯罪发案率居高不下，甚至影响到了社会的安定和谐。长期以来，由于我们对县域经济发展评价的起步较晚，评价标准也不尽相同，尤其是早期侧重于经济发展成果的评价方法和评价结果，已经对后发地区的县域经济发展起到了一种错误的导向作用。一些落后地区在发展县域经济的过程中，不加思考地从各种县域经济发展排行榜的排名中选择自己的学习对象，他们错误地认为，凡是排名靠前的都是成功的，凡是经济发展速度快的都是值得学习的。这种不加分析、全盘照搬的“拿来主义”的行为模式已经严重影响到了后发地区县域经济的健康发展。要彻底解决这一问题当然需要多方面的条件，但是首先应该考虑的是对县域经济的发展状况进行全面、科学和正确的评价。

3.县域经济发展评价是促进县市之间相互学习、增强县域经济发展内在动力的需要。

县域经济发展评价的一个重要目的就是为了鼓励先进和激励落后，从而促进县市之间比学赶超；通过评价使被评价县了解自身发展的优劣势、经验和教训,增强县域经济发展的内在动力。真正实现这个目的,其先决条件是我们的评价结论必须具有科学性,具有说服力,能够使人信服,否则是不可能起到鼓励和激励作用的。只有对县域经济的发展状况进行科学和准确的评价,我们才能够真正做到这一点。

4.县域经济发展评价为县域经济转变发展方式和政府转变职能提供新思维和新机制。

在县域经济发展全面评价的基础上,在“富裕县域”“绿色县域”和“幸福县域”的约束下壮大县域经济,建立起县域经济转变发展方式的新机制。县域经济要转变发展方式,政府的管理方式也要转变。国家的管理事务要以县域(或工作区)为单元,进行分类别、等级化管理,再制定最基本的保障性等级,可以体现市场经济体制下的法制规范化的要求,体现“以人为本”的理念,又能体现国家管理更加科学化的进步。

二、县域经济发展评价方法与操作程序

(一)县域经济发展评价方法

从评价方法来看,县域经济发展评价基本上可分为两大类:主观赋权评价法(定性为主)和客观赋权评价法(定量为主)。主观赋权评价法包括层次分析法、模糊综合评判法、KLEE 法、序关系分析法等;客观赋权评价法包括因子分析法、主成分分析法、拉开档次法、熵值法等。县域经济评价时可以综合考虑各种评价方法的优缺点加以选择。

第一,层次分析法。层次分析法 (Analytic Hierarchy Process,AHP)是美国著名运筹学家萨迪(T. L. Saaty)提出的。层次分析法将定性分析与定量处理有机结合,并将待分析问题系统化、层次化;然而,专家评价的随机性、不确定性及认识上的模糊性可能降低评价结果的可信度,判断矩阵也常出现明显的不一致现象。

第二，模糊综合评价法。模糊综合评价 (Fuzzy Comprehensive Evaluation, FCE)由美国数学家查德(L. A. Zadeh)提出。在模糊综合评价法中,隶属函数和模糊统计方法实现了定性指标定量化，能解决不是绝对肯定或否定的评价值描述问题;然而,模糊综合评价法不能解决权重确定的主观性,并且,某些情况下隶属函数的确定有一定困难。

第三，KLEE 法。KLEE 法通过对相邻的评价指标重要程度的比值，推导出各个评价指标的权重值。该方法操作简单，计算难度小，效率较高；然而评价指标的重要程度比值的确定带有主观性，指标的不同排序组合可能形成不同的评价结果。

第四，序关系分析法。序关系分析法(Rank Correlation Analysis，RCA)以各个指标的重要程度的顺序为出发点，通过专家评判值，加以推导得出指标的权重值。该方法便于理解，操作也相对简单；但该方法中指标的重要程度的判定具有主观性。

第五，主成分分析法。主成分分析法(Principal Component Analysis ，PCA)，是由卡尔(Karl)和皮尔逊(Pearson)最早提出的。主成分分析法从根本上解决了指标间由于相关而造成的信息重叠问题，根据综合因子的贡献率来确定权重，评价结果较客观；但主成分分析法的计算过程比较繁琐，若指标之间的关系并非为线性关系，评价结果偏差较大。

第六，因子分析法。因子分析法(Factor Analysis，FA)是从研究变量内部相关的依赖关系出发，把一些具有错综复杂关系的变量归结为少数几个综合因子的一种多变量统计分析方法。因子分析法的优点与主成分分析法大致相同，并且，因子的性质比主成分更容易解释；但由于因子得分是估计值，不如主成分分析法的综合评价精确，并且，综合评价有可能包含重复信息。

第七，拉开档次法。拉开档次法(Scatter Degree Method，SDM)以整体上体现各个被评价对象的差异为出发点，得出的评价结果有助于放大各个被评价对象的差距；但权重在一定程度上已经不再体现指标的相对重要性了，而是使整体上被评价对象的结果获得最大离散度的投影因子。

第八，熵值法。熵值法(Entropy Method，EM)是一种借助热力学系统中的名词，根据指标观测值所提供的信息量大小来确定权重的方法。该方法通过同一指标观测值之间的差异程度确定权重，具有一定的客观性；但如果各个评价对象的某项指标的数据差异不大，则得到的该项指标的权重偏差较大。

(二)县域经济发展评价的操作程序

县域经济发展评价通常包括县域经济发展评价指标体系构建、相关数据采集、数据无量纲化、数据规范化、评价指标权重确定、评价值集结、评价结果分析、反馈与调整几个基本环节。其中，指标体系的构建需要遵循县域经济发展评价的基本原则，根据具体评价理论依据对众多相关评价指标进行筛选；相关数据的采集过程中，需要对空缺数据进行间接推算或应用历史数据预测；数据的无量纲化的目的在于消除不同量纲对评价值大小的影响；数据规范化的目的在于促使不同类型的评价指标（正向指标、逆向指标、中间指标、区间指标等）数值对评价结果作用的一致性；评价指标的权重确定即采用评价方法中的赋权技术加以实施；评价值集结运用评价方法中将不同评价指标值集成为一个综合评价值；评价结果分析是在上述综合评价值的基础上，兼顾外部环境、内部个性方面的具体因素，融入定性及定量的考虑，根据实际情况具体分析评价结果的客观性及其原因；反馈与调整阶段是将评价结果公布给被评价单位，再收集反馈信息，对整个县域经济评价的前面各个环节进行科学调整，不断改进县域经济评价的科学性。

三、基于科学发展观的县域经济发展评价体系

（一）科学发展观与县域经济发展评价

县域经济发展评价指导思想经过了从侧重关注经济发展和经济实力向以发展壮大县域经济为主，兼顾人、社会和环境的和谐发展转变的过程。科学发展观指导下的县域经济发展评价的指导思想可以简要总结为“一壮大三提高，科学评价助推科学发展”，即县域经济发展评价的目的是壮大县域经济，通过提高富裕程度、绿色指数和居民满意度，建设“富裕县域”“绿色县域”和“幸福县域”，统筹推进县域科学发展。

县域经济发展评价包括县域经济竞争力评价和县域科学发展评价（包括县域相对富裕程度评价、县域相对绿色指数评价和幸福县域建设指数评价三方面）两个组成部分，二者有所侧重、有所区别、相对独立、相互联系、相互促进，县域经济与县域相关联，量与质相统一，物质与精神相结合，自然与人文相和谐，动力和目标相一致。县域经济是县域发展的重要组成部分，县域科学发展是县域经济科学发展的约束条件，全面评价和考察县域经济与县域科学发展情况，促进县域经济又好又快发展，促进县域全面、协调、可持续科学发展。县域经济基本竞争力与县域科学发展评价体系是一个比较完善的评价体系，体现了县域科学发展的多样性和科学发展的丰富内涵。

县域经济竞争力评价与县域科学发展评价相结合，构成县域科学发展评价的完整体系。县域经济竞争力评价更加关注县域经济的区域经济属性，主要是对县域经济方面的评价，评价结果揭示的是区域经济发展非均衡现象，考察的是县域经济的空间分布和发展规律。县域经济发展的规模大小、速度快慢在

很大程度上与县域的资源禀赋、地理区位、人文历史、发展基础甚至外部政策相关联，具有一定的客观性。全国县域经济强县的空间分布为金融、经贸单位的分支机构设置以及全国工业化和城镇化空间布局提供导向。同时将评价内容扩展到包括县域经济在内的县域社会、县域文化、县域政治、县域生态等整个县域系统。

(二)基于科学发展观的县域经济发展评价体系

全国县域经济发展评价体系包括县域经济竞争力评价和县域科学发展评价两个组成部分，县域科学发展评价涉及富裕县域、绿色县域和幸福县域评价三个方面(见图 4-1)。

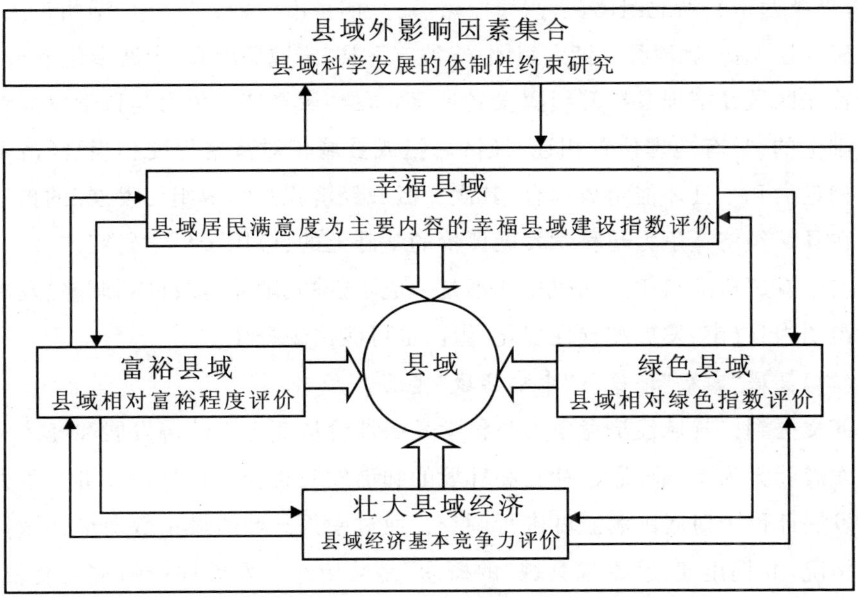

图 4-1 县域经济竞争力与县域科学发展评价系统示意图

四、县域经济发展评价的创新

(一)区域经济强县统筹发展组团

县域是区域统筹的基本单元，是城乡统筹的最直接、最有效的操作平台。所谓“区域经济强县统筹发展组团”就是在某一区域内，地理位置相连、经济总量或县域相对富裕程度相当、经济发展方式相近的几个经济强县组成的集合。区域经济强县统筹发展组团的提出是基于以下考虑：一是淡化相邻经济强县的非正常竞争(特别是招商引资、数据攀比等方面)，促进经济强县之间的经济协作；二是促进政府将更多精力和工作重点放到促进提高富裕程度和搞好绿色环境上；三是打破行政区划，推动城乡统筹和区域统筹，推动区域一体化进程；四是有利于推进城市群建设，提高整个区域的竞争力；五是促使县(市)在大区域中正确定位，促进县域经济的科学发展；六是促进县域经济发展方式转变。

现在比较成熟的"区域经济强县统筹发展组团"有：苏南组团(无锡江阴市、苏州昆山市、苏州张家港市、苏州常熟市)、苏中北组团(盐城东台市、泰州泰兴市、南通海安县、南通如东县、泰州兴化市、盐城大丰市、泰州姜堰市)、中原组团(郑州巩义市、郑州新郑市、郑州新密市、许昌禹州市、郑州登封市)、胶州湾组团(青岛胶南市、青岛即墨市、青岛胶州市)、莱州湾组团(烟台莱州市、烟台招远市、青岛平度市、青岛莱西市)、浙北组团(嘉兴海宁市、嘉兴桐乡市、嘉兴平湖市、湖州长兴县、嘉兴嘉善县、湖州德清县)、浙东组团(宁波宁海县、宁波象山县、宁波奉化市)。

首先区域经济强县统筹组团发展是建立在县域经济竞争力与科学发展评价的基础上的，只有地理位置相连、经济总量或县域相对富裕程度相当、经济发展方式相近的几个县才能组成集合。其次，"区域经济强县统筹组团发展"的提法是建立在县域经济竞争力与科学发展评价的基础上的，应用于科学研究，并不一定在现实中有严格的组织。同时也并不是一成不变的，随着行政区划调整、发展定位和组团内县(市)发展差异性变化，组团也可能出现分化。

(二)县域"幸福"评价与"幸福县域"建设

前文提到，县域经济竞争力与科学发展评价从侧重于经济发展和经济实力向以发展壮大为主，兼顾人、社会和环境的和谐发展转变。在县域经济竞争力与科学发展评价中对居民满意度进行调查，通过幸福县域建设指数衡量县域科学发展情况，并提出建设"幸福县域"的概念，是县域经济发展评价的重大突破，也是未来县域经济评价研究的主要方向。幸福县域建设指数是县域相对幸福水平，是县域发展满足居民需求的程度，是以幸福县域为目标的建设进程，强调幸福县域的建设性、相对性和动态性。县域幸福指数属于群体幸福感(幸福指数)性质。幸福县域建设指数是相对大众主体的、相对核心要素的、相对简化的、相对县域特点和历史发展阶段的县域幸福水平。绝对的幸福虽然无法把握，但相对的幸福是可以测量和比较的。对于这个问题在本章的第五节会详细介绍。

第二节 县域经济竞争力评价

一、县域经济竞争力评价的内涵

县域经济竞争力可以简要地理解为县域经济单位进行资源优化配置获取竞争优势的能力。县域经济竞争力体现的是县域经济单位在资源利用、产品开发、技术创新、市场开拓及服务中具有的竞争优势。

全国县域经济的基本竞争力评价采用公开的、基本的、综合的、可比的县域经济数据来进行评价,评价数据坚持公开的原则和进行核实甄别,评价结果客观可比,县域经济基本竞争力评价基本上反映出县域经济竞争力。

二、县域经济竞争力评价体系

(一)县域经济基本竞争力评价体系

县域经济基本竞争力评价指标分总量、均量、速度和效益四类 14 个指标,见表 4–1。

表 4–1 县域经济基本竞争力评价指标体系

总量	人口		1
	城镇化率		2
	地区生产总值		3
	地方财政一般预算收入		4
均量	经济均量	人均地区生产总值	5
		人均地方财政一般预算收入	6
	居民收入	农民人均纯收入	7
		城镇居民人均可支配收入	8
速度	经济增长速度	地区生产总值增长速度	9
		地方财政一般预算收入增长速度	10
	居民收入增长速度	农民人均纯收入增长速度	11
		城镇居民人均可支配收入增长速度	12
效益	经济质量	地方财政一般预算收入与 GDP 比	13
	城乡比	城乡居民收入比值	14

(二)县域经济竞争力评价体系说明

评价体系简洁明了,体现了"大道至简"的思想和评价的基本原则——指标真实、客观、可比,指标规律可以把握或大致可以把握,评价对象的范围有针对性,评价结果有确切导向性,评价工作具有可行性和连续性。由于全国县域经济差异性大,县域又是一个复杂的系统,影响因素众多,对影响县域科学发展的指标规律需要全面把握,因此对县域经济竞争力的评价采用县域经济的基本的核心数据来进行是现实的需要。

表 4–1 反映的县域经济竞争力评价指标体系中没有涉及经济结构性指标,如非农产业比重、经济密度、进出口额与 GDP 的比例等等。原因是在全国范围内,这些指标与竞争力的规律没有观测或者没有可比性,县域经济的差异性非常大,有些指标没有统一规律。如进出口额与地区生产总值的比值反映的是外贸依存度,处在东部与处在中西部的县表现不一样,相当多的中西部县没有大的外贸需求,这些县的资源配置可能在国内就可以完成。再如非农产业比,由于县域经济是特色经济,"宜工则工、宜农则农、宜商则商、宜游则游",粮食大县也有存在的必要。有些指标(比如经济密度等)对县域经济竞争力的影响是正相关或是负相关需要深入研究。

综合来看,表 4–1 描述的县域经济竞争力评价指标体系共涉及 14 个指标,相对来说涉及的指标体系较少,原因是竞争力本身就没有唯一的标准,仁者见仁,智者见智,每一个研究者都有自己认为最为合理的评价标准,考虑到数据的可获性和可操作性,这里选取了最能反映县域经济竞争力水平的指标构成评价体系;另外在每个指标与竞争力以及指标之间的规律没有把握的情况下,众多的指标放在一起,得到的竞争力就不确切。

县域经济应该是特色经济,县域经济发展路径也不应一个模式,应该百花齐放。县域经济要分类研究,分类指导,县域经济竞争力评价也将要分类评价,逐步完善。在《中郡所第十一届全国县域经济基本竞争力与县域科学发展评价报告》中分别进行了全国经济百强县、西部经济百强县、中部百强县和东北三十强县的比较和研究,体现了肯定差异、区别对待的基本原则。

(三)县域经济竞争力评价结果的表达

全国每个县域经济单位特别是全国县域经济强县的评价结果内容丰富,正确认识评价结果非常重要。县域经济基本竞争力与县域科学发展评价结果可以用表 4–2 表达。

表 4-2　全国县域经济基本竞争力与县域科学发展评价结果表达

县域	县域经济基本竞争力			县域科学发展				
	中郡指数	竞争力动态	竞争力等级	县域相对富裕程度		县域相对绿色指数		县域居民满意度
				等级	类型	等级	类型	等级
县市	R×T2001	上升	A^+级	A^+级	Ⅰ类	A^+级	Ⅰ类	A^+级

涉及的主要指数有：

(1)中郡指数

中郡指数是指县域经济发展水平及县域经济基本竞争力的指数。R 后的数字为县域经济基本竞争力排位数;T 后的数字为在该年度评价中,参加评价的全国县域经济单位总数。参加第十一届全国县域经济基本竞争力评价的县域经济单位总数为 2001 个。

(2)竞争力动态

竞争力动态是指县域经济基本竞争力的排位在本届和上届评价中的动态变化情况。竞争力动态分上升、相对稳定、注意三种情况。

(3)竞争力等级

竞争力等级是指县域经济基本竞争力的强弱等级。全国县域经济基本竞争力等级由强到弱分十个等级,即由 A 级到 J 级。从第十届开始,将全国百强县的竞争力等级从 A 级中特列出来,划为 A^+级。

县域科学发展评价的结果表达后文涉及时再进行介绍。

三、县域经济竞争力评价

这里选取中国县域经济咨询所(中郡所)于 2011 年 8 月发布的《中郡所第十一届全国县域经济基本竞争力与县域科学发展评价报告》中的相关内容进行说明。参加此次评价的县域经济单位不包括县级市辖区,共有 2001 个,其中县级市 369 个、县 1460 个、自治县 117 个、旗 49 个、自治旗 3 个、特区 2 个、林区 1 个。

(一)全国县域经济百强县

1.第十一届全国县域经济百强县

第十一届全国县域经济竞争力百强县(市),简称全国县域经济百强县(市),

或简称全国百强县(市),在18个省市区有分布,具体是:河北省3个、山西省1个、内蒙古自治区2个、辽宁省10个、吉林省1个、黑龙江省1个、江苏省29个、浙江省24个、安徽省1个、福建省8个、江西省2个、山东省26个、河南省6个、湖南省4个、广东省2个、四川省2个、陕西省2个、新疆维吾尔自治区1个。

全国县域经济百强县(市)前10名分别是:江苏江阴市、江苏昆山市、江苏张家港市、江苏常熟市、江苏吴江市、浙江慈溪市、江苏太仓市、江苏宜兴市、浙江绍兴县、福建晋江市、浙江义乌市、广东增城市、浙江余姚市。其中江苏江阴市、江苏昆山市、江苏张家港市和江苏常熟市地理位置相连的四个县级市作为"区域经济强县统筹发展组团"并列第一名。

全国县域经济百强县(市)的平均规模:人口83.12万人,地区生产总值475.64亿元,地方财政一般预算收入29.04亿元,人均地区生产总值64070元,城镇居民人均可支配收入约22170元,农民人均纯收入约10560元,其分别比上年增长0.53%、18.97%(当年价比,下同)、30.67%、18.77%、13.56%、14.47%。

新晋全国县域经济百强县(市)有8个:江苏新沂市、辽宁凤城市、辽宁大洼县、四川郫县、辽宁调兵山市、湖南醴陵市、江苏高淳县、福建闽侯县。

2.第十一届全国县域经济百强县变化特征

全国百强县空间分布上继续存在着"辽宁现象"和"苏北速度"。在本届评价中,辽宁省有3个新晋全国百强县,江苏省有2个新晋全国百强县,东部福建省、中部湖南省和西部四川省各有1个县新晋全国百强县。

3.江苏、山东、浙江、辽宁、福建五省百强县对比

在第九、十届评价报告中,对江苏、山东、浙江三省百强县进行了连续比较。在全国百强县中,江苏、山东、浙江、辽宁和福建五省数量最多,各有特点。本届评价报告将对五省进行比较,为全国其他省市区发展县域经济提供参考。见表4-3。

(1)百强县数量:江苏省的百强县数量最多,比例最高,规模最大。

(2)百强县经济发展速度:辽宁省最快,地区生产总值和地方财政一般预算收入的增长率均远高于其他四省。

(3)百强县地方财政一般预算收入与地区生产总值比:浙江省最高,江苏省次之,山东省最小。

(4)百强县县域相对富裕程度:浙江省最高,百强县县域相对富裕程度等级均是最高级A+级,其他省份都有A级存在;辽宁省富裕程度较低,主要原因是居民富裕指数偏低,尤其是城镇居民人均可支配收入偏低。

(5)百强县县域相对绿色指数：山东省百强县县域相对绿色指数等级 A⁺级县(市)数量最多，江苏省其次，福建最少。

(6)百强县居民满意度：山东省百强县居民满意度等级 A⁺级县(市)数量最多，远高于其他四省，江苏、浙江和辽宁三省比较接近，福建省较少。

表 4-3　江苏、山东、浙江、辽宁、福建五省百强县对比表

省份	百强县数量		百强县平均规模及增长率					地方财政一般预算收入与地区生产总值的比(%)
				地区生产总值		地方财政一般预算收入		
	数量	占全省县市比例(%)	人口(万人)	数值(亿元)	增长率(%)	数值(亿元)	增长率(%)	
江苏	29	58.00	95.37	612.24	18.63	42.99	32.35	6.80
山东	26	28.57	85.04	484.19	13.13	25.15	25.15	5.18
浙江	24	41.38	74.38	417.92	19.22	28.94	22.80	7.04
辽宁	10	22.73	71.58	419.21	31.96	21.98	66.45	5.50
福建	8	13.79	91.43	441.85	20.53	24.10	23.84	5.75
省份	百强县县域相对富裕程度							
	等级分布				类型分布			
	A⁺级	A级	A⁻级	B级	Ⅰ类	Ⅱ类	Ⅲ类	Ⅳ类
江苏	19	9	1		25	3		1
山东	18	8			25	1		
浙江	24				24			
辽宁	2	8			10			
福建	5	3			6	1	1	

续表 4-3

省份	百强县县域相对绿色指数							
	等级分布				类型分布			
	A⁺级	A 级	A⁻级	B 级	Ⅰ类	Ⅱ类	Ⅲ类	Ⅳ类
江苏	12	17			2	11	8	8
山东	16	10			3		16	7
浙江	3	19	2		2	1	8	13
辽宁	4	6			2		5	3
福建	1	6	1			1	4	3

省份	百强县居民满意度			
	等级分布			
	A⁺级	A 级	A⁻级	B 级
江苏	3	9	17	
山东	13	5	8	
浙江	2	6	16	
辽宁	2	6	2	
福建			8	

(二)中国西部百强县

中郡所将参加全国县域经济基本竞争力评价的西部十二个省市区的县(市)单列出来,按照县域经济基本竞争力进行排列,评价出西部县域经济基本竞争力百强县(市),简称中国西部百强县(市)。

1.第十一届西部百强县评价

第十一届中国西部百强县(市)在西部 11 个省市区有分布,具体是:内蒙古自治区 17 个、广西壮族自治区 6 个、重庆市 7 个、四川省 20 个、贵州省 8 个、云南省 11 个、陕西省 12 个、甘肃省 1 个、青海省 1 个、宁夏回族自治区 6 个、新疆维吾尔自治区 11 个。

西部百强县(市)前 10 名分别是:内蒙古准格尔旗、四川双流县、内蒙古伊金霍洛旗、陕西神木县、新疆库尔勒市、陕西府谷县、四川郫县、四川西昌市、内蒙古鄂托克旗、内蒙古霍林郭勒市。

西部百强县(市)的平均规模:人口 51.69 万人,地区生产总值 156.39 亿元,地方财政一般预算收入 10.20 亿元,人均地区生产总值 49410 元,城镇居民人均可支配收入约 16670 元,农民人均纯收入 6720 元,其分别比上年增长 1.23%、19.94%(当年价比,下同)、30.33%、18.65%、13.71%、16.66%。

新晋西部百强县(市)有 6 个:甘肃华亭县、陕西凤县、广西田东县、宁夏永宁县、贵州福泉市、宁夏中宁县。

2.第十一届中国西部百强县变化特征

在第十一届评价中,中国西部百强县变化的最突出特征是甘肃华亭县进入西部百强县,实现甘肃省西部百强县零的突破。

(三)中国中部百强县

中郡所将参加全国县域经济基本竞争力评价的中部六省的县(市)单列出来,按照县域经济基本竞争力进行排列,评价出中部县域经济基本竞争力百强县(市),简称中国中部百强县(市)。

1.第十一届中部百强县评价

第十一届中国中部百强县(市)在中部 6 个省中有分布:山西省 16 个、安徽省 13 个、江西省 12 个、河南省 36 个、湖北省 13 个、湖南省 14 个。

中部百强县(市)前 10 名分别是:湖南长沙县、河南巩义市、河南新郑市、河南新密市、河南禹州市、河南登封市、湖南浏阳市、山西孝义市、湖南宁乡县、江西南昌县、安徽肥西县、河南永城市、江西丰城市、湖南醴陵市。其中河南巩义市、河南新郑市、河南新密市、河南禹州市、河南登封市地理位置相连的五个县级市作为"区域经济强县统筹发展组团"并列中部第二位。

中部百强县(市)的平均规模:人口 71.75 万人,地区生产总值 200.26 亿元,地方财政一般预算收入 9.27 亿元,人均地区生产总值 31840 元,城镇居民人均可支配收入 15370 元,农民人均纯收入 7120 元,其分别比上年增长-0.11%、19.54%(当年价比,下同)、25.54%、19.41%、10.98%、14.48%。新晋中部百强县(市)有 3 个:山西汾阳市、安徽怀宁县、江西上栗县。

2.第十一届中部百强县变化特征

在第十一届评价中,虽然中部百强县竞争程度没有西部百强县激烈,但是可以看出河南省中部百强县的数量优势在减弱。

(四)中国东北三十强县

中郡所将参加全国县域经济基本竞争力评价的东北三省的县(市)单列出来,按照县域经济基本竞争力进行排列,评价出东北县域经济基本竞争力三十强县(市),简称中国东北三十强县(市)。

1.第十一届东北三十强县评价

第十一届中国东北三十强县(市)在东北三省的分布是:辽宁省22个、吉林省5个、黑龙江省3个。中国东北三十强县(市)前十名是:辽宁瓦房店市、辽宁海城市、辽宁庄河市、辽宁普兰店市、辽宁大石桥市、吉林延吉市、辽宁东港市、辽宁开原市、黑龙江肇东市、辽宁凤城市。

中国东北三十强县(市)的平均规模:人口63.44万人,地区生产总值282.83亿元,地方财政一般预算收入14.65亿元,人均地区生产总值45450元,城镇居民人均可支配收入15630元,农民人均纯收入8790元,其分别比上年增长0.10%、26.28%(当年价比,下同)、64.60%、26.29%、22.61%、15.76%。在第十一届评价中,辽宁凤城市、大洼县和调兵山市进入全国县域经济百强县(市)。

2.第十一届中国东北三十强县变化特征

在第十一届评价中,辽宁省强县异军突起,中国东北三十强县数量增加6个席位,总数达到22个,超过三分之二。

第三节 县域相对富裕程度评价

一、县域相对富裕程度评价的内涵

为了体现"以人为本"的科学发展观,对县域经济发展进行评价时不仅应关注其竞争力状况,也应该进行"县域经济强县"的"县域相对富裕程度"评价。富裕程度的表达方式有许多种,例如人均地区生产总值、人均居民收入、人均城乡居民储蓄存款余额、恩格尔系数、人均用电量、受教育年限以及联合国开发计划署的综合发展指数等等。这些指标或者简单,或者复杂,或者结果不能反映实际情况,或者操作性不强。

为了体现以人为本和可操作性，中郡所采用“相对富裕程度”的表达方式。县域相对富裕程度是以全国平均水平为参照坐标，评价居民收入、基本公共服务、经济发展和财政调控能力等，体现了以人为本、统筹发展的科学发展观。相对富裕程度包含了三个层次的含义。一是相对核心内涵的富裕程度。县域相对富裕程度体现了县域富裕程度的核心部分，反映了县域发展的基本水平。二是相对全国平均水平的富裕程度。县域相对富裕程度以全国平均数为基准，反映了县域与全国平均水平的比较情况。三是相对历史发展进程的富裕程度。县域相对富裕程度与社会主义现代化时序相关联，反映了历史进程中共同富裕水平。

因此，相对富裕程度是一个动态的、相对的、基本的发展水平概念，是考察县域发展水平和文明程度的基本尺度。相对富裕程度评价工作是进行区域统筹的基础性工作，为统筹发展、实现共同富裕提供量化导向。同时我们还应注意到共同富裕不是“同步富裕”，也不是“均等富裕”。共同富裕是目标和方向，也是发展动力。

二、县域相对富裕程度评价指标体系

(一)县域相对富裕程度评价指标体系

县域相对富裕程度评价指标体系包含五类三级 22 个指标，见表 4–4。五类指标包括人口类指标、居民收入类指标、公共服务类指标、地区发展类指标、财政统筹类指标。在指标体系中，居民收入类和公共服务类指标构成富裕程度的居民富裕部分，地区发展类和财政统筹类指标构成富裕程度的统筹发展部分。

(二)县域相对富裕程度评价指标体系说明

在县域相对富裕程度评价指标体系中强调：

(1)以人为本，全部以人均等均量数据，以全国平均数为基准。

(2)突出居民收入，统筹考虑与居民收入相关联的工资、储蓄、消费等因素。

(3)突出居民富裕，统筹考虑教育、医疗卫生等公共服务。

(4)不仅强调居民收入和公共服务，还强调县域经济发展和财政统筹能力。

(5)县域经济发展是提高县域富裕程度的物质基础，财政统筹是弥补因经济发展不足而引起的富裕程度的差异。县域经济发展和财政统筹体现了市场和政府两种力量，发挥地方和中央两个层级在提高富裕程度工作中的积极性。

表 4-4 县域相对富裕程度评价指标体系

<table>
<tr><td rowspan="2">人口类指标</td><td>总量</td><td colspan="2">人口总数</td><td>1</td><td rowspan="2">人口集合</td></tr>
<tr><td>城镇化</td><td colspan="2">城镇化率</td><td>2</td></tr>
<tr><td rowspan="7">居民收入类指标</td><td rowspan="3">收入</td><td colspan="2">城镇居民人均可支配收入</td><td>3</td><td rowspan="7">居民富裕集合</td></tr>
<tr><td colspan="2">农民人均纯收入</td><td>4</td></tr>
<tr><td colspan="2">在岗职工平均工资</td><td>5</td></tr>
<tr><td>储蓄</td><td colspan="2">人均城乡居民储蓄存款余额</td><td>6</td></tr>
<tr><td>消费</td><td colspan="2">人均社会消费品零售额</td><td>7</td></tr>
<tr><td rowspan="2">恩格尔系数</td><td colspan="2">城镇居民恩格尔系数 *</td><td>8</td></tr>
<tr><td colspan="2">农村居民恩格尔系数 *</td><td>9</td></tr>
<tr><td rowspan="7">公共服务类指标</td><td>医疗</td><td colspan="2">千人拥有医生数</td><td>10</td><td rowspan="7">居民富裕集合</td></tr>
<tr><td>教育</td><td colspan="2">百名普通中小学生拥有专人教师数</td><td>11</td></tr>
<tr><td>经费</td><td colspan="2">人均科教文卫事业费支出 *</td><td>12</td></tr>
<tr><td rowspan="2">双通</td><td>交通</td><td>公路里程密度</td><td>13</td></tr>
<tr><td>通讯</td><td>百人拥有电话数(固定+移动)</td><td>14</td></tr>
<tr><td rowspan="2">社会保障</td><td colspan="2">新型农村合作医疗覆盖率 *</td><td>15</td></tr>
<tr><td colspan="2">城镇基本养老保险覆盖率 *</td><td>16</td></tr>
<tr><td rowspan="3">地区发展类指标</td><td>总值</td><td colspan="2">人均地区生产总值</td><td>17</td><td rowspan="6">统筹发展集合</td></tr>
<tr><td>财政</td><td colspan="2">人均财政总收入</td><td>18</td></tr>
<tr><td>密度</td><td colspan="2">经济密度</td><td>19</td></tr>
<tr><td rowspan="3">财政统筹类指标</td><td>收入</td><td colspan="2">人均地方财政收入</td><td>20</td></tr>
<tr><td>转移</td><td colspan="2">人均财政转移支出 *</td><td>21</td></tr>
<tr><td>支出</td><td colspan="2">人均地方财政支出</td><td>22</td></tr>
</table>

(三)县域相对富裕程度评价结果的表达

1.县域相对富裕程度等级

县域相对富裕程度等级分 A^+级、A 级、A^-级、B 级等四级,全国相对富裕程度平均为 100,各等级规范为:

A^+级:125 以上,全国相对富裕县域;

A 级：100～125，全国中等偏上县域；

A⁻级：75～100，全国中等偏下县域；

B 级：75 以下，全国相对落后县域。

A 级和 A⁻级为全国中等水平县域。

2.县域相对富裕程度类型

县域相对富裕程度类型可以用"县域相对富裕程度类型坐标图"来分析，见图 4-2。

县域相对富裕程度类型坐标解释：横坐标是统筹发展指数，纵坐标是居民富裕指数。

县域相对富裕程度的类型分Ⅰ、Ⅱ、Ⅲ、Ⅳ类，各类规范为：

Ⅰ类：居民富裕指数和统筹发展指数都高于全国平均水平。图中 a–c–b 区域。

Ⅱ类：居民富裕指数高于全国平均水平，统筹发展指数低于全国平均水平。图中 b–c–$y100$ 区域。

Ⅲ类：居民富裕指数低于全国平均水平，统筹发展指数高于全国平均水平。图中 a–c–$x100$ 区域。

Ⅳ类：居民富裕指数和统筹发展指数都低于全国平均水平。图中 $x100$–c–$y100$ 区域。

全国县域相对富裕程度类型坐标图为全国县域统筹发展提供导向。不同类型的县域将会有不同的统筹方式。

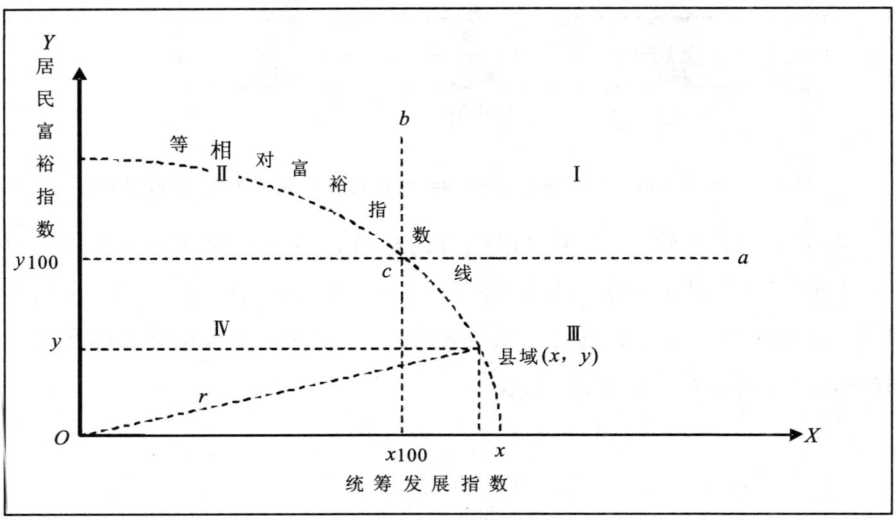

图 4-2 县域相对富裕程度类型坐标图

三、县域相对富裕程度评价

为促进县域经济强县提高富裕程度，中郡所对县域经济强县的“县域相对富裕程度”进行评价。“县域相对富裕程度”评价是以“居民收入水平”为基础，结合消费、储蓄、公共服务和公共财政等方面来开展的反映富裕程度的评价工作。

1.在第十一届评价中，全国县域经济强县(包括全国百强县、西部百强县、中部百强县和东北三十强县）共 326 个，其县域相对富裕程度在四个等级中分布是：A^+级 96 个，占 29.45%；A 级 89 个，占 27.30%；A^-级 119 个，占 36.50%；B 级 22 个，占 6.75%。(见表 4–5)其中 A 级数量比上届增加，B 级和 A^-级数量有所减少，说明县域经济强县的县域相对富裕程度得到较快提高。从连续三届全国县域经济强县的县域相对富裕程度等级比例比较图中可以非常直观地看出这一变化。通过对比第九届、第十届和第十一届的变化情况，我们发现 B 级比重在逐年下降，A 级比重增加较快，见图 4–3。

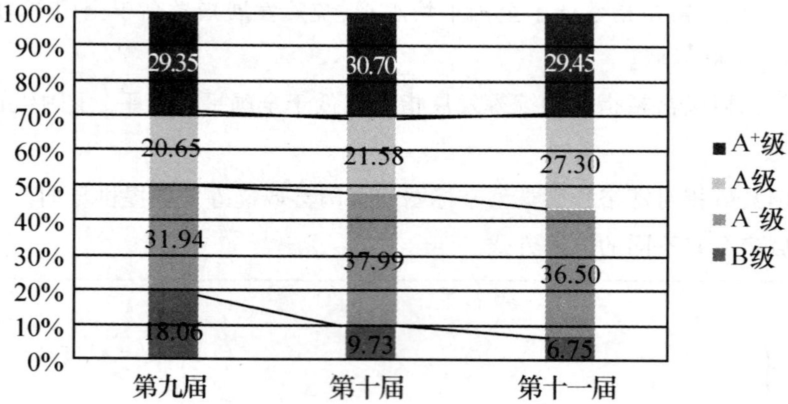

图 4–3 连续三届全国县域经济强县县域相对富裕程度等级比例比较图

2.在第十一届评价中，县域经济强县的县域相对富裕程度在四种类型中分布是：Ⅰ类 156 个，占 47.85%；Ⅱ类 22 个，占 6.75%；Ⅲ类 34 个，占 10.43%；Ⅳ类 114 个，占 34.97%。Ⅳ类数量占了相当大的比重，说明县域经济强县的居民富裕指数和统筹发展指数有待加强，见表 4–5。

表 4-5 第十一届全国县域经济强县的县域相对富裕程度等级与类型表

等级分布			类型分布		
等级	个数	比例(%)	等级	个数	比例(%)
A^+级	96	29.45	Ⅰ类	156	47.86
A 级	89	27.30	Ⅱ类	22	6.75
A^- 级	119	36.50	Ⅲ类	34	10.43
B 级	22	6.75	Ⅳ类	114	34.97

3.在第十一届评价中,县域经济强县的县域相对富裕程度排名前十名的是:江苏昆山市、浙江义乌市、内蒙古伊金霍洛旗、江苏江阴市、福建石狮市、江苏张家港市、江苏太仓市、内蒙古霍林郭勒市、江苏常熟市、内蒙古准格尔旗。

4.在第十一届评价中,县域相对富裕程度等级为A^+级、类型为Ⅰ类的县域经济强县共有 96 个,浙江省 24 个、江苏省 19 个、山东省 18 个、内蒙古自治区 9 个、福建省 5 个、陕西省 4 个、山西省 3 个、湖南省 2 个、河北省 2 个、辽宁省 2 个、四川省 2 个、广东省 1 个、河南省 1 个、吉林省 1 个、青海省 1 个、新疆维吾尔自治区 1 个、云南省 1 个,其中浙江省、江苏省、山东省所占的比例分别为 25%、19.79%、18.75%,具体情况见表 4-6。

表 4-6 2011 年全国县域相对富裕程度 A^+级别Ⅰ类县(市)名单

县域单位	居民富裕指数	统筹发展指数	县域相对富裕程度	等级	类型
江苏昆山市	196.43	587.73	237.98	A^+级	Ⅰ类
浙江义乌市	233.93	270.39	236.23	A^+级	Ⅰ类
内蒙古伊金霍洛旗	157.99	727.65	233.75	A^+级	Ⅰ类
江苏江阴市	188.25	582.35	230.87	A^+级	Ⅰ类
福建石狮市	203.19	453.95	225.79	A^+级	Ⅰ类
江苏张家港市	185.35	552.74	224.29	A^+级	Ⅰ类
江苏太仓市	189.86	503.02	220.93	A^+级	Ⅰ类
内蒙古霍林郭勒市	180.92	508.85	214.56	A^+级	Ⅰ类
江苏常熟市	199.00	367.72	212.66	A^+级	Ⅰ类
内蒙古准格尔旗	169.70	522.10	207.70	A^+级	Ⅰ类

续表 4-6

县域单位	居民富裕指数	统筹发展指数	县域相对富裕程度	等级	类型
浙江绍兴县	195.45	332.87	206.09	A+级	Ⅰ类
山东文登市	198.15	283.12	204.13	A+级	Ⅰ类
浙江慈溪市	192.87	272.91	198.48	A+级	Ⅰ类
江苏吴江市	180.58	330.75	192.68	A+级	Ⅰ类
浙江桐乡市	189.30	219.34	191.19	A+级	Ⅰ类
浙江玉环县	184.01	263.70	189.62	A+级	Ⅰ类
辽宁调兵山市	173.27	284.01	181.66	A+级	Ⅰ类
浙江瑞安市	182.03	141.99	179.93	A+级	Ⅰ类
内蒙古阿拉善左旗	160.30	348.46	177.00	A+级	Ⅰ类
浙江海宁市	169.76	247.90	175.32	A+级	Ⅰ类
浙江余姚市	171.40	227.83	175.22	A+级	Ⅰ类
内蒙古鄂托克旗	153.69	365.44	173.46	A+级	Ⅰ类
浙江诸暨市	173.07	164.81	172.60	A+级	Ⅰ类
内蒙古满洲里市	162.49	270.70	170.76	A+级	Ⅰ类
山东龙口市	155.96	323.23	170.40	A+级	Ⅰ类
浙江温岭市	169.83	178.63	170.37	A+级	Ⅰ类
浙江乐清市	170.08	152.19	169.08	A+级	Ⅰ类
浙江平湖市	159.48	258.75	166.96	A+级	Ⅰ类
江苏宜兴市	161.79	231.18	166.67	A+级	Ⅰ类
浙江上虞市	165.14	172.70	165.60	A+级	Ⅰ类
浙江嘉善县	157.10	247.07	163.76	A+级	Ⅰ类
山东荣成市	155.73	256.54	163.39	A+级	Ⅰ类

续表 4-6

县域单位	居民富裕指数	统筹发展指数	县域相对富裕程度	等级	类型
江苏靖江市	151.93	279.87	162.27	A+级	Ⅰ类
浙江奉化市	161.80	154.02	161.36	A+级	Ⅰ类
内蒙古乌审旗	139.38	360.95	161.08	A+级	Ⅰ类
广东增城市	155.51	229.11	160.77	A+级	Ⅰ类
陕西神木县	149.01	288.96	160.66	A+级	Ⅰ类
河南义马市	143.81	309.32	158.41	A+级	Ⅰ类
浙江象山县	157.55	163.49	157.91	A+级	Ⅰ类
浙江富阳市	154.69	194.58	157.32	A+级	Ⅰ类
浙江德清县	155.34	179.03	156.83	A+级	Ⅰ类
四川双流县	142.51	294.39	155.60	A+级	Ⅰ类
山东莱州市	154.48	144.73	153.93	A+级	Ⅰ类
浙江宁海县	154.76	139.20	153.89	A+级	Ⅰ类
江苏丹阳市	147.96	223.67	153.45	A+级	Ⅰ类
浙江长兴县	153.83	137.64	152.93	A+级	Ⅰ类
福建晋江市	138.63	298.03	152.69	A+级	Ⅰ类
江苏高淳县	151.71	166.98	152.65	A+级	Ⅰ类
青海格尔木市	133.46	333.05	152.61	A+级	Ⅰ类
山东寿光市	153.25	136.63	152.33	A+级	Ⅰ类
江苏海门市	148.96	187.86	151.53	A+级	Ⅰ类
浙江永康市	150.07	171.75	151.43	A+级	Ⅰ类
山东恒台县	145.43	221.84	151.00	A+级	Ⅰ类

续表 4-6

县域单位	居民富裕指数	统筹发展指数	县域相对富裕程度	等级	类型
河北三河市	142.19	232.65	149.04	A+级	Ⅰ类
湖南长沙县	141.50	228.49	148.04	A+级	Ⅰ类
四川郫县	135.79	273.22	147.46	A+级	Ⅰ类
江苏金坛市	145.98	166.26	147.25	A+级	Ⅰ类
吉林延吉市	146.06	143.84	145.93	A+级	Ⅰ类
山西府谷县	134.11	265.88	145.21	A+级	Ⅰ类
河北迁安市	136.30	242.24	144.69	A+级	Ⅰ类
浙江临安市	142.38	137.24	142.09	A+级	Ⅰ类
江苏溧阳市	137.18	195.97	141.32	A+级	Ⅰ类
山东招远市	136.05	201.04	140.70	A+级	Ⅰ类
内蒙古锡林浩特市	134.73	206.97	140.01	A+级	Ⅰ类
江苏句容市	139.13	130.79	138.65	A+级	Ⅰ类
山西孝义市	134.34	192.14	138.41	A+级	Ⅰ类
新疆奎屯市	137.20	155.79	138.37	A+级	Ⅰ类
山东蓬莱市	134.54	188.90	138.33	A+级	Ⅰ类
山东即墨市	135.88	168.46	138.01	A+级	Ⅰ类
江苏仪征市	134.69	177.54	137.58	A+级	Ⅰ类
浙江东阳市	138.79	107.80	137.15	A+级	Ⅰ类
山东莱西市	137.35	133.20	137.11	A+级	Ⅰ类
山东胶州市	132.79	188.68	136.71	A+级	Ⅰ类
山东诸城市	135.11	127.43	134.67	A+级	Ⅰ类

续表 4-6

县域单位	居民富裕指数	统筹发展指数	县域相对富裕程度	等级	类型
山东胶南市	128.69	207.8	134.64	A⁺级	Ⅰ类
内蒙古鄂温克旗	134.33	129.45	134.05	A⁺级	Ⅰ类
江苏启东市	131.53	158.41	133.26	A⁺级	Ⅰ类
山东广饶县	124.98	227.25	133.19	A⁺级	Ⅰ类
山东肥城市	131.91	149.43	133.01	A⁺级	Ⅰ类
山东兖州市	126.69	206.35	132.70	A⁺级	Ⅰ类
陕西吴起县	113.18	302.36	132.04	A⁺级	Ⅰ类
山东邹平县	121.47	245.31	132.01	A⁺级	Ⅰ类
江苏姜堰市	130.58	146.47	131.57	A⁺级	Ⅰ类
云南安宁市	126.87	18.13	131.18	A⁺级	Ⅰ类
浙江临海市	132.31	101.29	130.69	A⁺级	Ⅰ类
福建惠安县	128.29	155.00	130.01	A⁺级	Ⅰ类
辽宁大洼县	126.06	181.80	130.00	A⁺级	Ⅰ类
湖南冷水江市	128.18	140.18	128.92	A⁺级	Ⅰ类
江苏海安县	127.40	150.621	128.88	A⁺级	Ⅰ类
陕西志丹县	110.40	287.95	127.86	A⁺级	Ⅰ类
山东高密市	128.83	110.04	127.80	A⁺级	Ⅰ类
山西灵石县	125.39	158.61	127.59	A⁺级	Ⅰ类
福建长乐市	126.31	137.44	126.99	A⁺级	Ⅰ类
山西河津市	126.76	130.49	126.99	A⁺级	Ⅰ类
福建福清市	126.05	132.20	126.42	A⁺级	Ⅰ类
江苏江都市	122.99	157.06	125.25	A⁺级	Ⅰ类

第四节　县域相对绿色指数评价

一、县域相对绿色指数评价的内涵

现阶段，推动县域加强生态环境建设成为一个紧迫的重大课题。县域经济发展不能走“先污染后治理”的老路，要走新型工业化和城镇化道路，要走科技含量高、经济效益好、资源消耗低、环境污染少、人力资源优势得到充分发挥的道路。

建设绿色县域是一个综合性概念，涉及新型工业化和城镇化中的相关工作，包含绿色经济、生态保护、宜居环境、两型社会、低碳经济等内容，增强分析经济发展的成绩与代价、产出与投入、节能减排等工作能力，加强技术进步和统筹发展等工作手段。

县域经济要在激烈的工业化和城镇化的竞争态势中保持“绿色”，并能够发挥后发优势，学习先进区域经济发展经验，少走弯路，又好又快发展，要重点关注以下几个方面的问题：一是注重规划，制定区域规划、产业规划、城镇规划等，加大工业园区建设，形成产业集中集聚集约效应；二是注重功能区建设，将县域划分不同功能区，统筹发展，可拓展县域经济可持续发展空间；三是注重城乡统筹，将城市文明与乡村文明、工业文明与农业文明有机结合起来；四是注重环境生态建设，在招商引资、项目建设中能主动选择污染少的合适项目。

绿色环境、绿色宜居与绿色经济同样重要，保护大气环境，保护水环境，提高绿化覆盖率，搞好生活垃圾处理，使县域环境更加宜居。建设绿色县域也是发展生产力。建设绿色县域，进行县域相对绿色指数评价，强化县域经济科学发展的约束条件，推动县域经济发展方式转变。

二、相对绿色指数评价体系

(一)相对绿色指数评价体系

县域相对绿色指数评价旨在推动县域经济强县加强生态建设，促进县域经济发展方式转变。县域相对绿色指数评价包括绿色经济、绿色环境、绿色宜居和绿色调查等四部分。参照全面建设小康社会、生态县、绿化模范县、园林城市、森林城市等工作的理念和有关要求，规范出县域相对绿色指数指标体系和各指标的参照数据，综合评价全国县域相对绿色指数，并公布全国各县(市)的县域绿色指数大小和等级，供全国县(市)参照对比，促进建设绿色县域。县域相对绿色指数评价指标体系见表4-7。

表4-7　县域相对绿色指数评价指标体系

指标		参照数据	绿色经济
绿色经济	工业三废处置利用率(%)	90	1
	单位GDP能耗(吨标煤/万元)	0.84	2
	环保投入占当年GDP比例(%)	3.5	3
绿色环境	县域森林覆盖率(%)	25	4
	县域空气质量好于或等于二级标准天数(天/年)	300	5
	县域集中式饮用水水源水质达标率(%)	100	6
	城镇绿化覆盖率(%)	45	7
	城镇人均公共绿地面积(㎡)	12	8
绿色宜居	城镇生活污水集中处理率(%)	80	9
	城镇生活垃圾无害化处理率(%)	90	10
	农村规模化畜禽养殖场粪便综合利用率(%)	95	11
	农村生活垃圾集中收集处置率(%)	80	12
绿色调查	建设绿色县域的有关工作的综合资料		

(二)县域相对绿色指数评价结果的表达

1.县域相对绿色指数等级

县域相对绿色指数以参照指标数据基准为100，分A^+、A、A^-和B级等四个等级，具体规范为：

A^+级：95以上，相对绿色级县域；

A级：85～95，相对浅绿色级县域；

A^-级：75～85，相对欠绿色级县域；

B级：75以下，相对绿色警示级县域。

2.县域相对绿色指数类型

县域相对绿色指数依据绿色经济和绿色环境的情况分以下四种类型：

Ⅰ类：绿色经济和绿色环境均突出；

Ⅱ类:绿色经济突出;

Ⅲ类:绿色环境突出;

Ⅳ类:绿色经济和绿色环境均一般。

三、县域经济相对绿色指数评价

为了促进县域经济强县加强生态文明建设,促进转变发展方式,在第十一届评价中,继续对县域经济强县开展"县域相对绿色指数"评价。县域相对绿色指数评价包括绿色经济、绿色环境、绿色宜居等三个方面,参照国家有关部门已开展的全面建设小康社会、生态县(市)、绿化模范县、园林城市、森林城市等工作理念和有关指标,制定出县域相对绿色指数评价的基准指标值,再评价各县域经济强县的相对绿色指数。在第十一届评价中,最高等级 A^+级有 46 个,占 14.11%;A 级有 172 个,占 52.76%,比例最大。A^+级和 A 级比例占到 66.87%,说明大部分全国县域经济强县比较注重绿色县域建设。详情见表 4-8。

表 4-8　第十一届全国县域相对绿色指数等级与类型分布表

等级分布			类型分布		
等级	个数	比例(%)	类型	个数	比例(%)
A^+级	46	14.11	Ⅰ类	14	4.29
A 级	172	52.76	Ⅱ类	19	5.83
A^-级	95	29.14	Ⅲ类	90	27.61
B 级	13	3.99	Ⅳ类	203	62.27

县域相对绿色指数类型分四种,分别为Ⅰ类、Ⅱ类、Ⅲ类、Ⅳ类。在第十一届评价中,绿色经济和绿色环境均突出的Ⅰ类有 14 个,占总量的 4.29%;绿色经济和绿色环境一般的Ⅳ类有 203 个,占总数的 62.27%。这说明在绿色县域建设中,应该进一步强化绿色经济和绿色环境工作。

第十一届与第十届县域经济强县相对绿色指数平均值分别是 87.45 和 86.81,县域经济强县绿色指数总体有所提高。但是,分地区来看,全国百强县和中部百强县以及东北三十强县县域相对绿色指数平均值都有所增长, 而西部地区有所下降。西部县(市)在西部大开发进行中,在关注经济建设的同时,应更加关注生态与绿色县域建设。具体见图 4-4。

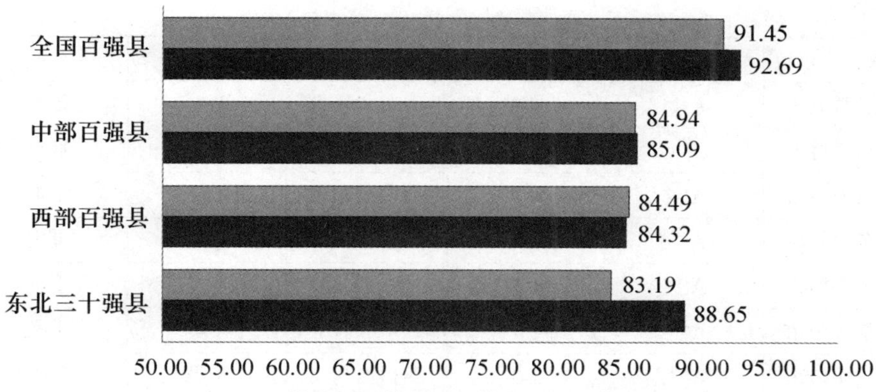

图 4-4 第十、十一届县域经济强县县域相对绿色指数平均值比较图

在第十一届评价中,县域相对绿色指数 A⁺级的 46 个县域经济强县,分省分布是:山东 16 个,江苏 12 个,辽宁 5 个,四川 3 个,浙江 3 个,安徽 1 个,福建 1 个,广东 1 个,重庆 1 个,新疆 1 个,湖南 1 个,吉林 1 个。名单见表 4-9(顺序按汉语拼音音序排列)。

山东、辽宁、江苏、浙江、福建等五省百强县的县域相对绿色指数 A⁺级个数占该省百强县总数的比例分别是:山东省 61.54%、辽宁省 40%、江苏省 41.38%、浙江省 12.5%、福建省 12.5%。其中,山东省县域经济强县的县域相对绿色指数 A⁺级的县(市)数量最多、比例最高。

表 4-9 第十一届全国县域相对绿色指数 A⁺级县(市)名单

县域经济单位	等级	类型	县域经济单位	等级	类型
安徽宁国市	A⁺类	Ⅲ类	江苏如东县	A⁺类	Ⅱ类
福建长乐市	A⁺类	Ⅲ类	江苏如皋市	A⁺类	Ⅱ类
广东增城市	A⁺类	Ⅲ类	江苏太仓市	A⁺类	Ⅱ类
湖南长沙县	A⁺类	Ⅲ类	江苏吴江市	A⁺类	Ⅲ类
吉林延吉市	A⁺类	Ⅰ类	江苏宜兴市	A⁺类	Ⅲ类
江苏常熟市	A⁺类	Ⅲ类	江苏张家港市	A⁺类	Ⅲ类
江苏丹阳市	A⁺类	Ⅱ类	辽宁本溪县	A⁺类	Ⅰ类
江苏高淳市	A⁺类	Ⅰ类	辽宁凤城市	A⁺类	Ⅲ类
江苏江阴市	A⁺类	Ⅲ类	辽宁普兰店市	A⁺类	Ⅰ类
江苏句容市	A⁺类	Ⅰ类	辽宁瓦房店市	A⁺类	Ⅲ类
江苏昆山市	A⁺类	Ⅲ类	辽宁庄河市	A⁺类	Ⅰ类

表 4-9

县域经济单位	等级	类型	县域经济单位	等级	类型
山东肥城市	A^+类	Ⅲ类	山东文登市	A^+类	Ⅲ类
山东广饶县	A^+类	Ⅲ类	山东章丘市	A^+类	Ⅲ类
山东即墨市	A^+类	Ⅲ类	山东招远市	A^+类	Ⅰ类
山东胶州市	A^+类	Ⅲ类	山东诸城市	A^+类	Ⅲ类
山东莱西市	A^+类	Ⅲ类	四川郫县	A^+类	Ⅰ类
山东莱州市	A^+类	Ⅰ类	四川双流县	A^+类	Ⅰ类
山东龙口市	A^+类	Ⅲ类	四川西昌市	A^+类	Ⅳ类
山东蓬莱市	A^+类	Ⅰ类	新疆库尔勒市	A^+类	Ⅲ类
山东平度市	A^+类	Ⅲ类	浙江宁海县	A^+类	Ⅰ类
山东青州市	A^+类	Ⅲ类	浙江平湖市	A^+类	Ⅰ类
山东荣成市	A^+类	Ⅲ类	浙江上虞市	A^+类	Ⅲ类
山东乳山市	A^+类	Ⅲ类	重庆铜梁县	A^+类	Ⅲ类

第五节 幸福县域建设指数评价

一、幸福县域建设评价的意义和影响因素分析

(一)进行幸福县域建设的意义

幸福是人类追求的永恒价值,建设幸福县域是党、政府和人民的共同期待。我们在进行县域经济与县域科学发展评价中，开展以县域居民满意度为主要内容的幸福县域建设指数评价也是必不可少的。幸福县域建设指数反映以幸福县域为目标的建设进程,强调幸福县域的建设性、相对性和永恒性。

建设幸福县域就是县域幸福最大化和可持续化的过程，目标是县域最大多数人的最大幸福,要求是“县域发展保障提升县域幸福,县域幸福检验助推县域发展”，关键是建立县域发展和县域幸福良性互动机制，把县域建设成富裕、绿色、幸福家园。建设幸福县域将县域发展目标和发展动力相结合,是实践科学发展观的一大探索,是转变发展方式的一大推动力,是推动县域经济和县域科学发展的新思维。

建设幸福县域包括物质基础建设和人的全面发展。幸福县域建设指数将通

过县域居民满意度专项社会调查和结合业已开展的县域相对富裕程度和县域相对绿色指数评价来进行。幸福县域建设指数是相对大众主体的、相对核心要素的、相对简化的、相对县域特点和历史发展阶段的县域幸福水平。绝对的幸福虽然无法把握,但相对的幸福是可以测量和比较的。

(二)幸福县域影响因素分析

影响幸福县域的因素很多,如果将幸福用 H 表示,影响因素用 H_i 表示,则 $H=f(H_1,H_2,H_3,\cdots)$。基于现阶段县域发展的主要需求和幸福县域的主要影响因素,幸福县域建设主要由壮大县域经济、环境保护、政府服务和居民满意等四部分构成,可以表述为:幸福县域建设=f(壮大县域经济,环境保护,政府服务,居民满意)。

建设幸福县域的概念是一个物质与精神、客观与主观、当前与未来、经济与社会、人与自然互动和谐的完整内涵,体现了辩证唯物主义观点,便于理解和把握县域幸福与经济、社会、文化、政治、生态等工作的联系,便于县际比较分析,具有简易性、实用性、建设性和中国特色,有益于推动县域科学发展,促进幸福县域建设。

基于幸福县域影响因素分析,建设幸福县域需要从客观和主观两个方面来展开,幸福县域建设指数需要从客观和主观两个方面来测量。

二、幸福县域建设指数评价的方法

(一)幸福县域建设指数测量

在幸福县域建设指数测量时,如果政府服务可以通过居民满意度调查获得,那么幸福县域建设指数可以用县域相对富裕程度、县域相对绿色指数和居民满意度等三个指标来测量,即幸福县域建设指数=f(县域相对富裕程度,县域相对绿色指数,县域居民满意度)。

幸福县域建设指数测量指标可以划分为客观和主观两类:客观指标是对县域发展进行客观评价,包括县域相对富裕程度和县域相对绿色指数,这两个指标构成幸福县域基础指数;主观指标是进行社会调查得出的县域居民满意度。县域相对富裕程度和县域相对绿色指数是居民满意度的客观前提和基础;居民满意度是县域相对富裕程度和县域相对绿色指数的追求目标和结果。居民满意度低的富裕程度和绿色指数是没有人文意义的,富裕程度和绿色指数低的居民满意度也不是大家向往和追求的。幸福县域建设指数测量的现实意义在于突出幸福县域应该是富裕县域、绿色县域和居民满意的县域。

(二)县域居民满意度

1.县域居民满意度内涵

县域居民满意度包含居民自我满意度、县域发展满意度和政府服务满意度。居民自我满意度是居民自己和家庭的总体满意度；县域发展满意度是居民对县域发展的总体满意度;政府服务满意度是居民对政府服务的总体满意度。

现阶段,政府服务满意度是具有综合性质的满意度,在中国特色的县域发展进程中具有特殊意义。县的发展,县委、政府是关键。政府在促进县域经济发展、加快县域社会建设、提供公共服务、维护社会公平正义和建设先进文化方面作用重大。政府能动性是县域居民幸福的重要影响因素。政府无论是大政府,还是小政府,无论是无限政府,还是有限政府,无论是法制政府、责任政府,还是阳光政府,都应该是服务型政府,都应该是为人民服务的政府,都应该是居民满意的政府。政府服务满意度是现阶段县域幸福指数的内在强烈要求。群众满意不满意是衡量政府工作的唯一标准。

2.县域居民满意度调查

居民自我满意度:通过对工作、收入、爱情、家庭、健康等满意度调查获得。

县域发展满意度:通过对县域发展满意度调查获得,县域发展可以分为经济发展、社会建设、先进文化、政治文明、环境保护等调查事项。

政府服务满意度:通过对政府服务态度、政府服务效率、政务公开、政府人员廉洁等满意度调查获得。

调查时可以将满意度划分为很满意、比较满意、一般、不满意、很不满意等五个等级,然后赋值、统计,计算出县域居民满意度。

3.幸福县域建设指数比较

幸福县域建设指数是“县域幸福指数”的相对数,不是绝对数。如果将影响幸福的因素分为物质发展和人的发展两个方面，人的发展相对于幸福概念的数值可以用人的满意度社会调查的方法来进行，而物质发展（如富裕程度和绿色指数)相对于幸福概念的数值如何换算是一个需要进一步探索的问题。因此,绝对的幸福指数是不好把握的，现实中进行的幸福指数测量都是基于一定条件和要求的相对的幸福指数。为了便于理解和区分,本报告提出“幸福县域建设指数”,其内涵除上文提到的内容外,其数值在测量时需要经过无量纲化处理,形成可用于比较分析的数值。如果增加样本或变化计算方法,其数值会发生变化。

4.县域居民满意度等级

县域居民满意度依据社会调查结果，分 A⁺、A、A⁻和 B 级等四级，具体规范为：

A⁺级：80 以上，相对满意(幸福)级县域；

A 级：平均值～80，一般偏上级县域；

A⁻级：60～平均值，一般偏下级县域；

B 级：60 以下，警示级县域。

三、幸福县域建设指数评价

(一)县域居民满意度调查

在第十一届评价中，中郡所委托陕西省社情民意调查中心和东北大学社会调查中心，于 2011 年 7 月对全国百强县进行了“县域居民满意度”独立调查。调查使用标准问卷，采用计算机辅助电话调查系统(CAT Ⅰ)，对每个百强县随机抽取 100 个有效样本，取得初步调查结果。

(二)县域居民满意度等级

县域居民满意度分居民自我满意度、县域发展满意度和政府服务满意度三项。依据调查资料，经统计分析、计算因子载荷系数和权重，得到每个县(市)的县域居民满意度。具体参阅《2011 全国百强县居民满意度调查报告》。

经统计，全国百强县居民满意度平均值为 77.76 分。为了便于分析比较，县域居民满意度按分数划分为四个等级，依次是：80 分以上为 A⁺级，平均值(77.76 分)～80 分为 A 级，60 分～平均值(77.76 分)为 A⁻级，60 分以下为 B 级。

经汇总，A⁺级有 27 个，占 21.60%；A 级有 36 个，占 28.80%；A⁻级有 62 个，占 49.60%；均高于 60 分，平均线上下县(市)数量基本相当。

(三)县域居民满意度前十位县(市)名单

全国百强县居民满意度调查排名前十位的县(市)是：内蒙古伊金霍洛旗、山东莱州市、山东茌平县、山东广饶县、河南永城市、山东诸城市、辽宁开原市、山西孝义市、辽宁庄河市、江苏江阴市，见表 4-10。

(四)县域居民满意度 A⁺级县(市)名单

全国县域居民满意度等级 A⁺级县(市)，即居民相对满意的百强县(市)共有 27 个，其中山东 13 个，江苏 3 个，浙江 2 个，内蒙古 2 个，河北 2 个，辽宁 2 个，河南 1 个，山西 1 个，新疆 1 个。具体见表 4-10。

表 4-10　2011 全国县域居民满意度 A⁺级县(市)名单

县域单位	居民自我满意度	县域发展满意度	政府服务满意度	县域居民满意度	等级
内蒙古伊金霍洛旗	90.60	91.92	83.40	88.62	A^+级
山东莱州市	87.25	84.69	81.57	84.45	A^+级
山东茌平县	86.86	8.91	77.65	84.44	A^+级
山东广饶县	85.69	85.25	80.78	83.88	A^+级
河南永城市	86.20	87.47	77.60	83.73	A^+级
山东诸城市	82.20	87.60	80.20	83.38	A^+级
辽宁开原市	87.00	85.71	76.60	83.04	A^+级
山西孝义市	84.60	85.51	78.80	82.95	A^+级
辽宁庄河市	84.08	85.54	79.03	82.87	A^+级
江苏江阴市	85.15	83.23	80.20	82.81	A^+级
山东滕州市	82.80	87.20	78.20	82.76	A^+级
山东寿光市	82.20	87.47	78.20	82.66	A^+级
山东邹平县	82.75	86.34	78.43	82.52	A^+级
山东章丘市	86.34	84.44	76.83	82.47	A^+级
山东高密市	85.49	81.44	80.20	82.30	A^+级
内蒙古准格尔旗	83.00	85.80	77.60	82.14	A^+级
河北迁安市	84.80	84.95	76.80	82.13	A^+级
新疆库尔勒市	83.10	85.84	77.17	82.01	A^+级
山东文登市	82.77	83.00	80.20	81.98	A^+级
河北武安市	88.12	81.21	76.63	81.85	A^+级
山东胶南市	84.20	82.37	78.80	81.74	A^+级
山东招远市	84.16	82.45	78.61	81.69	A^+级
山东新泰市	83.14	81.78	80.00	81.61	A^+级
浙江长兴县	84.80	83.47	76.00	81.36	A^+级
江苏建湖县	83.33	81.19	76.86	80.40	A^+级
浙江桐乡市	84.80	82.02	74.00	80.19	A^+级
江苏大丰市	84.40	82.02	74.20	80.18	A^+级

（五）幸福县域建设指数比较

我们把社会调查得到的县域居民满意度与已经评价的县域相对富裕程度和县域相对绿色指数结合起来，通过无量纲标准化处理，计算得到幸福县域建设指数。幸福县域建设指数必须与居民满意度、富裕程度和绿色指数结合起来才有实际意义。

我们将县域相对富裕程度和县域相对绿色指数组建成幸福县域基础指数，然后将幸福县域基础指数与县域居民满意度做成幸福县域建设指数坐标分析图，见图 4–5。通过对幸福县域建设指数坐标分析图的分析，可以非常直观地告诉我们可从客观和主观两个方面来加快幸福县域的建设。

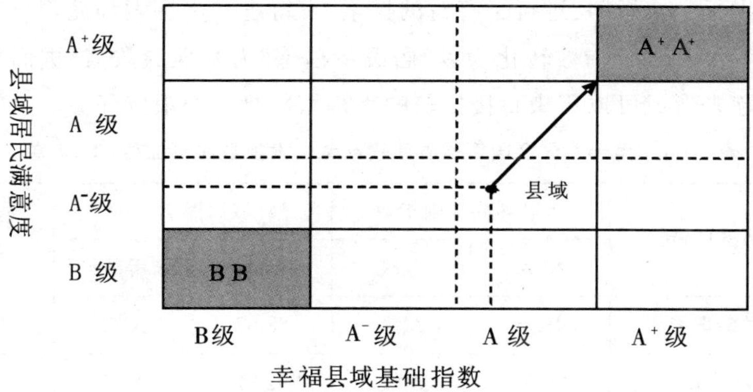

图 4–5 幸福县域建设指数坐标分析图

依据县域居民满意度等级和幸福县域基础指数等级，图中 BB 区域是幸福县域基础指数（富裕程度、绿色指数）和居民满意度最差的，是警示级区域；A^+A^+区域是幸福县域建设指数（富裕程度、绿色指数）和居民满意度最高的区域；处于其他区域的县（市）应向 A^+A^+区域方向努力工作。任何县（市）都可以通过评价县域相对富裕程度、县域相对绿色指数和调查县域居民满意度，在幸福县域建设指数坐标分析图中找到自己的位置。

幸福县域基础指数等级划分为 A^+级（85 以上）、A 级（基准值～85）、A^-级（60～基准值）、B 级（60 以下）等四个等级。在第十一届评价中，全国百强县的幸福县域基础指数均高于基准值，其中 A^+级 26 个，A 级 99 个。

这里提出的幸福县域建设指数是一个相对数，其数值会随样本总数和计算方法的改变而发生变化，所以报告中只列出幸福县域建设指数排在前十位的县（市）名单。幸福县域建设指数前十位县（市）是：内蒙古伊金霍洛旗，江苏江阴市，山东文登市,山东莱州市,浙江义乌市,江苏昆山市,山东广饶县,山东招远市,山东诸城市,辽宁庄河市。见表 4-11。

从幸福县域建设指数前十位县(市)的数据和幸福县域建设指数坐标分析图可以看出:提高幸福县域建设指数必须从客观基础和主观满意度两方面加强工作,弱一不可。

(六)幸福县域建设指数评价展望

这里的“幸福县域建设指数”是一个仅供在调查样本中进行比较分析的数值,是一个相对数,不是绝对数,意义在于强调指数的建设性,强调建设幸福县域要从客观和主观两个方面来开展工作。幸福指数评价是一个探索性工作,中郡所的报告提出了一个思路,进行了有益的探索,有待进一步探索和完善。特别是如何将富裕程度和绿色指数转化为以“居民幸福感”为基准的数值,进而与居民满意度结合起来形成可以用来直接比较的幸福指数是一个艰巨任务。

表 4-11 第十一届全国百强县幸福县域建设指数前十位县(市)名单

县域经济单位	幸福县域基础指数		县域居民满意度		幸福县域建设指数
	指数	等级	满意度	等级	
内蒙古伊金霍洛旗	87.68	A+级	88.62	A+级	0.9404
江苏江阴市	86.05	A+级	82.81	A+级	0.9218
山东文登市	93.58	A+级	81.98	A+级	0.9009
山东莱州市	87.51	A+级	84.45	A+级	0.8952
浙江义乌市	94.59	A+级	79.11	A 级	0.8887
江苏昆山市	97.13	A+级	78.45	A 级	0.8864
山东广饶市	82.43	A 级	83.88	A+级	0.8647
山东招远市	85.96	A+级	81.69	A+级	0.8591
山东诸城市	81.66	A 级	83.38	A+级	0.8557
辽宁庄河市	82.64	A 级	82.87	A+级	0.8550

第五章

县域特色产业发展

- 县域特色产业与县域经济
- 县域特色产业的评价选择
- 县域特色产业的培育与发展
- 县域特色产业集群化发展

第五章　县域特色产业发展

县域作为一个相对独立、相对完整的行政和经济区域,各县的自然资源、经济基础、文化背景及地理区位等情况均存在差异。县域经济就是特色经济,发展县域经济,就是要以市场需求为导向,以县域优势条件为依托,发展具有市场竞争力的产业和产品,逐步形成特色经济。

第一节　县域特色产业与县域经济

一、县域特色产业的内涵与特点

(一)县域特色产业的内涵

县域经济发展中的特色产业作为产业的一个类属，必然具有产业的一般属性:同类性与规模性。产业是具有某种同类属性的经济活动的集合。因此,构成县域特色产业的经济活动也必然具有这样或那样相同或相似的属性，其制造或提供的产品与服务具有相同或相似的使用价值或服务属性，或具有类似的生产技术、生产工艺、生产工具、生产流程和生产组织特征。另一方面,特色产业具有规模性或群体性。产业是一个集合概念,是某种同类属性经济活动的总和。一个企业构不成产业,多个企业也不一定构成产业。特色产业形成的标志之一,即是特色产品的制造或特色服务的提供形成了企业群体或产业链，达到了一定的产出量或服务量，拥有一定数量的专门生产技术人员和专门化的生产技术装备。因此,规模经营、产业化是产业从而也是县域特色产业的重要属性,但不是县域特色产业的本质属性。

县域特色产业是依据具有某种相同或相似关联方式划分出的县域内的产业类型。这种相同或相似关联方式就是特色,这是特色产业区别于县域内其他产业的根本属性。县域特色产业的“特”在于其产业形成基础独特、产品与服务的制造或提供过程独特、产品与服务的使用价值或品质独特。

1.县域特色产业的形成基础

资源要素是人类经济活动的前提,也是区域性产业形成的物质基础。资源,尤其是自然资源的空间分布具有非均衡性,从而形成了某种县域内资源富集的格局。资源要素在空间上具有不完全流动性。一方面自然资源这一类要素对地表的附着力很强,在常态下无法自行流动;另一方面,生产技术、生产工艺、人力资源、文化资源等虽然具有流动性,但受政治、经济、文化等因素的制约,其流动性也常受到限制。资源要素在空间上的不完全流动性导致了资源为某一县域专属和独占。资源的地域专属性和独占性是制造或提供县域特色产品与特色服务的基础,从而也是县域特色产业形成的基础。产业是社会分工的产物。资源的地域专属性导致了县域内以地域专属资源为特征,有别于其他县域的产业部门的形成。对某一县域来说,资源的专属性越强、稀缺程度越高,以此而形成的产业就越具有独占优势,其产业特色也越为突出。因此,独具特色的资源是县域特色产业形成的基础。

2.县域特色产业形成的重要条件

拥有专门化的生产技术装备和技术经济特点、专门化的从业人员是县域特色产业形成的重要条件。县域特色产业具有区别于县域内其他产业类型的显著的生产技术特征。从供给角度看,县域特色产业一般具有独特的生产技术、生产工艺、生产工具、生产流程和生产组织方式。这种独特的生产技术、生产工艺、生产工具、生产流程和生产组织方式或者来自于县域内传统的精良技艺,或者滋生于县域内独特的自然条件、社会文化传统,或者源于本县域强大的技术创新能力对科学发明、专利技术、专有技术的独占以及有效的开发利用。其独特的生产和管理方式为特色产品的制造提供了技术保障,为特色产品与特色服务的市场独占提供了条件,促进了生产经营规模的扩大和企业群体的形成,从而促成了特色产业的产生和发展。因此,独特的生产技术、生产工艺、生产工具、生产流程和生产组织方式是县域特色产业形成和发展的重要条件。

3.县域特色产业的核心

生产或提供特色产品与特色服务是县域特色产业的核心。县域特色产业与一般产业的根本区别在于其生产或提供了独具特色的产品与服务。因此,特色产品与特色服务是县域特色产业的核心和基础,也是特色资源以及特色生产技术与生产工艺的最终体现。特色产品与特色服务的“特”体现在具有与同类产品与服务相区别或不可替代的某种使用价值或服务内容，能够满足消费者的特殊需求。特色产品与服务是县域特色产业的核心，是县域特色产业形成的必要条件，但并非充分条件，也即一个县域能够制造或提供特色产品与特色服务并不意味着形成了县域特色产业。只有具备了一定的生产经营规模，在本县域国民经济活动中占有相当的比重，拥有专门的生产技术人员和专门化的生产技术装备与技术经济特点，具有一定的市场规模，才标志着县域特色产业的形成。

综上所述，县域特色产业可这样定义："所谓县域特色产业就是在县域范围内，根据非均衡发展理论，以市场需求为导向，立足本县域实际，选择重点发展产业，倾斜配置资源，以制造或提供特色产品与特色服务，发展局部优势的产业。它将成为整个县域经济发展的发动机和助推器，带动县域内其他产业的发展，从而使县域经济实力增强。"县域特色产业的核心是具有地方特色的产品与服务，其形成的基础是县域内独具特色的资源，其形成和发展的重要条件是县域所特有的生产技术、生产工艺、生产工具、生产流程和管理组织方式。

(二)县域特色产业的基本特征

1.地域性

县域特色产业的地域性是指县域特色产业总是依附于某一县域，地域性是特色产业的空间特征。一方面，特色资源是县域特色产业形成的基础，正是由于资源的地域专属性引致并强化了区域经济活动的专业分工与地域分工，促进了有别于其他县域的生产部门的形成。离开了特定的县域，也就失去了县域特色产业存在的基础。另一方面，独特的生产技术、生产工艺、生产工具、生产流程和管理组织方式是县域特色产业形成和发展的重要支撑。这些独特的生产技术、生产工艺、生产流程和管理组织方式往往植根于当地的自然地理条件、悠久的历史传统和社会文化习俗。离开了特定的县域，这些独特的生产技术、生产工艺、生产流程以及管理组织方式往往也难以传承和推广。因此，县域特色产业总是依附于特定的县域，否则县域特色产业将失去存在的基础和条件而不复存在。

2.优势性

县域特色产业的优势性是指县域特色产业具有地区比较优势。优势性是县域特色产业的经济特征。由于县域特色产业是以县域特有的资源、独特的生产技术和组织管理方式为基础和条件，其制造或提供的产品与服务与同类产品与服务相比具有显著的品质差异或具有不可替代性，能够满足人们的特殊需求，因而县域特色产业具有市场独占性和竞争性。一个产业的特色愈是突出，其市场独占性和竞争性则愈强,产业的比较优势也愈大。正是由于县域特色产业的优势性使得县域特色产业能够得以存在和不断发展壮大，进而可能发展成为县域优势产业和支柱产业。

3.层次性

县域特色产业的层次性是指一个县域可以拥有地域专属性或独占程度不同的多个特色产业。县域特色产业的层次性是由特色产业的地域性必然引申出的一个特征。县域特色产业总是相对于一定层级地域而言的,对于一个特定层级的区域而言,可能拥有地域专属性或独占程度不同的特色产业。直接依附于本县域的特色产业其地域专属性和独占性最强,产业特色也最为突出;依附于高一级地域如省域的特色产业也可能成为本县域的特色产业，只是其地域专属性和独占性降低。随着地域层级的提高,空间范围的扩大,其产业特色也逐步弱化,直至最终消失。县域特色产业的这种层次性,实质上反映了县域内不同特色产业比较优势的强弱大小。

4.竞争能力强,份额大

竞争力是指一地区或产业部门在竞争的环境中获得和支配资源的能力。它体现了对资源的挖掘和有效利用的能力。在市场经济中,没有特色的县域无法产生对资源的吸引力,没有特色的产品无法争夺市场。由于特色产品难以模仿,最能体现水平和优势,孕育着竞争力,能够使地区在竞争中取胜。因而县域特色产业份额一般都比较大,多为县域经济的支柱。

5.技术创新能力强

自 20 世纪 70 年代以来,科技日益成为经济发展的重要因素,特别是在知识经济时代,经济增长更多地依赖于知识和信息的生产、扩散和利用。由于生产同一产品的大量企业的集聚,使得它们能够按照专业化分工要求进行分工协作。各个企业生产某一产品或产品的某些部分,通过联合与协作形成“小而专、小而精、小而特”的企业集聚的生产格局。这种格局有利于技术分工与创新,使县域特色产业保持旺盛的创新活力。其次,县域特色产业的高效益及模仿的可能性使其特色产品存在激烈的竞争。而大部分自然资源的逐渐耗竭会削弱原有优势,也促使厂家不断进行技术开发,提高特色产品的科技含量,开发新产品,以弥补自然资源的不足。

二、特色产业在县域经济发展中的作用

县域经济就是特色经济，县域经济的发展应具有地域特色，这是与其地理区位、历史人文、特定资源相关联的。县域经济发展要“宜农则农”“宜牧则牧”“宜工则工”“宜商则商”“宜游则游”，注重发挥比较优势，突出重点产业，构造具有县域特色的竞争优势。比如亚布力的滑雪旅游、神农架的生态旅游、绥芬河的口岸经济、中关村的信息产业等等都是有特色支撑的产业。特色产业在县域经济发展中的作用有如下几个方面。

（一）提升县域竞争力

县域竞争力是地区经济发展中的重要资源。提高县域竞争力应立足于两方面：一是比较优势，即县域的资源禀赋；二是竞争优势，即县域对资源的挖掘和有效利用能力。县域竞争力正是资源价值和资源利用能力的共同体现，而经济全球化和科技的发展使比较优势作用逐步减弱，竞争优势作用显著增强。提高县域竞争力自然主要依靠后者，其关键是一个县域能否把资源特色转化为产业特色乃至市场特色。发展县域特色产业是用市场观念和手段培植资源，是在培育县域的产业竞争力、资本竞争力、人才竞争力、科技竞争力。说到底，发展县域特色产业就是提升县域竞争力，县域竞争力必须孕育于特色之中。

（二）提高经济增长质量，优化县域结构

县域经济发展的核心是县域结构的优化问题，主要包括产业结构和空间结构的优化，后者是前者在空间上的投影。经济结构不合理、布局不科学一直困扰着我国的经济发展。究其原因是各地未能充分发挥各自优势，产业趋同现象严重。解决问题的良方就是发展特色产业。对县域，发展特色产业，可使县域的经济发展基于本地的优势。从全国范围而言，各县域发展特色产业，就是发挥各地优势，彼此优势互补，打破地区封锁，促进全国统一市场的形成。只有这样，县域经济才能取得最佳效益，才能实现产业结构和空间结构的不断优化。

（三）实现县域经济可持续发展的必由之路

长期以来，我国许多县域一味重视总量的增长，忽视经济的内涵式发展。这只能造成“有增长、无发展”的历史苦痛，其后果是生态环境破坏严重，环境承载力显著减弱，可持续发展能力降低。特色产业的空间集聚有助于加强企业间联系，帮助企业进入以创新、质量等“高级优势”为基础的良性竞争轨道中去。而科技进步是实现可持续发展的根本措施。因而发展特色产业，能使各县域比以往任

何时候都更加重视科技创新,进而提高可持续发展能力。

第二节 县域特色产业的评价选择

县域特色产业的选择是一项复杂的系统工程，它的定量选择需要在遵循一定的原理和计算有关指标的基础上进行综合评判。由于研究者的研究角度不同和观点的差异,所选取的统计指标体系也随之而异,并得出不同的结论。我们在此按照选择评价体系和方法,对县域内产业进行评价,进而应用适当的选择模式和选择方法,对选择特色产业的思路进行描述。应当注意的是,这里选择的评价体系和方法、选择模式和方法只是众多方法中的几种,不是唯一方法。

一、县域特色产业的评价

(一)县域特色产业的评价标准

对县域特色产业的评价就是确定特色产业在该县域产业结构中的相对地位和在更大区域的同一产业内的相对地位。这种相对地位是通过比较而认识的,而比较基准的确定,对评价结果的准确程度极其重要。也就是说,评价特色产业,必须先确定评价标准。根据上述相关理论,县域特色产业应是以县域比较优势为基础,进行专业化生产,具有竞争优势的产业。因此,对县域特色产业的评价可以从它所具有的比较优势、参与地域分工的能力和竞争能力三方面进行考察。

(二)县域特色产业评价指标体系

根据上述评价标准,我们把反映产业的比较优势、专业化程度和竞争优势的指标作为评价县域特色产业的基本指标来构建指标体系。如表 5-1 所示：

1.比较优势指标

①比较劳动生产率：又称相对国民收入。其公式为：

比较劳动生产率=某产业的国民收入相对比重/某产业的劳动相对比重

通过对某一时间段的比较劳动生产率的动态测算,可以看出其变动趋势。如果某产业的比较劳动生产率大于 1 且呈上升趋势,则该产业具有良好的成长性。

②相对投资效果系数：它是为了量化特色产业的效率,它指县域内某产业的投资收益与全国全部产业平均投资收益的比例,是一个系数的概念。其公式为：

$$RI_{ij}=(\Delta Y_{ij}/\Delta I_{ij})/(\Delta Y/\Delta I)$$

式中,RI_{ij} 表示 i 县域 j 产业的相对投资效果系数,ΔY_{ij}、ΔI_{ij} 分别表示 i 县域 j

表 5-1 县域特色产业评价指标体系表

标准	指标	意义
比较优势标准	效率指标 比较劳动生产率 相对投资效果系数 生产规模指标 增加值占有率 增加值贡献率 利税占有率 市场规模指标 市场占有率 需求收入弹性系数 效益指标 成本费用利税率 产品输出指标 比较输出率系数	反映比较优势大小
产业专业化标准	区位熵 集中系数	反映产业专业化程度
产业竞争力标准	市场竞争优势指数 固定市场份额指数	反映产业竞争力大小

产业的国民生产总值增量和投资增量，$\Delta Y/\Delta I$ 表示全国各产业平均单位投资所增加的国民生产总值。当 $RI_{ij}>1$ 时，则表示在该县域该产业具备优势，且具有良好的成长性。

③增加值占有率：反映某产业增加值与本县域 GDP 的关系。其公式为：

增加值占有率=某产业增加值/本县域 GDP

④增加值贡献率：反映某产业增加值的增量在全县与 GDP 增量中所占份额大小，是反映未来水平、经济效益和规模的一项重要指标。其公式为：

增加值贡献率=(某产业期末增加值-期初增加值)/

(本县域期末 GDP-期初 GDP)

⑤利税占有率：反映产业综合经济效益及其对社会贡献的大小。其公式为：

利税占有率=某产业利税总额/本县域利税总额

⑥市场占有率的计算公式为：$S=(X_1/X_2)*(R_1/R_2)$

式中，X_1 和 X_2 分别代表该县域及其高层次区域某产业的年销售额，R_1 和 R_2 分别代表研究县域及其高层次区域同产业的人均年销售额，S 是某产业的市场占有率。S 数值越大，说明这个产业产品的市场容量越大，产业竞争力越强；反之，说明其在市场上占有的份额越小，市场潜力越小，竞争力越弱。

⑦需求收入弹性系数：是指在产品价格不变的情况下，人均国民收入增长1%引起某产业增长的百分比，用来反映某产业的社会需求量的变化对国民收入变化的敏感程度。其计算公式为：

某产业需求收入弹性=该产品需求增长率/国民收入增长率

当需求弹性 <1 时，表明该产品的社会需求量的增长低于国民收入的增长，市场容量不大；当需求弹性=1 时，表明该产品的社会需求量与国民收入同步增长，有一定的市场容量；当需求弹性 >1 时，表明该产品有较大市场容量。作为县域经济增长点的特色产业，必须以其产品有市场需求为前提。

⑧成本费用利税率=利税总额/成本费用总额

⑨比较输出率系数计算公式为：$CX=(X_{ik}/X_i)/(X_k/X)$

式中，X_{ik} 为 i 县域 k 产业产品的输出量，X_k 表示全国 k 产业产品的区际交换量，X_i 表示 i 县域 k 产业的产品的生产总量，X 表示全国 k 产业产品的生产总量。一般的特色产业的比较输出率系数都大于 1，数值越大反映区际商品输出率越高。

2.产业专业化指标

①区位熵：又称区域专业化率，在本体系中是指一个县域某种产业或产品生产在全国该产业或产品生产中所占的比重与该县域某项指标占全国该项指标的比重之比，其计算公式表述为：

$$R_{ij}=(e_{ij}/e_j)/(E_i/E)$$

式中，R_{ij} 表示 j 县域 i 产业的区域专业化率，e_{ij} 为 j 县域 i 产业的经济水平（如产值），e_j 为 j 县域所有产业的经济总水平（如总产值），E_i 为全国 i 产业的经济水平，E 为全国经济总水平。当 $R_{ij}>1$ 时，则说明 j 县域 i 产业有一部分是为县外服务，表示 j 县域 i 产业有明显的县域优势，它在一定程度上显示出该产业在国内的竞争力较强，R_{ij} 越大，则表明生产的区域化程度越高；当 $R_{ij}=1$ 时，则说明 j 县域 i 产业居于均势，或说明该产业在区域内优势还不明显；当然 $R_{ij}<1$ 时，则表明 j 县域 i 产业处于劣势。

②集中系数:集中系数是县域某产业的人均产值(或产量)与全国相应产业的人均产值(或产量)之比。计算公式为:

$$CC_{ij}=(e_{ij}/p_j)/(E_{im}/P_m)$$

式中,CC_{ij} 为 j 县域 i 产业集中系数;e_{ij} 为 j 县域 i 产业的产值;p_j 为 j 县域的人口;E_{im} 为全国 i 产业的产值;P_m 为全国总人口。若 $CC_{ij}>1$ 则说明 j 县域 i 产业比较集中。

3.产业竞争力指标

①市场竞争优势指数

市场占有率高的产业,产业的市场竞争力强,但用产值比重大小来计算市场占有率,难以全面说明产业的市场竞争力的大小。可以采用市场竞争优势指数反映产业市场竞争力的强弱,其计算公式为:

某市场竞争优势指数=(某产业销售收入/全国同产业销售收入)/(某产业总产值/全国同产业总产值)

指数大于1,说明产业具有较强的市场竞争力。

②固定市场份额模型(The Constant Market Share Model)指标(CMS)来比较各地方某产业竞争力变动(提高或下降)。县域产业CMS指标是指,县域产业销售收入增长率与为保持该县域该产业原有的市场占有份额应有的销售收入增长率之差。若其值为正,则表明该产业在这一时期竞争力相当于其他区域有所提高;反之,则表明该县域该产业竞争力下降。这一指标的优点在于,可以将由于产业竞争力的变动而导致的市场占有率变化部分,与由于其他原因(如经济景气波动、市场结构变动、需求变化等)而导致市场占有率变化的部分区分开,更准确地反映产业本身的竞争力所发挥的实际作用。

(三)县域特色产业的评价方法

目前综合评价县域特色产业可选用的方法比较多,它们的基本出发点都是以特色产业的评价指标体系为基础,计算某一指标值或综合值,然后进行评价比较。一般来说,单一指标难以客观评价一产业,多选用多指标的综合评价方法。

多指标综合评价法是随着经济现象的复杂化和社会发展的需求而逐步建立和完善的,它是从偏重于对经济现象的计量分析的价值综合指标方法,向重视对社会现象的计量分析的新的指标评价方法的扩展,它满足了众多指标统一的同度量问题,通过多个步骤的处理最终用一个总描述指标对事物进行总体评价。它的评价包含了若干个指标,这多个评价指标分别说明着被评价事物的不同方面,彼此间往往是异度量的，而且不存在一个统一的同度量因素。这种评价方法最终要对被评价事物做出一个整体性的评判，用一个总指标来说明被评价事物的一般水平。

从目前的发展来看，多指标综合评价的应用涉及了四类方法，分别是常规法、灰色度评价法、模糊评价法及多元统计分析方法。近年来，随着对社会经济问题研究的深化，我国在多指标综合评价方法的研究方面，取得一些进展，对充实和完善县域特色产业的研究方法具有重要的实用价值。本文采用一种常用的现代综合评价方法——主成分分析法，它是多元统计分析方法的一种。对于县域特色产业选择而言，所涉及指标的相关性一般比较大，这也是县域特色产业选择的评价指标所具有的一个显著特点，也正是主成分分析法最终成为县域特色产业评价的主要方法的原因所在。

1.基本原理

主成分分析法是研究用变量族的少数几个线性组合（新的变量族）来解释多维变量的协方差结构，挑选最佳变量子集，简化数据，揭示变量间关系的一种多元统计分析方法。其基本原理如下：

设 $X=(X_1,X_2,\cdots,X_p)$ 是 P 维随机向量，其中 $X_j=(X_{1j},X_{2j},\cdots,X_{nj})$，$j=1,2,\cdots,P$，若对变量 $X_1,X_2,\cdots,X_p$ 做变换，产生新的 P 个变量 $F_1,F_2,\cdots,F_p$，并使其满足：

①各个新的变量 F 都是原有变量的线性组合，$F_j=h_{j1}X_1+h_{j2}X_2+\cdots+h_{jp}X_p$，且要求 $\sum h_2 j_1=l(j=1,2,3,\cdots,P)$。

②各个新的变量之间互不相关，即 $\mathrm{Cov}(F_iF_j)=0,(i\neq j;i,\ j=1,2,3,\cdots,p)$。

③在上述条件下，各个新变量的方差尽可能大，但新旧变量的方差和不变，即 $\sum \mathrm{Var}X_j=\sum \mathrm{Var}F_j$。

显而易见，新变量是由原变量产生，且二者的关系是简单的线性关系。由于新变量之间互不相关，使各个新变量的意义独立、明确。新变量 $F_1,F_2,\cdots,F_p$ 依次代表了具有最大变异的方向，且各自包含了原有 p 个向量在该方向上的最多信息，分别称 $F_1,F_2,\cdots,F_p$ 为第 1，第 2，…，第 P 个主成分。当 $F_{k+1},F_{k+2},\cdots,F_p$ 的方差之和很小时，$F_1,F_2,\cdots,F_k(k<p)$ 等 k 个主成分就可以基本上反映出原变量 $X_1,X_2,\cdots,X_p$ 所含的有关信息。

2.基本步骤

用主成分分析法进行多指标综合评价的基本步骤包括：

①原始指标数据的标准化；

②求指标数据间的相关系数矩阵 R；

③求 R 阵的特征根、特征向量和贡献率等；

④确定主成分的个数 k；

⑤对主成分的经济含义做出解释；

⑥合成各主成分得到综合评价值。

3.主成分分析方法应用于县域特色产业的评价

评价和选择县域特色产业需通过由各种类型的指标构成的县域特色产业评价指标体系来进行，而这些指标对县域特色产业各方面的状况的说明程度各不相同，彼此之间又难免有一定的相关性，使它们在信息上发生重叠，从而导致评价结果不清，甚至发生矛盾。主成分分析法利用线性代数等有关理论，将原来众多指标转化为少数几个互相独立、并且由原来各单项指标的线性组合来表示的综合指标，恰能克服上述县域特色产业评价指标体系描述和评价县域特色产业状况和水平的不足。所以，在县域特色产业评价指标体系的基础上，应用主成分分析法能够较理想地评价县域特色产业的发展状况和水平。

应用主成分分析方法评价县域特色产业应遵循如下步骤：首先，根据实际情况，按县域特色产业评价指标体系整理原始数据；然后，分别采用主成分分析法评价各一级指标的发展状况；最后，计算县域特色产业评价综合值。

二、县域特色产业的选择

(一)县域特色产业的选取原则

对县域特色产业进行评价的目的是依据评价结果对其进行选择，但是县域特色产业的选取并不仅仅是根据评价值的简单选择，还要依据一定的选取原则。

1.市场导向原则

从一定意义上说，现代产业发展的主导因素是市场，它决定了产品和产业发展的动力和方向。市场导向原则要求根据市场的需求内容和变化规律，确定县域特色产业发展的主体、规模和层次。县域特色产业是市场经济发展的必然结果，必须以市场需求为基本出发点和立足点，从市场需求的千差万别和消费者的“偏好”中选出县域经济中的特色产业，生产适销对路的产品，占领市场，壮大产业规模，巩固优势。

2.发挥优势原则

区域优势是发展县域经济的物质基础。选取县域特色产业要求在众多的优势中强调最大的优势，在没有优势的情况下选择劣势最小者，以县域优势为基础，将县域优势转化为经济优势。从市场角度看，发挥优势原则要求在不断变化的市场中选择优势，提高产品的竞争优势，将资源优势转化为现实的优势。

3.重点突破原则

县域优势是相对的，因而可能存在多种相对优势。而在一定条件下，受县域经济发展水平的限制，很难有充足的人力、物力和财力去开发县域的所有优势。而且市场需求瞬息万变，县域优势也在不断变化中。在这种情况下，应有选择地、有侧重地，坚持"有所为，有所不为"的方针，选取那些优势明显、市场前景广阔的几个产业实施倾斜，予以重点发展。

4.动态规划原则

产业结构是一个动态发展的历史过程，县域特色产业也不例外。不同的时期经济发展的条件不同，不同的发展水平对资源的利用能力也各异。一个县域的生产要素结构，既取决于该县域的资源禀赋，又取决于其所处的发展阶段。选取县域特色产业必须用发展的眼光看待县域优势，坚持在动态发展中不断地规划，依据条件的变化，适时调整县域特色产业，在新条件下发展和壮大新的县域特色产业，营造不同时期的不同特色经济。

5.区域协作原则

加强县域和县域及其他区域的协调与合作。它既能使各个县域从整体利益出发，统筹规划，合理利用各自优势，集中力量发展县域内真正具有优势的、有特色的产业；同时又能使县域间在资源、资金、技术和市场信息上互通有无，优势互补，避免"残杀式"竞争，使不同县域都形成各自的县域特色产业，共同取得良好的经济效益。

(二)县域特色产业的选择模式

前面详细论述了县域特色产业的概念、特征、评价指标体系和评价方法及选择的原则，为县域特色产业选择奠定了坚实的基础。由于我国县域经济发展的不平衡，再考虑到各产业行业、部类繁多，不同的部类、行业在不同的县域发展中扮演着不同的角色和占据着不同的地位。因此说，实际上并没有一套完全绝对的、放之四海而皆准的县域特色产业选择的模式，而是须结合各县域实际情况，在实践中尽量利用一般模式再结合各县域的特殊性，使这套县域特色产业选择的模式在实践中得以完善和发展，使之最终成为一套县域经济研究中的成熟理论并加以推广应用。

这里试图通过构建县域特色产业评价指标体系及在此基础上的多指标综合评价方法来进行产业评价和定量分析，并主要以此为依据进行县域特色产业的选择。只是目前受现有的统计体系和统计制度所限，缺乏有关县域特色产业的统计数据，有关具体内容的指标我们还无法获得。因此在实践中，目前易采用定量分析和定性分析相结合的方法来选择县域特色产业。但随着统计工作的进一步发展，随着对县域特色产业选择的研究进一步深入，县域特色产业评价与选择的方法将更加完善。

我们认为，县域特色产业选择一般分三步进行：一是在分析县域自然条件优势、经济发展水平、产业发展基础及状况等的基础上，进行县域特色产业定性选择；二是根据定性选择的初步结果，对县域特色产业进行综合评价；最后，对评价结果进行分析、比较排序，选择适宜的县域特色产业，并根据相关经济理论和评价分析结果提出相应的政策建议。

1.县域特色产业定性选择

进行县域特色产业的评价与选择，定性分析是必不可少的。一是县域自然条件及经济状况决定了县域特色产业发展的方向，选择特色产业必须先分析县域资源及经济状况；二是选择县域特色产业，不仅要考察产业本身，还要考察县域经济发展目标，因此，必须分析县域经济发展水平和工业化阶段，选择出的特色产业应与该县域经济发展水平和工业化阶段相适应；三是县域特色产业的选择原则难以完全定量地描述出来，许多方面都需要定性的分析与比较；四是一般某一县域的产业门类较多，如果把这些产业都进行定量评价分析，则会增加收集数据、比较分析和选择的工作量和难度。实际上，一个县域中某些产业显然不能成为该县域的特色产业，理应排除这些产业，以利于进一步的产业选择。

(1)县域基本状况分析

一个县域自然条件优势、经济发展水平、工业化阶段、产业发展基础及状况等县域经济状况，是选择特色产业的基础。县域的自然条件决定了该县域的专业化部门，选择特色产业应以县域的区位优势资源条件作为选择的基本依据，以充分发挥该县域比较优势为前提。由于各县域存在着不同的发展状况，导致了各县域对特色产业选择有可能存在着极大的不同和极具差异的选择范围，各县域应选择适合自身发展水平的特色产业。在工业化的不同阶段，不同的部类、行业对不同的地区发展扮演着不同的角色，在工业化进程的不同阶段具有不同的地位，各县域应针对自身的工业化状况，对拟发展的特色产业进行合理规划。最后，县域现有的产业结构基础和状况,对特色产业的选择具有决定性的作用。产业选择的对象范围大部分就是该县域的现有产业选择，培育具有一定基础的产业成为县域特色产业,是各县域产业选择的一种重要方式。另外,分析县域产业结构状况,有利于优化产业结构。

(2)县域特色产业的定性选择

对特色产业的选择固然可以利用现有统计数据中可以量化的数据进行数量分析,但对于一些不能量化的因素和指标则必须借助定性方法进行定性分析。在定性分析的基础上,得出特色产业的初步选择结果,并以此为基础进行特色产业的综合评价。这样既可以使定量分析与定性分析相结合,避免单一的选择方式可能造成的选择结果的偏颇，在实践中又可以有效降低综合评价时收集数据和评价选择的难度。因此,综合评价之前的定性分析和选择是必要的。

县域特色产业的定性选择,是在综合分析县域自然条件和经济优势、经济发展水平、工业化阶段、产业发展基础及状况等的基础上,对县域特色产业的初步选择,实质上也就是为综合评价确定备选产业。这一选择过程可以从两个方面来进行:一是通过对县域基本情况的分析选择一些适合该县域发展的产业;二是排除一些不可能发展成为县域特色产业的产业。通过对二者的综合比较分析,基本能够确定该县域特色产业的备选产业。确定备选产业,既可以确定进一步选择的范围,又可以减少后续步骤的工作量。

究竟如何进行定性分析,选择县域特色产业的备选产业?结合以上分析可考虑从以下几个方面来进行:

一是通过对县域自然条件和经济要素状况的分析，基本可确定该县域适于发展产业的方向和类型。如资源富集和劳动力充裕的县域适于发展资源密集型或劳动密集型产业等,自然资源丰富的县域宜建立资源主导型产业结构,自然资源匮乏的县域宜发展制造业等。

二是分析县域经济发展水平和工业化程度，确定该县域产业发展的具体门类。特色产业选择的最终目的是发展壮大县域特色经济,选择县域特色产业不仅要依据产业选择原则,还要符合县域经济发展目标,这是原则性与目的性的统一。

三是分析县域产业基础和结构状况。一方面要关注现有产业,这是产业选择的对象,是进一步选择的基础;另一方面,要关注产业结构,选择出的县域特色产业要有助于优化县域产业结构。

四是排除某些产业,这些产业不可能发展成为县域特色产业,如基础产业等。

2.县域特色产业的综合评价

产业的评价是县域特色产业选择的中心环节，也是关键性步骤。以县域特色产业评价指标体系为基础，收集相关数据，运用适当的评价方法，对备选产业进行综合评价，计算出各备选产业的综合评价值，并按评价值大小排序。对产业综合评价是县域特色产业的定量选择过程，是对定性分析所确定的备选产业进行综合评价，以较为精确的分析选择县域特色产业。综合评价过程大体可按如下步骤进行：

(1)收集数据和计算选择指标。首先应该收集数据。对照评价指标体系，查阅县域统计年鉴、经济年鉴、工业年鉴或专业统计资料，收集评价所需的相关指标的数据。不能直接获得数据的指标要逐一计算出其值。在评价过程中，收集的数据应是同一时点的数据，如同一年或同一时段。

(2)综合评价方法的选择。由于决定县域特色产业的因素涉及面广，指标数量较大，不同产业的各指标值间又互有高低，无法用某一个指标值来代表县域特色产业的发展水平。基于县域特色产业的多元性，可以选用把多个指标化为一个或少数几个综合指标的综合评价方法——主成分分析法进行县域特色产业选择。这是由方法本身的特点决定的，也是由特色产业的特点决定的。

(3)综合评价过程。收集和计算出备选产业的相关数据后，就可以对这些备选产业进行综合评价。可选用SAS或SPSS统计分析软件辅助分析，对初选出的备选特色产业进行综合评价，分别计算出各个产业的综合评价值。综合评价值应进行排序，以利于进一步的分析。

3.县域特色产业选择的综合分析

定性选择的结果需要用定量方法来检验，用定量方法确定产业发展次序，定量选择的结果也要符合县域基本情况和县域发展目标，只有结合起来综合分析，才能最终确定县域特色产业。选择出适宜的县域特色产业，还要根据相关经济理论和评价分析结果，提出相应的政策建议。这包括：确定特色产业的数目，根据不同县域的经济条件和发展水平，一般是选择2～5个产业作为县域特色产业；确定特色产业发展的批次，哪些优先发展，哪些产业值得关注；根据对综合评价的过程和结果的分析，分析各产业内部的状况，确定各产业内部发展重点，有利于这些产业的快速发展。

县域特色产业的综合分析也较重要，原因有以下几个方面：

(1)确定拟发展的县域特色产业的个数,需将评价结果与该县域的资源状况、经济发展水平等因素结合起来考虑，特色产业数目过多过少都对县域经济发展不利;

(2)定量分析结果与定性分析可能不一致,需对评价选择过程进行再考察,分析原因并进行修正;

(3)对特色产业的定量评价,其基础是该县域现有产业,而现有产业不一定符合该县域资源和经济状况,可能存在产业结构扭曲现象,而综合分析有助于使所选产业有利于优化该县域的资源配置和产业结构;

(4)应该对县域内所选出的特色产业的相关指标和内部结构进行分析,以利于制定科学的产业发展政策。

选择出了县域特色产业,还应结合经济理论与实证分析过程及结果,对县域特色产业的培育和进一步发展提供政策建议。这既是对评价选择过程的完善,也是体现理论分析与政策设计相结合的原则。运用该模式科学地选择县域特色产业,每一环节都是至关重要的,否则,难以获得满意的结果,会使选择过程失去意义。因此,正确使用该模式,也是成功选择县域特色产业的关键。

(三)县域特色产业选择方法

上面介绍的县域特色产业选择模式考虑的因素比较全面，内容涉及了一些需要主观考核的内容。下面介绍一种基于模糊层次分析的县域特色产业选择方法,侧重于量化分析。

1.模糊层次分析法的基本原理

模糊层次分析法是层次分析法与模糊综合评价法的结合。层次分析法通过两两比较的方式确定层次中各指标的相对重要性,再利用熵值法进行调整,能够较为客观、准确地得出各评价指标的权值,减少人为因素的影响。模糊综合评价法可以对评价对象的优劣程度用优、良、差等模糊概念来描述,便于处理一些不好处理的模糊信息。使用模糊层次分析法构建县域特色产业选择模型的步骤如下:

①指标权重的确定。首先,运用层次分析法初步确定各指标的权重,通过建立层次分析模型,根据有关因素的重要程度,使用1～9标度法构造比较判断矩阵,然后确定出权重 $A=\{a_1,a_2,\cdots,a_n\}$,并进行一致性检验。然后,运用信息熵值法对指标的权重进行调整:a. 计算指标 j 的熵值 $e_j=-k\sum_{i=1}^{m}p(X_{ij})\ln p(X_{ij})$,其

中 $p(X_{ij})=X_{ij}/\sum_{i=1}^{m}X_{ij}$,$k>0$,$0\leqslant e_j\leqslant 1$。b.计算指标 j 的差异性系数 $g_j=1-e_j(j=1,2,\cdots,n)$,定义差异性系数向量 $G=(g_1,g_2,\cdots,g_n)$。当对于给定的指标 j 的各指标值相差越大时,即 g_j 越大、e_j 越小时,则该项指标对于待评选产业所起的作用越大,该指标越重要;当 X_{ij} 全部相等时,即 $e_j=e_{max}=1$ 时,此时指标 j 的作用几乎为零。c.对层次分析法得出的原始权重进行调整:$b_j=a_j\times g_j$, $j=1,2,\cdots,n$。经过归一化处理 $W_j=b_j/\sum_{j=1}^{n}b_j$ ($j=1,2,\cdots,n$)后,即可得到熵值法调整后的权重向量 $W=(W_1,W_2,\cdots,W_n)$。

②确定评价因素集 $U=\{U_1,U_2,\cdots,U_n\}$,其中 $U_1,U_2,\cdots,U_n$ 表示 n 个评价指标。

③确定评语集 $V=\{V_1,V_2,V_3,V_4,V_5\}$={"很差","差","一般","好","很好"},可将评语集量化为 $E=\{1,2,3,4,5\}$。

④建立模糊评价矩阵 $P_i=V_{jk}$, 其中 V_{jk} 表示该产业第 j 个指标处于第 k 级评语的隶属度。对于每一个评价因素 U_j 都需要构建一个评语集 $V_j=\{V_{j1},V_{j2},V_{j3},V_{j4},V_{j5}\}$,从而构成模糊评价矩阵

$$P_i=\begin{pmatrix}V_{11} & V_{12} & \cdots & V_{15}\\ V_{21} & V_{22} & \cdots & V_{25}\\ \vdots & \vdots & & \vdots\\ V_{n1} & V_{n2} & \cdots & V_{n5}\end{pmatrix}$$

⑤计算各产业的综合评价值。利用矩阵的模糊乘法确定方案的模糊综合评价向量 $B_i=W\otimes P_i=\{b_{i1},b_{i2},b_{i3},b_{i4},b_{i5}\}$, 其中 i 表示各个产业,$\otimes$为模糊算法,b_{ik} 表示在各指标不同权重的情况下,对第 i 个产业各方面综合考评的结果。则各产业的综合评价值 $C_i=\sum_{k=1}^{5}V_k b_{ik}/\sum_{k=1}^{5}b_{ik}$, 然后根据 C_i 的值进行各个产业的综合总排序。

2.实例分析

某县地处中东部地区,有其特有的自然资源和工业基础,但是经济发展水平一般,近些年来未取得明显的进步。根据该县经济发展现状、资源禀赋以及各产业发展水平,首先对该县的产业定性地进行了粗略筛选,根据有关统计数据资

料，得到各备选产业的指标值。由层次分析法和熵值法调整后得到的权重值如表5-2。

表 5-2 某县备选产业各指标值及权重(%)

指标	钢铁制造业	旅游业	化学工业	纺织业	原始权重	调整后的权重
区位熵	1.03	0.86	1.18	0.78	0.207	0.173
产业增加值率	0.08	0.06	0.09	0.03	0.102	0.100
技术要素相对密度	0.85	0.50	0.62	0.74	0.109	0.155
市场占有率	0.62	0.33	0.52	0.14	0.131	0.142
需求收入弹性	1.76	2.90	2.10	1.32	0.046	0.041
就业吸纳率	0.21	0.08	0.14	0.18	0.038	0.032
感应度系数	2.19	1.13	2.56	1.79	0.025	0.023
影响力系数	1.02	0.61	1.15	1.20	0.050	0.032
投入产出比率	0.70	0.57	0.62	0.36	0.095	0.078
总资产贡献率	0.37	0.11	0.25	0.10	0.191	0.224

再根据上述模型综合评价方法中的步骤，通过计算得到该县各产业的综合评价值，并进行总排序，如表 5-3 所示。

表 5-3 某县各产业综合评价值及排名

项目	钢铁制造业	化学工业	旅游业	纺织业
综合评价值	3.74	3.05	2.18	1.87
排名	1	2	3	4

从以上的数据分析可以看出，该县钢铁制造业的综合评价值最高，其次为化学工业、旅游业和纺织业，因此，该县应该以钢铁制造业和化学工业作为其特色产业，并通过特色产业对其他产业发展的带动作用，促进该县的产业结构优化和县域经济发展。

第三节　县域特色产业的培育与发展

发展特色产业,实现跨越式发展,从根本上说就是创新的体现,它首先要求必须更新观念、解放思想,就是打破传统的思维方式、经济观念,树立新的思维和观念。特色产业在县域经济发展中发挥着越来越重要的作用。培育和发展县域特色产业是一项复杂的系统工程。

一、做好县域特色产业规划

制定科学的县域特色产业发展规划,这是培植县域特色产业的主要环节。实际上,特色产业的培植作为县域经济发展战略的一部分,对于县域经济发展意义重大,影响深远,既不能急于求成,一蹴而就,也不能盲目冒进。这就要求,特色产业的培植必须有步骤、有计划、分阶段地进行。因此,一方面,必须加强资源的普查与勘探工作,弄清资源分布状况。在特色产业的培植过程中,县域有什么优势资源、优势程度如何、开发可能性大小等,心中必须有数。在培育过程中必须把产业发展与发挥县域优势结合起来,把特色产业现状与发展远景结合起来,把特色产业发展与改善环境质量结合起来。

发展县域特色产业,既要面向市场,以市场为导向,又要找准本地传统产业和资源优势中的亮点,使市场需求与本地优势有机结合。有优势才会有特色,有特色才会有竞争力,有竞争力才会有活力。

不同县域都不同程度地有发展某种产业的多种有利条件和要素, 即凸显的或潜在的优势,包括人文、地理、资源、技术、观念等方面。这些优势概括起来有三种基本情况,即自然资源优势、社会资源优势和综合优势。自然资源优势是县域发展特色产业可以利用的最便捷、成本较低、启动较易的主要和首选途径。与自然资源一样,人力资源、科技、资金、信息等社会经济资源对特色产业发展有着同样重要的影响。如果自然资源、社会资源都不占优势,照样可以发展特色产业,因为市场经济条件下,生产要素的配置是跨越县界、省界甚至国界的,是在大市场中配置资源的。因此,只要有组织生产要素发展特色产业的人才,没有资源可以引进资源,没有技术可以引进技术。不论是通过对自然资源的挖掘与提高使特色产业占有优势,还是通过拓宽思路,全面看待资源优势,使特色产业具有顽强的生命力和无穷的活力,都应以市场为导向,充分利用优势,依托优势,变资源优势为产品优势、市场优势，进而转变为特色产业优势，使比较优势成为形成和发展县域特色产业的有利条件。

二、加快县域政府职能创新

创新是一个民族进步的灵魂，是一个国家兴旺发达的不竭动力，也是一个政府效率的源泉。实现县域经济的跨越式发展，必须加快政府职能创新，充分发挥政府的积极作用。因为政府既是思路创新的排头兵，也是科技创新的组织者，更是体制创新的设计者和积极推进者。政府在现代经济增长中发挥着不可替代的作用。没有政府职能的创新，其他创新都是难以实现的。加快县域政府职能创新，首先必须明确政府职能创新的目标，这就是要适应社会主义市场经济和世贸规则的要求，促进县域经济跨越式发展。

(一)树立服务型政府的观念

更新观念是职能创新的前提，要实现县域政府管理职能创新，首先必须从更新观念入手。解放思想，更新观念，就是管理观念要适应市场经济和跨越式发展的要求，由管理观念变更为服务观念，从主要是进行干预转向主要是提供服务，从主要是为国有企业服务转向为所有企业服务，从主要是直接的微观管理转向主要是间接的宏观管理，从政府无处不在、无所不能、无事不为转向政府只做市场不为、市场不能和市场不在的事情，从人治转向法制，提高政府管理的民主化、科学化、法制化水平。其中，特别重要的是要树立大局观念、市场观念、服务观念和法制观念。

(二)履行服务经济发展的职能

履行服务经济发展的职能，主要是为企业和市场提供公共服务的职能。在转变县政府职能的过程中，关键是要正确处理好县政府与企业、县政府与市场、县政府与社会的关系。正确处理这些关系最根本的是要科学定位县政府的角色。我国县政府兼有两种角色，它既是社会公共权力的代表，又是国有资产所有者的代表。转变县政府角色，必须强化社会公共权力代表的角色，而弱化国有资产代表的角色。其中最关键的是要加快投资体制改革，严格限制县政府的投资行为，把县政府投资的重点放在基础性、公益性项目上，促使国有资产实现从主要是经济领域到主要是社会领域和公共产品领域的战略性转移。在县政府与企业的关系上，应当明确企业是市场的主体，是“运动员”，而政府则是保证企业公平竞争的“裁判员”，县政府应该把企业的经营决策权真正交给企业，让企业按照市场信息做出决策而不是按照县政府的指令来运营，县政府可以监督县域内国有资产的保值增值，但不应直接干预企业的经营活动。在县政府与市场的关系上，应当明确市场是资源配置的基础手段，县政府应创造条件保证市场作用的正常发挥，只要是市场能够办到的就由市场去办，市场办不好确实需要县政府办的事情，县政府才能适当干预。在政府与社会的关系上，应当明确，凡是社会能够管理的，就交给社会去管理，同时，县政府在公共政策的制定和政策方案的选择中，必须积极推进社会团体、组织及个人的民主参与，广泛听取其意见和建议，实现决策的民主化、科学化。

(三)制定促进特色产业发展的政策

从现实角度讲，当前发展县域特色产业，必须制定配套政策，拿出具体的扶持政策，要有吸引力并且越明确越好。一是要制定发展规划，对特色产品和市场要有明确的标准；根据规定的标准，选择确定一批特色产品和市场，统一进行规划。二是要增加投入，对确定为特色产品、市场的项目，要加大资金扶持力度，采取多种形式支持发展。三是要进一步明确奖惩责任。把发展县域特色产业纳入党委、政府目标奖惩责任制；鼓励辖区内部门和单位放手发展县域特色产业；对发展县域特色产业成效突出的单位给予重奖，对落实不到位的单位或个人给予严惩；建立县域特色产业定期统计核算体系，不断提高县域特色产业管理水平；要加强对县域特色产业的领导，有组织、有计划、有步骤地抓好这项工作。

三、加强市场的管理与培育

特色产业在一个地方的发展，在很大程度上取决于有规模、有特色的市场的发展。有特色无规模，形不成优势，有了规模但没有市场，会造成更大的损失。因此，在发展县域特色产业的过程中，应遵循依托产业建市场、发展市场兴产业的原理，加强市场建设和管理。

(一)加强市场建设

加强市场建设可以从四个方面展开：努力开辟、建设和完善各类综合市场和专业市场，以大市场、大流通带动县域特色产业的发展；积极组织和参加全国或地区性的商品展销会、交易会和商贸洽谈会，给特色产品以更多的展示机会，提高特色产品的知名度；广泛推行连锁销售制度和特色产业产品代理制度，鼓励吸引有实力的销售企业经销特色产业产品；由县政府出面，组织相关管理机构、企业建立权威的县域特色产业信息网，将县域的特色产业、特色产品和龙头企业的情况通过网络传输到全国和世界市场。

由于产业间的属性不同,在市场建设时要充分考虑特色产品的属性,做到有针对性。一般来说,农产品的附加值低,但运输成本对农产品的销售价格影响大,故其市场要符合规模大、交通方便的要求,同时又要求市场接近生产基地,故适宜采取专业市场的形式。相对于农业产品,运输费用在工业品特别是高新技术产品中所占比重不高,但产品对市场供求信息要求高,所以工业产品的市场宜分布在市场信息比较灵敏的城市特别是一些大中城市。但在家庭工业、手工业发达的县域,其特色产品具有产品技术含量低、类别复杂的特点,因而宜建设综合市场。而在自然资源丰富的县域,适宜建设专业市场。对于旅游资源丰富的县域,应将重点放到信息市场的建设上。

(二)突出专业市场

在特色产业发展良好的县域可以看到有许多专业市场。其对特色产业的推动作用显著:产生集约效应,使未达到规模经济要求的中小企业享受已有的销售网络和信息来源,节省搜集交易对象方面的费用;产生专业化效应和联动效应,拉动市场周围经济实体的专业化生产和经营,形成专业化生产区域;降低交易的不确定性风险成本。卖方摊位的固定性及较为标准化的交易行为既有利于双方契约关系的形成,也有利于降低谈判成本,减少风险。鉴于专业市场较其他市场具有更大的优势,各县域更要加强专业市场的建设。

(三)加强市场管理

对于市场的管理可以从以下三个方面展开:放宽市场准入,取消各种不合理的市场准入限制,打破行政性的市场分割和地方保护,除涉及国家安全和国家有特殊规定的行业外,允许和鼓励各种经济主体参与投资建设和经营,为多种所有制展开公平竞争、共同发展创造宽松的市场环境;规范市场秩序,加强法制建设,维护公开、公平、公正的市场竞争原则,打击假冒伪劣产品,保护知识产权,规范和严格商业信用和银行信用,对违反合同和契约的行为加大法律制裁;打破地区封锁和市场要素自由流动的障碍,完善市场形成的供求形成价格的机制,促进要素自由流动和提高市场培植资源的效率,促进县域市场与全国、国际市场的融合。

四、加大科技投入促进技术进步

(一)坚持以科技为先导,全面推进企业的技术进步,从而推动县域特色产业整体水平的提高

发展县域特色产业,科技进步是一个重要因素。只有先进的技术和设备,才能开发具有国际国内领先水平的,具有高科技、高附加值的新产品,企业在市场竞争中才能立于不败之地,才能形成具有竞争力的企业品牌。优势资源、特色资源与现代科技相结合,才能形成特色产业和支柱产业,才能带动县域经济的快速发展。科学技术的运用和创新是发展县域特色产业的不竭动力和源泉,没有科技含量或科技含量不能提高,就形成不了县域特色产业,现有的特色也会退化掉。

对于县域特色产业,第一,要充分发挥科研基地的带动作用及科研单位的龙头作用。提高科技竞争力的关键是要把科研机构变为技术创新的主体,要达到这一目的,就必须加强基础建设,强化技术创新意识和行为的外部激励约束机制。同时积极引进国内、国外的先进技术、生产设备、现代工艺,对现有的县域特色产业进行技术改造,提高科技含量,促进产业结构的优化升级,以规模优势转变为技术优势、品牌优势。第二,要鼓励企业增加对科技研发和人才引进的投入,与大专院校、科研院所、大企业联合,采用资金、技术入股等形式,培养、引进、留住人才,为企业发展提供科技支撑。第三,加强科普培训和新技术的推广与应用,使企业员工熟练掌握现有的成熟的新工艺、新技术和新方法,努力提高产品质量。第四,重视企业自身的技术创新,不断提高传统产业中的高新技术含量,提升企业的技术装备水平,加快形成以企业为中心的科技创新体系建设。

(二)打造区域品牌,提升区域品牌形象,促进县域特色产业发展

依靠科技形成的县域企业品牌乃至产业品牌对特色产业的发展具有很大的作用。品牌代表一个地区的产业竞争力。区域形象品牌是指某个地区内产业集聚所形成的标志,如法国香水、日本电器、瑞士手表等。区域品牌以企业品牌成长为基础,只有拥有一批好的企业品牌,才能树立好的区域形象。区域形象品牌具有外部性,具有良好的知名度和美誉度的区位品牌,必然能带动区域内企业品牌的成长,而影响不好的区域品牌则会使地域内企业品牌蒙上难以摆脱的阴影,压制区域内企业的发展。所以发展县域特色产业必须创立自己的品牌,注重品牌认证,扩大宣传,加快实施创名牌战略,直至创造名牌。

特色产品不等于名牌产品,有特色无名牌,不是真正的优势。只有既有特色,

又形成了名牌，县域特色产业才能不断发展壮大。而庞大名牌群的出现无疑会对提升县域特色产业整体素质和综合竞争力起到积极的作用。因而发展县域特色产业不能仅仅局限于特色产品的生产上，而是要走品牌化道路，实施名牌战略。所谓名牌战略是指围绕着自己的资源优势、产业结构特点、经济发展规模和实力而拟定的创名牌的目标、规划和步骤。实施名牌战略，县政府和企业应有正确的分工，做到有所侧重，分步骤、分层次实施。县政府主要是搞好名牌的地方推进，为名牌的脱颖而出和更加辉煌创造条件，就是要综合地评价县域已有名牌和发展潜力大的优秀产品，按照世界名牌、全国名牌和地方名牌三个层次，合理规划名牌梯队与结构，依据各产品所在的层次，实施不同的发展战略来加以发展。企业则主要是解决名牌的成长问题，即围绕产品战略、质量战略、商标和包装战略、科技战略等来展开，按照创造名牌、经营名牌、保护名牌、更新名牌的步骤，加强产品商标的注册，制定正确的营销策略，不断推进技术创新，提高产品质量，强化售后服务，并结合企业文化，提升品牌的文化内涵，将名牌产品推向更广大的区域，确立名牌产品的市场地位。

五、加强国际和国内的交流与合作

加强区域协调与合作是现代经济发展的必然趋势。这主要包括两个方面：一是县域内部的协调与合作，可以使整个县域从整体利益出发，统筹规划，充分合理地利用各个组成部分的优势，集中主要力量发展其县域内真正具有优势和特色的产业，形成规范化生产和经营，克服“小而全”“窝里斗”式的“特色而不规范”或“规范而不经济”，从而形成实实在在的特色产业。二是加强区域间的协调与合作，包括县域之间以及县域和其他类型区域之间的协调与合作，可以使区域间在资金、技术、资源和市场信息等方面互通有无，形成优势互补，从而避免“相互封锁”的“残杀式”竞争，这样可使得不同县域都形成各自的特色产业。

扩大对外开放，加强与国际和国内的交流与合作，是企业做大做强的一条重要途径。扩大对外开放，不仅可以引进技术、设备和人才，还可以引进项目和资金。另外，扩大对外开放，加强国际和国内的交流与合作，还可以积极展示和树立本地企业的良好形象。

六、完善现代化的人力资本市场

当今世界科学技术日新月异，产品技术更新的周期越来越短，县域要将资源优势转化为经济优势，就必须对从事各种产业的劳动者素质提出更高、更严的要求。县域的开发，外因是条件，内因是根本。县域内一般教育文化水平较低，劳动力整体素质不高，这严重阻碍了县域特色产业的发展。因此，应大力发展教育事业。开发人力资源是非常关键的基础性因素，没有人口素质的提高，县域特色产业很难取得大的进展。只有通过劳动者素质的提高，把负担转化为人力资本，把人力资本转化为直接生产力，才能奠定县域特色产业的发展基础。人才需要教育培养，根据各县域的县情，应大力发展所需的教育事业，培养一大批应用高技术的专门人才。对于大多数县域来说发展高等学校教育可能力不从心，但可以大力发展高等职业技术教育，根据市场经济的需求，培养县域特色产业建设急需的专业人才，为振兴县域经济提供更加有力的人才支持和智力服务。

县域缺乏人才、技术、资金是发展特色产业的瓶颈，更是制约县域经济发展的最大障碍。县域特色产业实现跳跃式发展，主要通过部分产品知识含量的提高来实现。尽管关键性的技术可以通过引进的方式获得，但产业的长期发展仍然有赖于高素质的产业技术人才。然而，县域仍然还存在人才留不住、人才引不进的尴尬局面。因此，必须培养并完善现代化的人力资本市场，通过市场掌握各项人才的供求状况，利用价格机制刺激某项专业技术人才的供给，使专业技术人才能够通过市场实现自身的价值。只有这样，才能留住并引进提升产业所需的人才。留住并引进人才应针对各县域的实际，找出相应的策略。最基本的有以下几点：首先要依靠政策留住人才，培养和使用好人才。人才是创新的主体，是实现跨越式发展的关键。在人才的引进上，要破除排外思想，为县域加快发展积蓄更多的人才资源，创造一个引得进、留得住、用得好的政策、体制和社会环境，为之提供一个发挥才能的舞台。其次要注重引进，认真贯彻落实党委、政府制定的方针政策，做好引进工作。引进要全方位多层次并举，要面向国内也可以面向国外，可以项目和企业一齐来，也可以县域注册内地甚至国外建厂，总之什么方法都行，要通过引进共同发展。

七、构建县域特色产业体系

特色产业一般都具有集聚性。在一定区域内，某一产业集聚度的高低，不仅会在规模经济与不经济方面对产品的成本产生影响，而且还会对区域化产业群体的形成，以及价格竞争力的高低产生影响。构建县域特色产业体系应根据比较优势，有意识地把县域特色产业的链条向关联产业和关联企业延伸、辐射，精心构筑特色产业群落，形成具有县域特色的低成本优势，培育县域企业和产业经济竞争能力。从链条看，还可以利用产业间的“提携”效应和外部经济效应进一步培育正在发展中的县域特色产业。

各地在考虑县域特色产业发展时，应该根据各县域资源优势构建不同的特色产业体系。要围绕县域特色产业，积极引进高新技术，搞好农产品的深加工，延长农产品的增值链，要依托县域资源优势，发展特色工业，同时要大力发展农村第三产业和个体、私营、联营经济，从而促进县域内人口资源、环境与经济社会的协调发展，以保证县域经济的可持续发展。

综上所述，县域特色产业是县域经济实现跨越式发展的必由之路。因此，必须冲破传统的思维方式和发展模式，用新思路、新方法、新机制、新举措，去统筹规划和推动县域特色产业的发展。要抓住机遇，审时度势，勇于探索，不断创新，正确认识和把握优势，挖掘优势，发挥优势，发展优势，大力培育和壮大县域特色产业，努力实现县域经济的腾飞和跨越。

第四节　县域特色产业集群化发展

一、产业集群促进县域经济发展作用分析

产业集群的发展，不仅能够创造大量的就业机会，还能使当地人口的富裕程度得到提高。因此，很多地方政府都把经济政策重点转向促进地方产业集群的培育、发展和升级上。产业集群对县域经济发展所起的推动作用，主要体现在以下几个方面。

(一)产业集群推动县域经济市场化进程

改革开放以来，我国经济发展取得了举世瞩目的成就，但对县域内的经济实体来说，其市场化改革的深度与广度落后于城市经济的改革。而县域经济的市场化对县域经济发展和县域经济竞争力则是至关重要的。产业集群对县域经济市场化进程的推动主要反映在生产要素市场发育、产品市场培育、社会中介服务市场完善等三个方面。

1.促进生产要素市场发育

生产要素市场发育程度是衡量地方市场化进程的重要指标。生产要素主要包括人力资源、知识资源、自然资源、资本及基础设施。对县域经济来说，由于土

地与劳动力供给相对充裕，基础设施主要依赖于政府的投资，因而，县域生产要素市场发育主要集中于资本和知识资源这两个因素。

一个产业在县域内集聚，则意味着更多的就业机会和较低的流动风险。这无论是对技术工人还是高级人才都具有相当的吸引力。所以产业集群能够吸引高素质人员的流入，由此带来与该产业有关的各种知识资源在县域内集聚。而这必然需要县域内建立起对知识资源和人才资源的优化配置机制，促进县域内人才市场的合理发展。

2.推动产品市场发育

市场化经济必须要有一个高度发育的产品市场，产业集群中民营企业的大量存在与各种要素市场的市场化，必然导致产品的市场化。而在一个产业集群内，产品的交易往往具有对象广泛、交易量大、品种丰富、方式灵活等特点，这些极大地促进了产品市场的发展。同时，由于众多供应商集聚在一块，产品的市场竞争比较充分，降低了需求方的成本，产品价格充分反映了市场的供求关系，从而使产品市场化的发育程度得到进一步提高。

3.完善社会中介服务市场

社会中介服务体系的存在与完善反映了社会自我组织能力，是市场经济的重要组成部分。县域社会中介服务体系是随着产业集群的生成与发展逐渐形成的。中介服务机构为产业集群提供包括资产评估、法律咨询、市场信息、金融保险、技术开发与人员培训等中介服务。县域产业集群中，多数企业规模不大，经济实力不强，如果企业自身进行信息搜索、技术开发或人员培训，会增加风险或增大成本。因此需要中介服务机构来提供与企业相关的专业化服务。这样，社会中介服务机构与集群中的中小企业形成良性互动与共同发展的格局。

(二)产业集群加快县域非公有制经济的发展

市场经济发展需要多元的所有制结构，民营经济的存在与发展更是必不可少的。十六届三中全会明确规定“要大力发展和积极引导非公有制经济，允许非公有资本进入法律法规未禁入的基础设施、公有事业及其他行业和领域”。在竞争性领域，民营企业的体制优势十分明显，所以民营经济可以成为县域经济发展的主体。对产业集群与民营企业而言，两者实际上是一种互动关系：一方面产业集群为民营企业的产生与发展提供了丰沃的土壤；另一方面民营企业所具有的活力，又推动了产业集群的发展。产业集群的高效率与民营企业的经营活力所形成的协同效应，不仅推动了县域产业的培育、发展、调整与升级，而且促进了县域经济中的产权结构优化,从而为县域经济的发展奠定了基础。

(三)产业集群推动县域工业化进程

1.产业集群促进了自主创业和新的投资者

产业集群的培育能够产生联系密切的社会关系网络，而良好的社会关系网络能够为新企业的创立提供相应的资源和市场,降低了创立新企业的“壁垒”,使得自主创业变得相对容易。具体体现在,在产业集群地区往往有同行业的生产厂商、供应商以及其他相关行业的厂商聚集,可以使新的投资者利用现有的各种公共设施,很方便地得到创业需要的专业的、有经验的人才和熟练的劳动力,可以减少经营风险,获取成功的几率要比其他地方大。同时产业集群的外部经济效应也有助于中小企业成长壮大。

2.产业集群优化了县域的产业结构

产业集群之所以能具有优势的一个原因是它能够根据本区域的资源禀赋,将这个区域的各种资源,通过空间上的集聚和组织形式的结合,以产业集群的形式建立本区域在该产业上的比较优势。因此通过产业集群能够形成县域内的优势产业和支柱产业,建立县城经济的竞争力,并在此基础上,以支柱产业带动其他产业的发展。产业集群能避免县域内有限资源的分散,提高了资源利用率,优化了县域的产业结构。

3.可以吸纳更多的农村转移劳动力

县域产业集群区一方面因其劳动密集属性，而能够发挥县域劳动力丰富与劳动力成本低廉的比较优势;另一方面劳动密集型产业对劳动力需求大,就业门槛低,有利于扩大劳动就业,吸纳更多农村转移劳动力。总之,产业集群所具有的产业扩张能力与竞争优势,能够为县域经济逐步实现由农业向工业、农民向工人转化创造更有利的条件。

(四)产业集群推动县域城镇化进程

全面建设小康社会的一个难题就是如何发展县域经济,解决农村贫困问题。而加快县域内农村的城镇建设,推进县域城镇化,是发展县域经济的必然出路。推进县域城镇化的直接手段就是提高城镇人口比例。产业集群的发展则有助于城镇人口比例的提高。首先,产业集群,特别是劳动密集型产业的集聚提供了大量的就业机会,需要大量的劳动力,所以能改变农村劳动力过剩的状态。第二,产业的聚集能带动人口的聚集,产业集群所在地的公共设施一般比较齐全,社会中介服务体系比较健全,这能促进周边农民和外来人员在集群所在地定居,逐渐形成城镇规模。最后,人口的聚集具有扩张效应,人口聚集产生新的市场需求,特别是服务业的发展,能吸纳普通的农村剩余劳动力。因此,产业集群可以说是县域城镇兴起的推动力,在县域城镇化中具有重要的地位与作用。

(五)产业集群推动县域经济一体化进程

产业集群能够推动县域经济一体化进程,并最终实现更大地理空间的共同繁荣。随着县域经济集群的不断发展,在产业集群内需求和客户更加集中,人们更容易发现市场、服务的缺口,因此更加容易产生新的供应商,建立新的企业。由于新建企业进入障碍和风险都低于区域经济集群外的企业,因此能够催生出新的集群。而新的集群的形成,一方面在产业的组织形态上更加密切,分工更加合理,需要有更加广阔的腹地来支撑;另一方面在地理空间上进一步向外拓展,往往成为经济发展的"增长极",对周边辐射影响力更大。如果这样的动态过程能够得到持续,那么产业集群将不断扩展,使财富在县域得到更多的集聚。

大量的成功实例表明,产业集群的竞争优势显著,易于保持。利用产业集群的竞争优势,可以发挥地方产业自我发展与扩散辐射功能,进一步获取竞争优势,打造出更加鲜明和有吸引力的企业、产品、集群品牌。产业集群发展对县域经济发展与区域竞争力的提高都具有极其重要的战略意义。总的来说,产业集群能吸引产业内各种企业根植县域,能够发挥县域经济的比较优势。所以,产业集群的发展将会提升县域经济的增长总量,提高经济增长的质量和效益,拉动就业,增加税收,促进服务业发展,成为推动县域经济增长的动力源。

二、县域产业集群培育和发展策略

(一)依托县域资源,培育特色产业集群

特色产业是一个地方长期发展形成的,具有一定比较优势的产业。产业集群的发展也往往得益于特色产业。县域经济的发展要按照产业链的形成规律,充分发挥县域的资源和地域空间比较优势,依托当地的产业、地理资源、社会人文背景,形成特色的产业集群,更好地发挥集聚效应。

发展特色产业是欠发达县区在现阶段发展产业集群的现实途径。培育地方特色产业群,需要立足县域实际,顺应市场需求导向,发挥地方特色,把具有比较优势的特色产业做大做强,并依托该特色产业,吸引资本、知识、人才等资源在本地的聚集,形成完善的产业链和产业群体,带动相关产业发展,衍生新的产业集群,如此滚动发展,不断增强县域经济实力、竞争力和创新能力。发展特色产业有三个方面值得注意：一是因县制宜，选择本县最具优势的产业，加大引导和投入力度，聚集各种生产要素，进行重点培育，尽快把企业群体做大，把产业链做长，完善产业体系。二是全力扶持和培育特色产业中的龙头企业，使之做大做强，成为集群的核心主体。三是打造品牌，积极发挥特色产业的整体效应，打造区域品牌，拓展产业空间和提高县域经济竞争力。

(二)发展以民营企业为主的县域产业集群

党的十六大后国家政策性投资重心下移，金融信贷投资的方向也开始对民营经济倾斜。从产业集群发展的实践看，民营经济是推动产业集群的主力军。因此，大力发展民营经济，是县域经济发展的新亮点，也是引导产业集群发展的重要举措。县域经济基础薄弱，资源有限，因此县域经济的发展要以民营企业为主，这样才能让县域经济充满活力。而要发展民营企业，首先要放宽民营企业介入的产业领域，彻底消除对民营经济发展的各种歧视性障碍，使民营企业在投资、融资、税收、土地使用和对外贸易等方面，与其他企业享受同等待遇。其次，要加强对民营企业的引导，积极引导民间资本投资本县域内具有绝对优势或比较优势的产业，引导民营企业相对集中发展。对县域经济发展具有较大带动作用，并能够成为产业集群核心的项目，政府可采取以土地、固定资产无偿或有偿的资助方式给予扶持，吸引民间资本大规模投入。最后，要做好对民营企业的服务，依法保护民营经济的所有合法权益。对在创办初期的民营企业和投资科研开发的民营企业，可在税收等方面给予特殊优惠，提供良好的市场信息、投资融资、技术支持和人力资源支持。同时，积极创造条件，开拓当地企业的国际化发展和合作的空间和渠道，参与国际化分工，为民营经济发展创造良好的环境。

(三)县级政府要为县域特色产业集群的发展提供服务

1.营造产业集群发展的良好环境

政府应当着力于提高和完善软环境、硬设施的建设，包括交通、通讯、法律、财务金融、教育培训、技术支持、人才引进和文化环境等，为企业发展创造良好的外部环境，促使中小企业集群生成。具体体现在以下方面：

第一，政府要真正做到政企分开，明晰企业的产权关系，不干预企业经营活动，以市场化手段来管理与调节产业集群的经济活动。因为政府一旦对企业的经济活动或是市场进行不恰当的干预，常常会使市场处于无效率状态，也使得政企关系错综复杂。同时，既然要培育和发展企业群，尤其是中小企业群，那么就离不开数量众多、富有创业精神的企业家的参与，但企业家实际上是无法造就和培养的，我们只能培育和完善造就企业家的环境，而其中的首要一条就是形成清晰的产权制度以及对私有财产的普遍尊重。只有在这样的环境下，企业间的合作才有可能迅速扩大加深，创业者的利益才能得到保障，才会有足够的动力促使他们进一步地奋斗。

第二，政府要降低集群中企业运营的制度成本，在税收、政策、社会治安以及政府办事效率方面给予支持。特别是新成立企业，其对抗市场竞争的能力较弱，政府的扶持对这类企业的发展壮大有着不可忽视的作用。

第三，政府要加强区域内的公共设施建设，如交通、电力、通讯、互联网等。良好的环境会吸引同一产业其他地区的企业到县域投资，从而壮大本县域的中小企业集群。

第四，政府要着力建设专业交易市场，推动产权交易，加速资产兼并和重组，促进产业集中，为产业发展提供稳定的市场空间。

第五，政府要积极组织举办产品博览会与商贸洽谈会，扩大对外影响力和市场知名度，实施区域整体营销，创建区域品牌。区域品牌的知名度可以说是地方政府的无形资产，也是产业集群的公共资产。区域品牌的推广只能由政府进行，但集群内企业在使用区域品牌扩大市场份额时，也会增加地方政府的财政收入。

2.防止产业集群发展中县域政府的行为失当

关于产业集群的形成，有两种截然不同的看法。一些经济学家认为产业集群的产生是市场或者说是企业主导的，一些则认为政府主导更有效。在韦伯的理论看来，集聚的产生是自下而上的，是通过企业对集聚经济效应的追求自发形成的。马歇尔也认为，集群的产生是自下而上的。波特认为，不要去干预市场，扭曲竞争，而应去寻找制约集群发展的因素，着手加以解决。与此相反，该理论认为自上而下更有效。增长极理论认为，一个地区要取得经济增长，关键是在本地区内建立起一系列的推动性产业，通过产业的集聚，推动经济增长。这种推动性产业的建立可以依靠国家政策或地区政策自上而下地完成。

因此产业集群的培育和发展模式不能一概而论。在现实的经济发展中，既有市场自发集聚的现象，也不乏自上而下的成功例子。但是自上而下的发展模式往往是资金密集、技术密集型的产业，而这对一个以农民为主要人口、经济滞后的县域而言，无疑不具有优势。因此在县域中产业集群的形成主要还是要依靠市场力量推动。但县域政府在推动本地产业集群的发展中要注意防止下面四种行为：

第一，将本县域内的类似企业在某个区域进行人为简单堆集。企业家办企业是自发行为,企业在某一地点的集聚也是自发行为,但并不是说只要集聚就有经济效益,政府所做的应该是引导而不是强制。

第二,注意防止生搬硬套,而应因县制宜。一些政府官员到经济发达地区考察后,往往去模仿其他地区的产业集群。由于各地有自己的资源禀赋,在一个地方成功的产业在另一个地方并不一定成功,这种方式培育的产业集群往往容易衰亡。

第三,注意防止为创造政绩而急功近利。培育和发展产业集群是一个漫长的过程(成功的产业集群区都经历了十数年甚至数十年的发展),因为集群中企业网络的建立需要一个长期的博弈过程。企图在很短时间内创立和发展产业集群,从而推动地方经济发展,收到立竿见影效果的想法,是不现实也是不可取的。

第四,防止只服务大企业,忽视小企业行为。在产业集群发展初期,中小企业占了绝大多数,而这些中小企业正是产业集群活力和竞争力不可或缺的部分,所以地方政府如果要实施产业集群战略,就应该转变长期漠视中小企业的思想和做法。

(三)推进产业集群的更替和升级

产业集群与产业或产品一样具有生命周期,生命周期规律决定了产业集群也必然存在产生、发展、衰亡。在产业集群的发展过程中,聚集了大量的经济资源。如果只有集群衰亡而不能及时更替和升级,则县域的经济资源将被浪费,不利于经济长期发展;而产业集群走向良性的更替和升级,则会促进县域经济长期发展。因此,在避免产业集群衰亡的同时,要更加重视产业集群的更替和升级。

1.加强引进外资,促进产业集群升级

外资的引入加快工业化进程,从而促进产业集群的升级。随着外资的进入往往伴随着生产技术、管理经验,还有观念的改变。外资引进不仅可以促进县域工业的蜕变和县域产业结构的变化,而且外资引进带来的人员流动也直接影响了人们的生活方式,进而使得城镇化的水平不断发展。如福建闽侯青口镇的汽车生产基地,大批产品零部件生产企业和产业上下链企业聚集,扩大了集群的规模和水平。

2.鼓励集群内企业创新

企业的生命力在于创新,依赖于企业的产业集群同样需要创新,才能保持发展和升级。政府可以通过设立创新奖励基金、对企业的技改或培训进行费用补贴、制定良好的人才引进政策等方式促进产业集群的创新。应当指出的是,受不同经济、制度、文化、社会等因素的影响，以及处于不同发展阶段的产业集群具有不同的特点，产业集群与县域经济相互作用的状况是有区别的。因此，县域政府在制定和出台有关政策时，必须坚持一切从实际出发，因地因时地处理好产业集群与县域经济之间的关系，以促进两者的良性循环和联动发展。

第六章 县域经济发展与政府经济职能

- 政府发挥经济职能是县域经济发展的现实选择
- 县级政府经济职能的内容
- 科学提升县级政府调控县域经济的能力

第六章 县域经济发展与政府经济职能

县域经济是国民经济的基础环节，是城乡经济的交汇之处。作为中国经济的微观基础，它贴近生产、生活实际，处于行政管理和政策落实的前沿，始终发挥着承上启下、连接城乡的作用，是各种政策、要素、产业聚集的平台。

县级政府扮演着演员和导演的双重角色，它既是中央政府、省级政府方针政策的贯彻者和执行者，又是县域经济发展的引导者、设计者和组织者。因此，县级政府职能发挥得好与坏，不仅直接关系县域经济发展的水平和质量，而且影响到整个国民经济运行情况。

第一节 政府发挥经济职能是县域经济发展的现实选择

县级政府是国家的权力机构，它具有管理经济社会的多重职能，比如管理政治、经济、文化、教育、宗教、环境等职能，但经济职能是县级政府的核心职能。经济职能是指县级政府为了达到一定的经济社会目标而采取的协调和组织经济活动的各种方式和方法的总称。

一、县级政府对县域经济的影响

刘易斯概括了一个关于政府在经济发展中的作用的悖论："如果没有一个明智的政府的积极推进，任何一个国家都不可能有经济进步。另一方面，也许有许多政府给经济生活带来灾难的例子，以至于要写满几页警惕政府参与经济生活的话也是很容易的。"更明确地说，"政府的失败既可能是由于它们做得太少，也可能是由于它们做得太多。"即政府职能发挥的方式和程度对经济影响巨大。

由于历史和现实的原因，政府在经济发展过程中发挥着其他任何社会组织不可替代的作用,县级政府对县域经济的影响是深刻而广泛的。

(一)县级政府通过制定战略规划影响县域经济发展

区域发展规划和战略决策是县级政府干预经济的主要方面。世界上发达国家和地区的快速发展，以及部分发展中国家和中国沿海地区经济发展的实践证明,战略规划是促进发展中国家的经济从不发达走向发达的必要条件。德国、日本从战争废墟中快速实现现代化，韩国等亚洲新兴工业化国家成功实现赶超战略,以及不发达国家或地区经济走向发达的基本经验,强调制定经济发展战略是各国政府干预本国或本地区经济发展的一个重要手段。就中国的县域经济来说,当规划制定后,县域的产业、经济结构等重大经济事件都要以规划为蓝本,进行有序发展。

(二)县级政府通过直接影响国有企业的运行影响县域经济发展

我国的国有企业分中央管理和地方管理两大类。地方管理的国有企业中,县级管理的地方国有企业占有一定比重,并且有一些国有企业,管理权限下放,成为县级管理的国有企业。在计划经济时代,地方国有企业是县域经济的一支重要力量。随着市场经济的发展,国有企业在管理模式、运行机制方面的缺陷日益暴露,企业面临的困难越来越多,绝大多数国有企业通过租赁、拍卖、股份制等形式,转制为民营企业或股份制企业。在这个过程中,县级政府对国有企业的发展方向和资本运营方式具有决定权，使这些国有企业的发展方向和资本运营符合县域经济发展的战略目标。这些企业改制后,与政府仍然保持千丝万缕的联系,有的企业甚至保留了部分国有股份,县级政府能够通过这些企业,对县域经济产生强烈干预。尽管随着市场经济的深化发展,这种直接的干预管理越来越少,影响越来越小，但是县域经济运行必然会受到政府管理国有企业经济行为的直接影响。

(三)县级政府通过提供公共产品影响县域经济发展

提供公共产品是政府的重要职能,也是县级政府重要的经济行为。县级政府提供公共产品的方式很多,可以直接提供物品或服务,也可以通过财政或其他政策措施,如签订生产合同、授权经营、经济资助、政府参股等形式引导私人、企业参与公共产品或准公共产品的提供。因而,公共产品是县域经济具有基础地位的部分。从这个意义上说,县级政府可以通过公共产品影响县域经济发展。

(四)县级政府通过直接干预影响县域经济发展

县级政府通过直接干预影响县域经济发展主要是通过政府的财政收支行为

实现的。县级政府的财政收支行为是影响县域经济运行的重要因素。县级政府的财政收支是对县域经济的重要调控。作为收入,从税收的角度,它可以抑制某些产业或行业;作为支出,它可以支持经济建设、社会文教、行政管理,也是一种投资和消费。县级政府还可以通过直接投资,直接或间接引导企业"投资跟进",从而影响县域经济的产业结构、运行方向和发展速度。

二、政府发挥经济职能是县域经济发展的现实选择

由于种种原因,县域经济在发展过程中会出现诸多问题,比如市场问题、产业结构调整问题、城镇化问题、民营经济发展问题、人才与资金积累问题等,这些问题的解决需要县级政府发挥经济调控职能,所以,政府发挥经济职能是县域经济发展的现实选择。

(一)市场建设问题

从市场培养机制的角度看,对于中国大多数县域经济来说,市场培养方面的问题主要有以下几点:一是市场发育程度低,由市场形成商品价格和要素价格的机制有待逐步建立,市场信息不全、不准或失灵;二是市场主体缺乏主要的行为规范和约束机制,过度竞争和行政垄断并存;三是市场规划和市场政策不健全,执行不到位,无序状态比较明显。从组织市场载体的角度看,一方面是市场体系残缺,资金流通市场、劳动流通市场、技术流通市场和市场中介组织基本停留在初始或空白阶段;另一方面是市场功能极其微弱,商品等流通市场大大滞后于经济发展。对内而言,有市无场现象还很突出,市场狭小而原始,多属自发市场体系,难以起到促进域内商品流通、活跃县域经济的目的;对外而言,有货无市,产品积压的问题尖锐,这与县域经济薄弱、承载力脆弱、无法进行广告宣传有关,也与产品结构不合理有关,但最根本的是缺乏流通组织的建设,缺乏有组织、有系统的市场的开拓。种种的实践表明,对于市场建设来说,没有政府的参与,就很难纵深发展和规模发展。政府的功能仅仅限于规范市场活动是不切实际的,而必须促进市场的发育和组织化程度,否则,市场半径将难以扩大,永远停留在农村集市交易的低层次、低水平状态,无法突破地域限制,农业的产业化地位也无从谈起和进一步提高。当前,各类商品的市场竞争日趋激烈,各地政府也多服务于本域经济的扩张,发展中地区县级政府如果无视这个现实,或未能引起更高的警觉而采取更积极有效的措施,将会导致本域经济生活秩序的混乱,甚至出现全面萎缩或崩溃的恶果,因此,在政府的参与下构建社会营销网络势在必行。

(二)产业结构调整问题

产业结构调整促进经济发展有两个基本点:一是产业结构高度化;二是产业结构合理化。产业结构高度化是指产业结构从低水准向高水准的发展,这种产业结构的发展是根据经济发展的历史和逻辑序列顺向演进的,它包括产业结构中由第一产业占优势比重逐级向第二、第三产业占优势比重演进;产业结构中由劳动密集型产业的优势比重逐级向资金密集型、技术知识密集型产业占优势比重演进;产业结构中由制造初级产品的产业占优势比重,逐级向制造中间产品、最终产品占优势比重演进。产业结构的合理化是指提高产业之间有机联系的联合质量,即产业之间相互作用所产生的一种不同于各产业能力之和的整体能力,它包括各产业之间在生产规模上的比例关系、产业之间的关联作用程度。产业之间关联作用程度越高,产业结构的整体效应就越大。产业结构调整中,合理化是第一位的,高度化是第二位的,以产业的合理化来促进产业的高度化,然后在高度化进程中实现产业结构合理化的新调整。产业结构合理化和高度化,取决于产业结构的转换能力,取决于产品结构的聚合能力。在这个过程中,单个的企业是"只见树木,不见森林",而县级政府就要发挥经济调控职能,解决好产业结构低度运行、附加值低、产业关联疏松、各自为战,以及主导产业缺失和新兴产业培育不力等产业结构调整问题。

(三)非公有制经济问题

非公有制经济是县域经济最活跃的要素之一,也是加快县域经济资本原始积累的主要推动力。但是目前县域经济中非公有制经济比重小、规模小、技术水平低、资本积累速度慢,要从根本上解决好这些问题,推动非公有制经济健康、持续、快速发展,必须依靠政府主导提供制度和政策上的保证。一是在发展环境上提供体制性的保障。成立非公有制经济发展办公室,直属县级政府,主要职责是制定、修改县域非公有制经济发展规划和有关激励、规范政策,协调解决发展中的问题,受理制度环境方面的投诉,对规划、政策落实进行督查,使非公有制经济能够在政府组织协调下,放心大胆地按照社会化大生产的要求,改进技术、优化结构、扩大经营规模、提高经营档次,依法诚实经营,实现健康发展。二是在经营管理模式上强力推行股份制。非公有制经济在其发展过程中,有其自发性和盲目性的一面,制度性的缺陷导致产权不清而经济纠纷频繁,企业运行时间越长,规模越大,发展越快,矛盾越突出。更为严重的是个人业主制、合伙制等经营模式所具有的决策、管理、经营上的弊端,大大制约了非公有制经济资本的集中和产业提升，难以获取规模效益，也就难以抵御和抗击市场的风险。当前，县域经济中非公有制经济绝大多数是散小低微的企业，而且绝大多数从事着商品流通或饮食行业，即使是工业和科技型企业，也是从事简单的加工，与日益规模化、产业化的市场经济大潮极不相称。三是构建社会保障体系。西方市场经济国家为适应其社会经济发展需要，建立和健全了一套完整的社会保障制度。在我国现阶段，作为市场经济产物的非公有制经济迫切需要社会保障制度，但是目前国内非公有制企业没有这种制度，甚至包括乡镇企业中的劳动者仍然游离在社会保障的安全网之外，影响了社会的安定和长远发展，也阻碍了劳动者在不同部门的合理流动。根据目前各方面的条件，县级政府应该着眼长远，要求非公有制企业逐步为职工提供最低限度的基本保障，也可在非公有制企业中征收社会保障税费，并相应由政府为其提供部分基本保障。这不仅有利于保护员工的劳动权益，从起步阶段建立起协调劳资关系的有效机制，而且有利于增强员工对企业的向心力，有利于企业和县域招揽人才，提高经济素质。

(四)人才和资金问题

县域经济的全面发展，离不开人才、技术和资金的培育、引进和投入，这些工作除了企业进行市场化运作以外，政府的积极参与必不可少。

经济学家钱纳里认为，在经济发展过程中，发展中国家和地区往往会遇到技术、储蓄和外汇等方面的约束。技术方面的约束是指由于本国技术水准、管理水平、人才资源等方面存在的问题，致使无法有效地利用可以获得的各种资源；储蓄方面的约束是指本国的储蓄无法满足投资扩大的需要；外汇方面的约束是指本国进、出口之间存在矛盾，所持有的外汇难以满足本国经济发展的需要。在发展实践中，一国必须依次克服技术吸收能力、储蓄、外汇等方面的约束，才能顺利地实现经济发展。而这些问题的解决，仅仅依赖市场自发调节和自身积累，是很难真正实现的，尤其是对于“资源外溢”的县域经济，必须依靠政府积极的调控措施。同时，经济增长的重要原因就是人才的应用和潜力发挥。缺乏人才，尤其是缺乏高层次的科技带头人，是县域经济发展的主要障碍。要解决这个问题，同样离不开县级政府的优惠的人才引进、培育和成长政策。

第二节　县级政府经济职能的内容

县域经济的发展离不开政府的经济调控，而政府的经济调控既不能大包大揽，也不能隔靴搔痒。要切实发挥县级政府的经济职能，必须要深刻了解该职能的重要内容。本研究认为，县级政府的经济职能主要有制度供给、促进经济发展、协调经济主体关系、公共产品供给和解决外部性等内容。具体见图 6-1 所示。

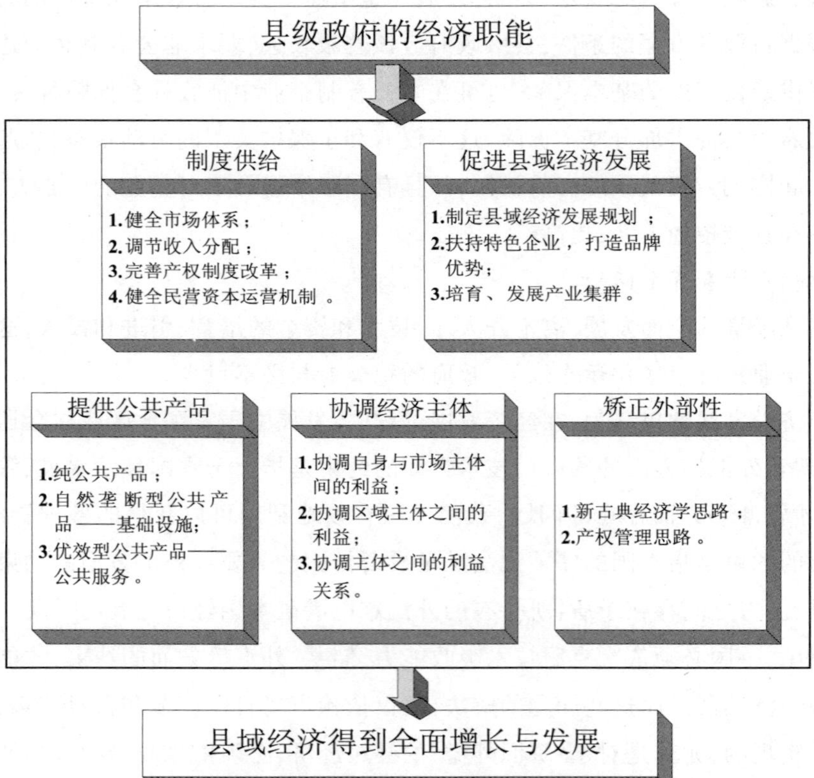

图 6-1　县级政府的经济职能图

一、制度供给

新制度经济学认为，制度是经济增长和发展的关键因素，生产要素中的人、财、物和信息都需要在一定的制度安排下才能发挥协同效应，一套有效的制度安排是经济增长的决定性因素。在县域经济发展中，县级政府首先要提供能够刺激经济主体的有效制度安排，这是市场经济条件下县域经济发展的基础和前提。

(一)制度及其作用

诺斯认为“制度是社会的游戏规则,更规范地讲,它们是为人们的相互关系而人为设定的一些制约”。他将制度分为三种类型即正式规则、非正式规则和这些规则的执行机制。正式规则又称正式制度,是指政府、国家或统治者等按照一定的目的和程序有意识创造的一系列的政治、经济规则及契约等法律法规,以及由这些规则构成的社会的等级结构,包括从宪法到成文法与普通法,再到明细的规则和个别契约等,它们共同构成人们行为的激励和约束;非正式规则是人们在长期实践中无意识形成的,具有持久的生命力,并构成世代相传的文化的一部分,包括价值信念、伦理规范、道德观念、风俗习惯及意识形态等因素;实施机制是为了确保上述规则得以执行的相关制度安排,它是制度安排中的关键一环。这三部分构成完整的制度内涵,是一个不可分割的整体。

制度通过提供一系列规则界定人们的选择空间,约束人们之间的相互关系,从而减少不确定性,降低交易成本,促进生产经营活动。

新制度经济学认为,在现实的市场上,市场主体的行为并不尽如人意,无论是生产者还是消费者都是有限理性的,具有机会主义倾向;市场竞争导致的垄断可以使厂商获得巨大利润,但可能是以巨大的社会福利损失为代价的;企业为了追求盈利而导致的诸如污染等外部效应,损害了他人的利益;由于分配不公带来的贫富差距会引发社会冲突。由此可见,如果任由市场发挥作用,后果将事与愿违。因此,需要建立一系列规则,对市场主体的选择空间进行限制,对其行为进行约束,以减少不良影响,在稳定和谐的基础上,发挥市场机制对人的有效激励和对资源的有效配置作用。

制度可以约束人们的行为,保证社会的稳定;可以提供市场竞争的基础性环境,为市场机制发挥作用提供平台;可以提供对人们的激励机制,影响交换和生产的成本;可以通过对交易中的违约实施惩罚,促进交易的实施。因而,制度在经济发展中不可或缺。

一般来说,制度从以下方面对经济增长产生作用:

一是通过确定游戏规则,提高信息透明度,使人们对其他人的行为都能做出准确的预见和反应,减少了经济活动的不确定性和风险,降低了交易成本。

二是通过界定产权,鼓励了创新和企业家的出现,塑造了经济发展的微观基础,为经济发展提供了持续的动力。

三是通过建立社会活动的基本规则,扩大了人类在经济、政治、法律、文化等领域的选择机会,从而丰富了发展的内涵。

(二)县级政府的制度供给职能

提供有效的制度安排是县级政府经济职能的基本内容,它主要包括:健全市场体系、调节收入分配、完善产权制度改革、建立民营资本运营机制等。

1.健全市场体系

生产要素配置的市场化是县域经济市场化的核心。县级政府在推进生产要素配置自由化的进程中具有不可推卸的责任。这其中最关键的是完善土地市场、劳动力市场等传统要素市场,培育资本市场、技术市场、信息市场等新兴要素市场,使各种生产要素自由流动。具体有以下方面:一是加强市场体系建设。培育市场主体,使所有市场主体成为自负盈亏、自主经营、自我积累、自我发展的独立法人;加强市场建设,形成多层次、多种类、多功能的城乡一体化的市场网络;加强市场管理,维护正常的市场经济秩序,保证市场经济健康发展。二是创新产品经营方式。大力发展现代营销方式,鼓励优势连锁企业、批发企业以及优势生产企业采取加盟、特许等方式发展连锁经营,建立新型农村流通体系;鼓励流通主体之间、不同区域流通企业之间、流通企业与上游生产企业之间、批发零售与外贸等不同流通企业之间的重组、合并与联合,发展新型经营方式;引导企业、专业合作组织、个体经营大户与广大农民发展多种形式、专业化的农产品流通组织,使农产品顺畅走出去,工业品直接下乡来,形成城乡统一的市场体系。三是培育中介组织。明确中介组织的公正性、权威性、合法性,理顺政府同中介组织的关系;结合当地经济社会发展特点,重点培育和发展行业协会,以适应市场经济发展的需要;积极引导行业中介组织通过合法形式反映企业的愿望和要求,为政府决策提供咨询和信息服务,成为县级政府联系广大企业的桥梁和纽带。四是深化市场取向改革。深化改革土地制度、户籍制度等影响生产要素流动的体制机制,创新生产要素配置方式,使生产要素配置通过市场价格信号的调节来实现,使市场机制更充分、更有效地在资源配置中起基础性作用。

2.调节收入分配

按照劳动、资本、技术等生产要素的贡献进行社会分配,是经济市场化的基本原则。县级政府调节收入分配,既要坚持效率优先、又要兼顾公平,既要防止平均主义、又要抑制收入悬殊。初次分配充分发挥市场机制的作用,鼓励一部分人通过诚实劳动、合法经营先富起来。再分配加强政府调节,注重社会公平。

一次分配讲效率。对于农业经济主体实行以家庭承包经营为主要形式的分配方式。农户对其承包的土地及其经营项目进行独立自主经营,最初的收益分配项目为:①国家税收及农产品定购任务;②村提留;③乡统筹;④义务工、劳动积累工及以资代劳部分;⑤农户所得。随着农村税费改革的不断深化,农民的所得几乎全部留给自己。过去是"交够国家的,留足集体的,剩下都是自己的",现在"生产所得全是自己的"。对于企业经营者,围绕建立有效的激励和约束机制,建立以岗位工资为主的基本工资制度。董事会和经理层其他成员的工资分配,按照其承担的岗位职责和做出的贡献确定其工资收入。科技人员实行按岗位、按任务、按业绩确定报酬的收入分配制度。

二次分配讲公平。县级政府应充分发挥调节作用,通过再分配,调节社会收入,促进社会公平。建立农村公共财政制度,完善全面的转移支付制度,提高农村社会事业经费,增加农村卫生、水利、道路等公共基础设施建设投入,完善农村社会保障制度,健全社会救助制度等。

3.完善产权制度改革

产权主要包括所有权、使用权、收益权和支配权。产权制度是制度化的产权关系或对产权的制度化,是划分、确定、保护和行使产权的一系列规则。而现代产权制度是权责利高度统一的制度,其基本特征是归属清晰、权责明确、保护严格、流转顺畅。众所周知,县域经济的发展靠产业,产业的发展靠企业,企业的发展要看它的产权主体是否明确清晰,所以产权制度关系到整个县域经济的运行好坏。

对于县域内的企业产权改革,可根据企业的资债情况、经营规模、盈亏现状、产业关联性等方面,实行依法破产、出售、租赁经营、委托租赁经营、兼并、收购、重组等方式盘活存量资产。在农村方面,现存的农村土地承包制的分散经营成了经济进一步发展的障碍,改革完善现存农村土地产权制度势在必行。有两种成功模式可以借鉴:一种是野力模式,即"公司+基地+农户"模式,这是"反租倒包"的形式,其实质是土地市场化、资本化,是被动式农村产业化、工业化模式。一种是通过专业户、专业村、专业乡镇、专业批发市场和专业合作经济组织"五位一体"促进社会化大生产和专业化分工。这一模式是主动型的合作经济和农业产业化模式。因此,完善产权制度改革,有利于农民带土地和资金入股,参加农业产业化、工业化的经营组织,从而加快县域经济的发展。

4.建立民营资本的运营机制

民营资本良好的运营机制是县域经济发展的差异性、不平衡性、开放性和需求导向的基本要求。以发挥民间资本为主要特征的温州模式充分说明真正的发展权蕴藏在民间,来自底层的自发秩序和组织形式往往是人类行为的理性选择。目前,县域经济发展普遍因资金不足而受到很大制约,另一方面城乡居民的储蓄不断增加,如何吸引民间资本流向产业,如何鼓励城乡居民以股金投资企业,这是政府应致力研究并付诸实施的。同时也应鼓励吸引域外资金、技术、人才和域外企业落户县域内,鼓励多种经济成分协同发展。

二、促进县域经济发展

县级政府是县域经济的利益相关主体。在县域经济发展的进程中,它应当发挥重要作用。县级政府通过发展规划、发展战略、经济政策和经济杠杆,在要素积聚和资源配置中发挥更加有力的作用,以促进县域经济发展。

(一)制定县域经济发展战略和规划

县域经济发展战略是对县域经济总体发展的设想和谋划,根据县域经济发展特征制定战略才能指导县域经济发展,促进县域经济腾飞。县级政府可以考虑以下县域经济发展战略:第一,跨越式发展战略。开放性经济特征决定县域经济必然要参与经济全球化,这就要求县域经济实施跨越式发展;不连续性经济特征说明了其跨越式发展的可行性和规律性。第二,发挥比较优势和实施优先发展战略。市场需求导向性和差异性要求政府从本县的比较优势、技术可行性及市场的现实容量、发展空间和需求变化趋势出发,确定具有相对优势的主导产业。我们所提倡的特色经济就是基于此,因为经济全球化并不排斥特色,相反在一定程度上,全球化就是特色的全球化,这样才能满足全球化条件下的多样性和差异性需求。非系统性、不完整性和不平衡性要求县域经济优先发展、重点突破,而重点突破的点就是其经济增长点,即产业或区位的选择。从区位讲,以县城为主中心,乡镇为次中心,辐射农村;从产业讲,县域工业化以轻工业为主,农业必须产业化、工业化。第三,开放和可持续发展战略。开放性和市场需求导向性决定县域经济必须依赖域外市场,需要招商引资,引进技术、先进管理经验,引进人才。同时,县域经济不能实行粗放经营,而应不断提高知识化、技术化为目标的规模经营,县域经济发展是与人口、环境相协调的可持续发展。

政府的规划应注意以下问题:一是战略和目标的弹性和连续性。弹性是指灵活性,要求县域经济发展目标应根据市场、经济、技术和社会条件的变化不断调整,使其切实可行,主要体现在空间结构、产业结构能不断优化,更好地推动县域经济发展;连续性是指政府要处理好政绩和县域经济发展的关系,保持目标的连续，不能只要产值、摊子、速度，不能追求立竿见影的效果，而应注意短期效益和发展后劲相结合，注意县域经济发展的速度、效益、质量并重。二是处理好比较优势和经济发展的关系。要充分研究资源优势充分发挥的条件，特别是技术、资本、市场需求等各方面是否行得通，资源优势通过横向比较是否存在，资源优势发挥最终要落到产业上，而产业的优势如何。县域经济发展无论是从绝对优势出发，还是从发展条件、经济增长、产业结构的比较优势出发，必须服从市场需求导向的原则，必须服从投入产出、技术可行性、短期利益和长远利益相结合的原则，而不能固守县域经济发展条件的某些优势，县域经济不能坐等不具备现实优势条件的时机成熟再发展。三是产业选择，特别是主导产业选择要处理好局部利益和整体利益、眼前利益和长远利益的关系，必须遵循产业关联、需求收入弹性、技术进步原则。政府对经济增长点的选择主要是产业选择，应该针对市场的现实空间、潜在空间，力求起点高、差异化，形成自己的特色。四是要充分利用县域经济中心靠近周边经济中心各种市场的区位优势，挖掘可能存在的经济增长点。周边经济中心的市场使得县域经济发展存在潜在的经济增长点，政府的规划应充分予以考虑，以引导县域产业、企业正确投资。

(二)扶持和鼓励特色企业，打造品牌优势

县域经济的区域性差异特征和市场经济要求决定了发展县域经济要想在市场竞争中赢得一席之地，必须注重发挥比较优势，走特色发展道路。因此，地方政府在发展县域经济的过程中，应围绕“人无我有，人有我优，人优我特”的发展思路，依据当地县域独特的区位、资源和文化优势，因地制宜，科学选择特色项目和产品。重要的是，要对那些经济运行状况良好，有自主品牌、技术和核心竞争力的企业给予更多的扶持和鼓励，帮助其进一步发展和做强做大，打造县域经济发展的品牌优势。与此同时，地方政府还应该切实加强特色企业的产品质量和品牌营销工作，维护创牌产品和企业的利益，并做好特色产品品牌的宣传和推广工作，拉动市场对特色产品的需求。

(三)培育、发展产业集群

产业集群是指依赖并服务于相似市场、具有主导产业的众多企业及相关产业企业和支撑服务机构间通过分工合作于特定区域内结网而成的具有竞争优势的产业组织形式。分工是产业集群架构，知识是产业集群权威，产业集群通过任务重组以适应外部环境、通过合作创新以实现其市场目标。

产业集群对经济增长的促进作用主要体现在以下三个方面：一是产业集群

可以形成外部规模经济和外部范围经济。由于不同企业分享公共基础设施并伴随垂直一体化与水平一体化利润,大大降低了生产成本。二是降低交易费用。在共同产业基础和文化背景下，人与人之间在相互信任基础上建立的经济网络关系,可以维持老顾客,吸引新顾客。三是促进知识和技术的创新和扩散。在世界经济地图上产业集群区域都显现出异乎寻常的竞争力，其竞争优势来源于生产成本、基于质量基础的产品差异化、区域营销以及市场竞争优势等方面。

虽然产业集群一般都是自发形成的，但县级政府在产业集群的形成中依然可以发挥较大作用。县级政府通过降低产业交易费用、引导专业化分工、提升产业经济外部性等非直接干预措施,培育产业集群形成的环境与利益机制,有助于产业集群的形成。

首先,建立与完善中小企业服务体系,降低交易费用。交易费用的下降不仅是产业集群形成的重要因素,而且对整个县域经济的发展都有极大的促进作用。县级政府通过减少行政审批、降低各项收费是降低交易费用的一个渠道,通过建立与完善中小企业服务体系则是降低交易费用的另一个有效途径。中小企业的服务体系包括融资服务体系(如贷款担保公司、租赁公司、产业投资基金等)、人才服务体系(如人力资源公司、专业化的培训机构)、信息服务体系(包括产业研究机构、市场调查公司、广告公司等)、物流仓储服务体系、技术服务体系等。

其次,强制性培育特定产业集群。经科学论证具有发展集群潜力的产业,可以通过人为选择催生关键性企业,从而进行强制性培育。对已经形成集聚雏形的产业,也可以通过直接扶持予以强制性培育。强制性培育并不是对经济的武断干预,而是政府直接或间接创造有利于集群形成的环境与利益机制,从而使得产业中的大多数企业在新环境与利益机制中,按照集群发展的要求自我调整。

还有,通过原料提供与市场拓展等的专业化经营,强化与引导专业化分工。专业化分工是产业集群形成的重要力量,但如果集聚企业都是“小而全”,则引导比较困难。此时政府可以从相对比较独立的采购和销售两个环节着手引导专业化分工，进而通过专业化分工的利益机制与理念传导促使企业逐步向专业化分工的方向调整自身经营。如政策鼓励专门的采购机构出现,由于大规模采购的成本优势以及政策优惠,该采购企业能以较低的价格向各企业供货,利益机制将促使各生产企业将采购外包。政策鼓励专门的销售与包装公司成立,同样将由于专业化与规模的优势促使各生产企业将销售功能从企业剥离。专业化分工的理念传递与现实的利益将促使各企业自主寻求更大的专业化利润路径，产业专业化可望形成。县级政府对关键专业技术进行扶持、促进中间品市场的形成等对引导专业化分工也具有明显的作用。

三、提供公共产品

(一)公共产品的内涵与特征

公共产品是与私人物品相对立的。关于公共产品的定义有四种:一是萨缪尔森对公共产品的定义,即所有成员集体享用的集体消费品,社会全体成员可以同时享用该产品,而每个人对该物品的消费不会减少其他社会成员的消费,其主要特征是收费的不可能性、消费没有排他性和竞争性;二是弗里德曼的定义,即一旦被生产出来,生产者就无法决定谁来消费的产品;三是奥尔森的定义,一个集团中的任何物品的消费不能适当地排除其他人的消费的物品;四是布坎南的定义,任何的集团或者社团因为任何原因,通过集体组织提供的商品或服务,都将被定义为公共产品。最为人们普遍接受的是萨缪尔森的定义,即公共产品是具有消费的非竞争性和非排他性两方面特性的产品。

非竞争性是指一个人消费某件物品并不妨碍其他人同时消费同一件物品。这一特征决定了公共产品一旦用既定的成本生产出来以后,增加消费者数量不需要额外增加生产成本,如高速公路、灯塔等。一旦高速公路建成通车,在不存在拥挤的情况下,额外驾驶的成本等于零;被过往船只使用的灯塔一旦建立起来,过往船只对灯塔的额外使用成本也等于零。私人物品的情况正好相反,如家具,如果你购买了某件家具,就排除了别人再购买和消费这件家具的可能性。非排他性是指某一公共产品一旦存在就不能排斥该社会上的任何人消费该物品,任何一个消费者都可以免费消费公共产品。典型例子是国防。一国的国防一经设立,就不能排斥该国任何一个公民从国防受益。这一特征与私人物品形成鲜明对照,如果某个消费者消费了某私人物品,他可以不允许其他消费者同时消费这一物品。

严格地讲,只有同时具备非竞争性与非排他性两个特征的物品才是真正的公共产品,但是现实生活中同时具备这两个特征的物品并不多。国防、灯塔通常被认为是同时具备这两个特征的公共产品。有些物品只具有这两个特征中的一个特征,例如公路上的桥梁在消费上具有非竞争性,但不具有非排他性。在共有的湖泊上捕鱼具有非排他性,但却不具备非竞争性。

(二)公共产品的一般分类

根据非竞争性与非排他性的程度,公共产品一般分为纯公共产品和准公共产品。

纯公共产品是具有完全的非竞争性和非排他性的物品，包括国防、外交、法律、法规、灯塔、港口等等。纯公共产品又分为两大类，一类是特殊意义上的纯公共产品，包括收入分配、经济干预等；另一类为现实意义上的纯公共产品，包括国防、警察等。

还有一些公共产品具有有限的非竞争性和非排他性，或者具备非排他性，但不具备非竞争性，或者具备非竞争性，但不具备非排他性，介于公共产品与私人物品之间，既具有一定的公共产品性质，又具有一定的私人物品性质，一般称之为准公共产品。准公共产品分为两类：一类是与规模经济有联系的物品，称之为自然垄断型公共产品，如下水道系统、供水系统、铁路运输系统、公路交通系统、天然气煤气系统、电力输送系统、电话电讯系统、道路照明与桥梁涵洞设施、消防服务、基础科学研究工作等，一般来说主要是指社会基础设施。还有一类准公共产品，不论人们的收入水平如何，都应该消费或得到，称之为优效物品。这类公共产品的典型例子是社会卫生保健、住房、中小学教育、传染病免疫措施、必要的娱乐设施、必要的社会安全保障等。

（三）公共产品的供给主体

传统的观点认为，公共产品是典型的市场失灵领域，必须由政府提供。萨缪尔森在其《公共支出的理论》中对公共产品的最优供给做出了一般均衡分析的解释，并指出在满足一定条件的情况下，由政府提供公共产品可以达到资源配置的帕累托最优。此后，经济学家则更多地引用“公共地悲剧”“囚徒困境”和“集体行动的逻辑”这三个理论模型，来论证市场自发条件下公共产品私人供给的无效性以及政府供给的必要性。经济学家的论证表明，在市场机制下公共产品的市场供给量接近于零，并不表明社会对公共产品没有需求，只是公共产品不能使供给者实现利益性的交换，无法形成有效率的公共产品的市场交换价格，因而市场不存在公共产品的供给。而由政府供给公共产品，符合经济效率原则，所以政府介入公共产品的供给成为必然。

（四）县域公共产品的特点及分类

县域公共产品实质上是农村公共产品，主要是指由农村居民所消费和享用的，具有非排他性和非竞争性的、公益性的各类物品或服务，涉及农村公共设施、公共事业、公共福利、公共服务等各个领域。比如：义务教育、计划生育、社会保障、社会治安，文化、卫生、体育等社会事业，供水、供电、道路等公共基础设施，生态环境建设、环境综合整治，防灾减灾、气象、公共科技资源与服务，病虫害防治，行政、法律和社区服务等。

1.县域公共产品的特点

一是短缺性。在城市，公共产品主要由政府供给。但在县以下，由于很多县财力很弱，政府投入不足，公共产品更多的是由私人或集体供给。因此，农村公共产品不仅总量缺、质量不高、供给不足，而且水平低、功能低、效率低。二是地域性。许多公共产品，比如水利、医疗、文化等设施，只有居住在一定区域或村落的居民才能享受。所以农村公共产品消费和使用具有明显的范围特征。三是非均衡性。在县以下，主体是农村，人口多、幅员大，县乡村经济基础、自然条件、文化背景差异很大，由此决定了公共产品供给的差异化和不均衡。

2.县域公共产品的分类

同时具备非竞争性和非排他性特征的公共产品是纯公共产品，是用来满足社会公共需要的，不能通过市场交换来取得，不能由市场来提供，只能由政府免费提供。准公共产品兼有公共产品和私人产品的部分特征，因此准公共产品的提供市场机制可以发挥一定作用。由于县域公共产品在受益范围上有明显的界线，总的来说，县域公共产品属于地方性公共产品。根据公共产品非竞争性和非排他性特征，县域公共产品可分为两类：一是自然垄断型准公共产品——基础设施。基础设施具有规模经济特点，即基础设施的单位成本随着产出的增加而下降，因而带有自然垄断性质，这类公共产品主要包括道路、供水、供电、河道治理、防洪防涝设施建设、大型水库及各种灌溉工程、自来水供应等公共产品。二是优效型准公共产品——公共服务。这类产品不论人们的收入水平如何，都需要得到或消费，带有明显的社会公益特征。这样的公共产品，可以完全由政府提供，也可以通过定价的方式收取一定的费用，通过其他方式提供。这类产品主要包括义务教育、医疗卫生、农村高中教育、职业教育及成人教育、农业科技成果推广等公共产品。三是纯公共产品——社会管理。主要包括政府行政管理、社会救济、社会保障、社会治安、计划生育、农业基础科研、农村环境保护、防灾减灾、病虫害防治等。

(五)县级政府供给公共产品的原则

1.有限性原则。县级政府不应无限扩大公共产品的供给责任。绝大多数的县市仍然是吃饭财政，供给公共产品的能力有限，而社会对公共产品的需求则是巨大，甚至是无限的，供求之间存在巨大缺口。

2.市场化原则。县级政府在加强公共产品供应的同时，要借助于市场的力量。市场力量和其他社会组织有能力也有动力提供某些公共产品，特别是某些准公共产品。政府不应该把市场排斥在外，应积极组织、动员其他社会组织成为公共产品的供应者，从而拓宽渠道，满足对公共产品日益增长的需求。

3.创新性原则。县级政府应不断创新公共产品供给方式。由于人们对不同的公共产品的需求不同，加之政府对公共产品的供给能力、对公共产品供应的有效性不稳定、不均衡，因此，政府必须从实际出发，不断改革创新公共产品的供应方式，提高供给效率。

（六）县级政府供给公共产品的顺序与范围

1.按照公共程度高低确定提供公共产品的顺序

一种公共产品的受益人或消费者人数越多，则表明这种公共产品的公共程度越高；反之，公共程度越低。公共程度越高的公共产品，其供应与利用状况对资源配置、社会福利、经济增长等的影响越大，越能体现政府履行经济职能的有效性。县级政府应按照公共程度的高低，对需要提供的公共产品进行排队，首先供应纯公共产品，如行政管理、社会治安、农村计划生育、农业基础科研、农村环境保护等。其次供应优效型公共产品，如农村教育、医疗卫生、社会救济、社会保障、农村高中教育、职业教育及成人教育、农业科技推广等。最后提供自然垄断型公共产品，如道路、交通、电力、通讯、广播电视系统、大江大河治理、防洪防涝设施建设、大型水库及各种灌溉工程、自来水供应等。这种排队并不是要求政府必须先做什么，后做什么，而是在政府的供应能力有限的情况下，可以根据这一排列对所应提供的公共产品进行规划。

2.提供非政府力量不愿或无力提供的公共产品

有些公共产品，如计划生育、农业基础科研、环境保护等，由于这些产品的非排他性程度高，搭便车的机会比较多，私人和企业不愿提供这类产品，如果政府不提供这类产品，就会出现此类公共产品供给不足。

3.高度关注非竞争性程度高的公共产品

如道路、水利工程等，这类公共产品私人和企业虽然都可以提供，但是往往供应量有限，难以弥补需求的不足，因而政府也应该予以提供。

四、协调经济主体之间的利益关系

协调经济主体之间的利益关系是县级政府的一项重要经济职能。这是由县域经济不均衡发展战略和县域经济的开放性决定的。县域经济发展中，其参与的利益主体是多元化的，县域经济的优先发展政策必然引起不同利益主体争项目、争资本、争政策优惠、争技术、争人力资本。县级政府一定要协调好三个层面的利益：一是协调自身与市场主体之间的利益，政府不仅要为市场主体服务，还应向企业分权让利，给予企业充分的发展空间；二是协调好区域主体之间的利益，即县、乡（镇）、村之间和相互之间的利益，县域经济发展因极化效应、扩散效应或因地理自然上的同质出现了经济活动超越行政边界，特别是县域行政边界，需要政府进行协调；三是协调市场主体之间的利益，包括企业与企业之间、企业与居民之间、农民与农民之间的利益。政府用于协调的重要措施主要是运用财政税收和区位控制政策。用这些手段协调县域内区位利益主体之间、企业之间的利益，协调产业发展与结构调整。但是要注意的是，政府协调所运用的资源不是援助，而是以优惠政策形成内生发展的"造血型"以点带面的网络状发展模式。此外，政府还必须对县域经济发展中各个利益主体在遵守法律、市场规则等方面进行管理、监督，以维护县域经济发展的正常秩序。

五、矫正外部经济效应

在县域经济发展过程中，外部经济效应是普遍存在的。也就是说，在县域经济发展中资源配置不都是有效率的。这是市场机制无法解决的问题。县级政府应承担起经济职能——矫正市场失灵的不足，提高经济效率。

（一）外部经济效应的定义

外部经济效应，也称经济的外部性，或外部性，是由英国福利经济学家庇古首先提出，由美国新制度经济学家科斯加以丰富和完善的一个重要经济学概念。

对外部性定义的表述有很多。比较经典的是布坎南的外部性定义：只要某一个人的效应函数（或某一厂商的生产函数）所包含的变量是在另一个人（或厂商）控制之下，即存在外部效应。可以用公式表示：

$$U^a=U^b(X_1,X_2,X_3,\cdots,X_n,Y)$$

这就是说，如果某一个人的效应，不仅受其所控制的活动 $X_1,X_2,X_3,\cdots,X_n$ 的影响，而且也受到其他活动 Y 的影响，而 Y 又在第二个人 B 的控制下，所以就发生了外部效应。

斯蒂格里茨的外部性定义较为通俗：外部经济效应是"个人或厂商没有承担其行为的全部成本（消极的外在性）或没有享有其全部利益（积极的外在性）时所表现出的一种现象"。

所以,外部效应(或者称之为外部性)是指某些个人或厂商的行为影响了其他人或厂商,却没有为之承担应有的成本费用或没有获得应有报酬的现象。由于这种影响没有计入市场交易的成本与价格,因而价格信号是失真的。据此做出的经济决策,会使社会资源配置发生扭曲,从而不能实现帕累托最优。随着外部不经济所表现的内容、范围、作用、形式越来越复杂,越来越扩大,外部性理论不断发展完善。

(二)外部经济效应的分类

由于厂商的活动对他人或社会的影响有好有坏、有利有弊,因而外部性可分为正外部性和负外部性。按照影响范围的不同,外部性还可以分为消费外部性和生产外部性。

正外部性也称外部经济,指某个经济主体的行为使他人或社会受益,而受益者无需花费代价。正外部性可以分为消费的正外部性和生产的正外部性。消费的正外部性是指消费者的消费使另一个消费者受益,如一个人可能因邻居种植鲜花,美化环境而受益。生产的正外部性是厂商的生产给其他厂商带来了福利,如养蜂人的蜜蜂传授花粉,给果园所有者带来收益。

负外部性也称外部不经济,指某个厂商的行为使他人或社会受损,却没有为此承担成本。外部不经济也可分为消费的外部不经济和生产的外部不经济。消费的外部不经济是指消费者直接影响了另一个经济主体,比如一个人可能因为其他人吸烟、放高音喇叭而受害。生产的外部不经济是指厂商的生产影响了其他厂商利益,如下游的渔场受到上游企业排放废料的损害。

在福利经济学和新制度经济学看来,无论是正外部性还是负外部性,都会导致资源配置不当。因为在正外部性的条件下,厂商的私人收益小于社会收益,社会从私人经济活动中所得到的额外利益,并未通过一定的手段或渠道转移到该厂商手中,因而不会对该厂商产生激励。从社会福利的角度看,该厂商对资源的使用不足。同样,在负外部性的条件下,厂商的私人成本小于社会成本,该厂商并不承担超过私人成本的那部分社会成本,因而该厂商的生产量或消费量超过了社会所能接受的最佳数量,所以该厂商对社会资源的使用过量了。总之,外部性的存在,使社会资源使用不当,资源配置不能达到帕累托最优。存在正外部性时,资源使用不足;当存在负外部性时,资源使用过量。

(三)产生外部经济效应的原因

1.由一个共有变量引起的外部效应。A 和 B 共同享有的特定变量,可能是双方的效用函数共有的,也可能是双方的成本函数共有的。例如,投资者A为降低自己的生产成本而兴建的工厂正好挡住了另一位投资者B的工厂的阳光,使B的电费支出增加。也可能共有变量是A的成本函数与B的效用函数中共有的。例如,A采用了更经济的生产方法,却污染了环境,从而影响了居住在附近的B的生活。由此看来,共有变量可能对A和B双方都有益,也可能对双方都有害,或者也可能对一方有利而对另一方有害。

2.由产权模糊引起的外部效应。对于一些稀缺资源,一方使用得越多,另一方使用得就越少。如果稀缺资源的产权没有界定清楚,就会引起外部效应。例如,如果稀缺的鲸资源的产权是共有的,那么每一个捕鲸者将尽力多捕杀鲸,而根本不考虑未来供给问题。

3.市场组织成本所引起的外部效应。所谓市场组织成本,是指组织一个新市场,并且维持其运行所必需的管理成本或其他费用。例如,目前邮局一般是根据邮件的重量来确定不同的邮费标准,并没按照邮递距离的远近来收取邮费。如果按照邮递距离重新设计邮递费用标准,就可能导致某些外部效应。设计一套能鼓励人们多寄易于分送的短途邮件的收费制度要花费很高的组织成本,即使这样做可以改善和提高资源的利用率,其成本也可能要超过它所带来的新增收益。

4.由政府财政政策引起的外部效应。政府可以为某个公共支出项目筹集资金而向社会征税,或者与补贴手段结合在一起,对收入和购买力进行再分配。在某种活动中,如果事先并不存在导致边际价值和边际成本出现差异的其他因素,那么对这种活动计征税收,就将导致边际价值高于边际成本。反之,对某一项活动提供补贴,也会产生相似效果。

5.垄断引起的外部效应。只要市场中存在卖方垄断因素,垄断者将限制产出量,使产品或劳务价格高于其边际成本。垄断使新的竞争者难以进入市场,或者也可能产生规模经济,使市场上根本不可能存在大量的竞争者。买主垄断条件的存在也会出现完全相同的情形。①

(四)矫正外部经济效应的基本思路

解决外部性问题,有两条基本思路:一条是以庇古为代表的新古典经济学思路,另一条是科斯提出的产权管理思路。

1.新古典经济学认为,产生负外部性的经济主体并未承担社会用于治理负

①杨瑞龙.外部效应与产权安排.经济学家,1995(3).

外部性的费用，因此，政府应通过征税的方式将污染成本加到企业的成本中去。这就是所谓的“外在成本内在化”。这一思路的特点是，由政府对微观经济部门进行调控，以达到资源的最佳配置，从而实现帕累托最优。

2.产权管理思路则认为，外部性问题的解决无须政府干预，通过产权明晰化，并依靠有关方面的协商和谈判，足可使外部性问题得以合理解决。因为，科斯认为政府的调节机制本身并非不要成本。实际上，“政府也是一个企业，政府的交易费用有时高得惊人”。因此，科斯主张通过经济主体间的谈判来解决外部性问题，不论污染者拥有产权还是受害者拥有产权，通过当事人的协商，均可达到资源的有效配置。

前者，政府是克服外部性的主体。后者，虽然强调当事人的协作，但这种协作是以产权明晰为基础的，最终也不能游离于政府之外。因而，无论哪种思路，克服外部性都离不开政府的参与。

第三节　科学提升县级政府调控县域经济的能力

与县级政府的经济职能相联系，县级政府调控经济的经济能力主要包括规划发展能力、制度供给能力、资源配置能力、市场规制能力、提供公共产品能力、组织协调能力、经济监控能力等。县级政府的整体能力是这些能力整合起来的合力。县级政府调控经济的经济能力强弱，是政府经济职能是否得到很好履行以及县域经济能否得以良性发展的关键。因此，应科学提升县级政府调控经济的能力。

一、县域经济发展中的政府能力不足及其原因

在市场经济条件下，县级政府调控经济能力强弱的衡量，可以从四个层面来把握：一是政府有效程度。政府在克服市场失灵方面有着不可替代的作用和能力。同时，政府还可以运用禁止权、处罚权等其他社会组织所没有的优势和强制力，实现社会秩序的正常化。政府有效程度是衡量政府能力的外在尺度。二是政府权威程度。政府权力以统一、强制、集中、优先为特征，政府行为必须具有权威性，才能保证其有效性，否则就会出现政府信任危机和政府目标不被民众认同等现象。权威性是政府能力的重要条件。三是政府法治程度。政府法治的核心在于权力必须受法律的制约、限制和监督，而法律必须代表民众意志和利益。政府法治是政府能力的保证和实现形式。四是政府透明程度。透明度是政府能力现代化

的标志,是民主社会政府运作的基本特征。政府的政策过程和结果的公开化,可以使公众预测政策在一定时间的有效性,并根据政策效能做出相应的对策选择,从中体现政府与公众的双向互动。

就目前总体情形来看,东、中、西部地区县级政府能力之间存在一定差距(原因在于政府能力要受制于县域范围内人员素质、组织构成、职权范围、行为方式和资源状态等因素),东部县域政府能力明显要强于其他地区。但是,从纵向上看,在转型时期,我国县级政府,无论东部、中部或者西部,其能力既强大又脆弱。所谓强大(向下对其所治理的乡镇而言),来源于县域行政权力运行的单向性、权力范围的相对宽泛性、个人意志和行政命令取代法律的随意性。公民和社会组织的特殊利益要求在相当大程度上被抑制。政府可以最大限度地汲取各种社会资源,实现社会控制。最为明显的,就是各地程度不等地存在"零风险政绩工程"——农民"被致富"和"被小康"的现象。"万亩园""千里带""一村一品""百户连片"等多有报道,但是农民在背后付出的代价可能是惨重的。而所谓脆弱,一方面来源于政府为了实现行政能力和解决政府和公众利益追求方向的冲突,采取了硬约束和外部直接控制的办法,付出了高额的监督成本,行政能力实现的效率极为低下,造成行政能力脆弱;另一方面,还来源于垂直单位协调问题及省级政府赋予了地(市)级政府管理县级事务较多的权力,而使县级政府权力遭到削弱(上级管得过多,程序过于复杂,制约了县级政府作用的发挥)。

就县级政府自身来分析,造成其管理经济能力不足的主要原因:一是县级政府的有效程度不足。表现为在市场经济和发展民营经济过程中,政府角色模糊不清和市场理念缺失,在矫正市场失灵方面力不从心,对市场和经济主体管理过度、管理不良。二是县级政府公信度和权威不足。根据零点调查公司在哈佛大学肯尼迪学院亚洲部指导下完成的报告《中国居民评价政府及政府公共服务研究报告》显示,居民对中央、省(直辖市)、区县和乡镇(街道办事处)这四级政府的工作表现和服务水平的评价为,级别高低与满意度成正比。对县乡基层政府及官员意见较大,这说明民众对基层政府的认同度、信任度较低。三是县级政府的法治程度偏低。一方面是由于我国的行政法制尚不完善,政府的经济行为和经济活动中出现了大量无法可依或简单粗暴带有强制性的行为方式等现象;另一方面,法治环境恶化又导致有法不依、执法不严、违法不究现象时有发生,严重损害了县级政权的行政合法性和社会合法性。县级政府能力不足及其公信力缺乏,以及民众对其所产生的认同与信任危机,自然而然会导致政府在管理县域经济过程中的政策供给，尤其是能促进当地经济增长的优惠政策的数量、质量（包括各项政策之间的相关性和协调性，即政策的配套性）有效性不足。退一步，即或是说政府能输出较多的推动县域社会经济发展的有效政策，但也会因政府公信力缺乏而使民众对政策能解决实际问题的信心不足，终而使得政策的执行和付诸实施进入到操作层面时变得更为困难。[①]

二、县域经济发展中政府能力的提升

要科学提升县级政府调控县域经济发展的能力，需要从以下几个方面着手进行。

（一）转变施政理念

县域经济在相当大程度上是一种民营经济，其行为主体是民众，是民众在致富欲望驱使下"为自己干"的人格化经济，因此，他们对市场始终保持灵敏的反应和高效率。而政府在其中所要做的，只是为之营造出宽松的投资创业环境和做好公共服务。所以，政府要将"管制型"施政理念转变为"服务型"施政理念，并提高县级政府机构对服务型政府的理解和认同能力。这就不仅要求政府机构的所有工作人员必须明确政府的权力来自于民众的让渡，而且要扭转政府既当"运动员"、又当"裁判员"的双重角色定位，实实在在做好裁判员，为县域经济维护好发展环境。

（二）创新政府体制

机构能力是政府能力的一个重要组成部分，目前政府管理体制和组织机构的臃肿与膨胀，严重影响着县级政府经济职能的良好发挥。加快政府机构改革，重塑政府组织机构，应成为公共管理新一轮改革的目标之一。不同的组织架构，会形成不同的政府能力。这些政府能力和社会的需要相对应。当然，政府最重要和最长远的职责还在于促进经济自治水平的提高。目前进行的政府职能转变，如果只是把着眼点局限在政府机构本身，单纯地关注自身能力，不从重塑社会与国家的关系的高度来认识和实施这场变革，那么改革将失去强大的社会支持。实际上政府能力提升的程度并不完全取决于政府自身的意志，它在某种意义上是与社会力量相互牵制平衡的结果。在社会的转型期，要从根本上提高政府能力，就需要努力开发社会能量，构建新的社会管理组织和管理力量，以此推动政府职能

①赵泉民.论县域经济发展中的政府职能定位与政府能力.天府新论，2008(2).

结构的转变，平衡新的政府能力与社会管理权能的关系。

(三)合理分权和权力下放

据有关调查表明，目前阻碍许多地方县域经济发展的最大问题是县级政府权力过小(相对于上级政府)、财力过弱、负担过重，缺乏经济发展的自主权和积极性。同时，由于管理层次过多，导致运行效率降低，行政成本加大。合理的分权和权力的下放，可以使上级政府从各种繁琐的事务中摆脱出来，集中精力履行其核心职能，将注意力集中在导航者和宏观调控者的角色上，从而提高上级政府的能力。另外，权力下放还可以有效地安排和确定县级政府的责任，扩大县级政府管理权限，赋予其更大的发展自主权和决策权。这样将释放县级政府对经济社会的管理能量，有利于更好地统筹发展，更好地结合自身实际，集中力量破解难点问题，办好对经济社会发展有重大影响的大事，增强县域经济竞争力。这也就为县级政府改善服务和提高业绩提供激励，减少行政审批项目和环节，也加快了办事速度，提高了工作效能，大大降低行政成本，因而也有助于县级政府管理经济能力的提升。当然，权力下放也有其陷阱，如果控制不力，容易导致宏观经济的失控，容易因地方争夺利益而导致资源配置的不当，容易形成地方保护主义和部门主义等等。对于所有的政府来说，权力下放的教训在于：一是任何权力下放的战略都必须从各级政府机构能力的评价开始；二是任何时候都必须用明确的规则具体规定各级政府的职责范围。

(四)健全科学决策机制

目前，还有不少县级政府缺乏有利于公众广泛参与政府决策的有效机制。表现为：一是公众参与机制缺失。决策主体多为县委县政府和附属部门，决策很难真实反映公众意见、愿望和要求，容易陷入“封闭型”和“经验型”决策误区。二是决策程序非规范化，不少县级政府的决策仍然停留在经验决策阶段，往往靠一个人或几个人拍脑袋决定调控经济的政策措施，决策失误的几率较大。三是决策追踪机制不完善，实际决策过程中，相当多的县政府领导忽视决策追踪，很少关心、了解和解决政策执行过程中存在的问题，只追求政策实施的结果，往往采取强制性办法要求下级和群众实施决策。为健全科学决策机制，首先要完善信息收集和传达机制并建立领导调查研究制度，以改革和完善政府对潜在或已经出现的公众关心问题的察觉机制。其次是要建立民主参与的决策机制，充分发挥政府参谋部门、有关职能办公室的作用，拓宽公众与政府的沟通渠道，不断完善人民群众利益表达和利益综合的机制。如不定期地进行问卷调查、民意测验，建立群众商谈会、网上论坛和决策听证等让公众可以就有关问题发表意见；健全专家咨询机制，政府在重大决策前，要通过召开会议、个别征询等形式，广泛听取专家、学者意见，经综合考虑之后再做决定。再次就是要建立规范的决策程序，即发现问题、确定目标，调查研究、拟订方案，分析评估、抉择方案，决策公示、群众监督，实施反馈、修正完善。最后是要建立集体决策机制。一些重要决策，尤其是关系到县域经济发展的重大决策，必须实行集体决策。唯有这样，才能增强政府出台的政策的科学性和制度供给的有效性、针对性，进而使民众在对政策产生信任的同时增加对政府调控经济能力的公信力。

第七章

县域经济与城镇化协调发展

- 城镇化与县域经济相互促进关系分析
- 城镇化与县域经济关系模型分析
- 城镇化与县域经济协调发展策略

第七章　县域经济与城镇化协调发展

城镇化与县域经济是一个辩证的统一体，这两者的协调发展对国民经济和社会良好运行有着重要的影响。它们之间存在一种互促互进的规律，是一个相互促进、相互制约的过程。其中，发展县域经济是推进城镇化进程的有效载体；反过来，城镇化进程又可以促进县域经济健康快速发展。

第一节　城镇化与县域经济相互促进关系分析

一、城镇化的内涵与动力机制

(一)城镇化与农村城镇化

1.城镇化

1867 年，西班牙工程师 A. Serda 在其著作《城镇化基本理论》一书中，首先使用了城镇化的概念。因为城镇化问题的复杂性，对城镇化的涵义与解释多种多样。人口学把城镇化解释为人口向城市集中的过程，是城市人口占全社会人口的比重提高的过程。经济学把城镇化看作人类生产活动从农业向第二、三产业转换，生产要素向城市流动的过程。社会学把城镇化理解为城市生活方式形成、强化和传播的过程。地理学则把城镇化作为地域演化的空间过程，这种演化包括农村地域向城市地域的转化、城市地域的向外扩张以及城市内部地域不断演变的过程。关于城镇化的内涵解释各有各的理论基础，但其共同点在于都是基于某一学科角度来解释城镇化，都指出了城镇化的一些表现和特征。总而言之，城镇化是生产力发展和社会分工深化引发的区域经济社会结构的系统变化过程，在形式上表现为经济社会要素的空间流动过程。在现代化进程中，城镇化就是城镇和农村互动转型的变迁过程，它既体现农村要素向城镇的集聚和集中，又体现城镇要素向农村的转移和扩散，是一个系统的双向互动的发展变化过程。

2.农村城镇化

农村城镇化与城镇化的内涵是一致的。相对来讲,农村城镇化更侧重于从农村经济社会发展的视角来思考城镇化问题。农村城镇化既强调农村资源要素向城镇流动集中,城镇不断发展;也强调城镇反哺农村,城镇产业对农业现代化的带动能力增强,农民的生活方式、价值观念等方面逐渐融入城镇,城乡之间的差距不断缩小,最终走向城乡协调发展、和谐发展,实现共同富裕。从范围上来讲,农村城镇化关注的重点在于县域经济范畴,它主要考察县域经济框架下的城乡经济社会结构的变迁过程和基本规律。县域是城镇和农村相互交融的区域,具有城市和农村的双重特征。在县域范畴内,城镇与农村二者的发展兴衰之间有着相互影响、相互制约的密切关系。县域范围内的城镇(包括县城、中心镇、小城镇)的发展是建立在周围农村经济社会发展的基础之上的,农村经济社会的发展也主要受县域城镇发展的影响。

农村城镇化的基本内涵主要包含四个方面的内容。一是农村生产要素尤其是劳动力要素向非农产业和城镇聚集。农村劳动力向非农业转移和农村人口向城镇集中,是农村城镇化的基本要求。加快城乡非农产业的发展,推动农村劳动力向非农产业转移和农村人口向城镇集中就是农村城镇化的发展过程。二是城镇体系的建立和完善。农村城镇化是城乡融合的过程,要实现城乡融合,必须依赖于生产要素和二、三产业向城镇聚集,形成结构合理的由大中小城市、中心城镇和小城镇等不同等级城镇组成的城镇体系,通过不同等级城镇的发展带动农村区域经济社会结构实现向现代化转型。三是城镇反哺农村,城镇的生产方式和生活方式向农村扩散,城镇的生产要素向农村输入,不断提高农村的技术水平、装备水平和生产能力,实现农村的现代化。随着城镇经济社会规模和质量的提高,城镇反哺农村是农村城镇化的内在要求。四是城乡一体化。农村城镇化发展的高级阶段就是城乡作为一个整体高度融合,通过城乡生产方式和生活方式的融合,实现城乡资源的共享。农村城镇化是农村地区生产力结构、生产经营方式和农村人口的收入水平及收入结构、生活方式、思想观念、人口素质等方面与城市文明逐渐接近、趋向同一的自然历史过程,是城乡差别逐步缩小、融合并最终走向城乡一体化的自然历史过程。农村城镇化四个方面的内涵也反映了农村城镇化具有一定的阶段性,在一定区域内农村城镇化的发展都包含这四个方面的内容,但因为农村城镇化的发展阶段不同,其重点内容也不同,不同的区域因具体的经济社会条件不同,农村城镇化的具体路径和模式也就不相同。

本研究所论证的城镇化从形式到内涵都是农村城镇化。

(二)城镇化的动力机制分析

城镇化的动力机制是指推动城镇化发展所必需的动力产生机理，以及维持和改善这种作用机理的各种经济关系、组织制度等所构成的综合系统。

1.分工深化是城镇化的根本动力

工业革命以后,随着自然经济的解体,社会分工的发展非常迅速,不仅各种行业之间的分工在不断深化,不断产生新的行业,而且行业内部之间的分工也在不断深化。在农村,产业分工更加精细,产业链条不断延长,农业生产的各个环节如生产、加工、销售、服务等进一步分离,种养业生产的专门化向农畜产品加工的专业化发展,农民从业的种类进一步增多。农业生产内部的专业化分工,农业与二、三产业之间的分工和二、三产业内部的专业化分工,使社会分工达到了一个新水平,农产品和生产要素市场化的程度大大提高。社会分工的深化,提高了劳动生产率,推动了农村生产力的发展,导致农业剩余的大量出现,农村产生了越来越多的农产品剩余和劳动力剩余。农业剩余的贡献在于增强农业和农村对城镇发展的承载能力。农业剩余的出现是城镇化的必要前提,农业剩余特别是农产品和农村剩余劳动力向城镇转移,推动了农村产业的升级和农村社会的转型,这是农村地区城镇化发展的重要基础和原始动力。

农业分工的发展不仅使农业生产迂回度增加、生产链条延长,也使农民生产和消费逐渐分离,再生产的要素和生活必需品都通过市场获得,社会的交易环节和交易数量显著增加,彼此之间的交换关系日益发达,市场化成为经济发展的主流和趋势。但市场的所有交易活动都不是免费的,交易环节越多,交易规模越大,交易费用也就越高。而农村地区人口分散、产业分散的状况,导致较高的交易费用。从区域的视角看,城镇化可以调整人口、产业的空间布局,是提高交易效率的重要方式。城镇化把人口和产业聚集起来,使生产在空间地理上聚集在同一地点进行,可以共享道路、水电、教育等基础设施,节约生产成本;在城镇,生产企业的彼此接近,减少了交易和协调的困难,从而极大地降低社会化大生产过程中每一道工序之间、每一个产业部门之间协作时的交易费用,节约大量交易成本;城镇里的市场规模大、联系快捷方便、信息灵通,加上城镇制度比较完善,大大提高了交易效率。

从分工的演进和城镇化的内在联系上分析，分工的深化促进交换关系的发展和经济发展,是推动城镇化的根本动力。城镇化的本质是协调分工、节约交易费用、提高交易效率的一种重要方式,交易效率提高又会促进分工进一步深化,推动经济持续发展。这是一个相互促进、循环演进的过程。

2.工业化扩张是城镇化的重要动力

工业是社会生产力发展到一定历史阶段的产物，其根本特征是生产的集中性以及由此产生的空间聚集性。工业生产的集中性和大规模是生产力发展的客观要求,工业化对集聚的要求使资本、人力、资源、技术等各种生产要素在一定的空间区域高度组合。生产的聚集也必然会带来居住的集中,当人口、生产要素以及经济活动在一个地理空间的集中达到一定规模时,就会形成城镇。随着工业发展水平的不断提高,新的城镇会不断形成,原有的城镇规模会不断扩大。工业的集中,又创造了对金融、交通、信息、宾馆、餐饮、文化、娱乐等服务产业的需求,从而带动服务业的兴起和发展。服务业以工业生产为中心的聚集,进一步推动城镇的发展。所以,工业化必然导致城镇化,农村工业化必然导致城镇化。

3.第三产业和新兴产业是城镇化的后发动力

以服务业为主的第三产业对劳动力的需求非常旺盛，对城镇化的发展进一步产生推动作用。第三产业促进城镇化的作用机理主要体现在三个方面。一是第三产业通过为工业和城镇提供服务环境和基础条件,增强城镇的吸引力,为城镇化提供动力。当工业发展到一定阶段,它对产前、产后的服务必然提出全方位和高效率的要求。同时,国民收入的增加、生活消费的提高也刺激种种生活服务的发展。这些行业在为工业服务的同时,形成了城镇的基础设施,使城镇的产业更加齐全、生产生活更加便利、功能更强、吸引力增加,从而为城镇发展找到了新的产业依赖,使城镇化的继续发展成为可能。二是第三产业通过其较高的就业弹性推动城镇化的发展。多数第三产业是劳动密集型产业,吸纳劳动力的能力较强,就业弹性高。随着工业化的发展,资本有机构成逐渐增大,资本对劳动的替代能力增强,通过发展第三产业可以吸引工农业部门的富余劳动力。三是第三产业对区位聚集的依赖性极强。服务业只有聚集才能以较低的成本,充分发展其产业效能,从而有助于提高城市的聚合力和辐射力,并充分发挥城镇的作用。

随着技术革命的升级,新兴产业为非农产业开辟了前所未有的空间,形成了推动城镇化的重要产业支撑。信息革命的发展,出现了许多高新技术部门,经济结构中“新经济产业”的作用日益彰显,对城镇化的贡献率逐渐增强。它对城镇化的贡献主要体现在两个方面:一是新经济产业的不断出现,为城镇经济注入了新的发展动力,促使城镇的经济成分多元化、产业发展科技化、生活环境生态化和城镇发展的可持续化等,提高了城市质量,增加了城镇的吸纳力。二是新经济产业增加了社会对城镇的需求。由于新经济产业对其他产业的依赖性较强,许多产业必须与传统的城镇产业结合才能成长与发展,因此,行为主体为追逐新经济的丰厚利润,必然具有向城镇转换的倾向。

4.制度环境是城镇化的外在动力

城镇化作为伴随社会经济增长和结构变迁而出现的社会经济现象，与制度安排及其变迁密切相关。在城镇化的过程中,各种经济和政治制度都直接或间接地发挥着重要的作用。

制度变迁对城镇化的推动作用主要表现在：一是通过有效率的推进农业发展的制度安排,促进农业生产效率和农业产出水平的提高,使得农业部门在维持本部门再生产的同时产生农业产品剩余和劳动力剩余，为非农产业和城镇化的发展提供动力;二是通过有效率的推进非农产业发展的制度安排,加快农村工业化进程,为吸纳农村剩余劳动力创造必要的拉力;三是通过有效率的经济要素流动的制度安排，使农业部门的要素流出推力和非农业部门的要素流入拉力形成结合与聚集的合力;四是通过有效率的推进城镇化的制度安排,促进城镇基础设施的建设，以满足城镇非农产业和人口聚集对城镇公共产品供应和不断增长的需求。制度变迁对城镇化动力系统的影响在劳动力流动上表现得最为明显。劳动力的自由流动是发挥现有劳动力资源作用的重要条件，这种自由流动应该具有三个基本的市场条件,即自主的供求主体、灵活的薪酬机制和平等的竞争规则。这三个条件在不同的制度下,并非都能够得到满足,因此会在不同程度上阻碍劳动力流动。

5.政府行为对城镇化的重要影响

政府在城镇化中居于特殊地位，各级政府特别是地方政府对城镇化动力机制的影响是不容忽视的。政府对城镇化的进程起着干预和调控的作用,直接影响城镇化进程的健康发展，政府行为在一定程度上决定着城镇化的速度和质量。政府对城镇化的关注和推动主要受城镇化的经济、政治、社会效益所驱动。城镇化所带来的区域经济发展、财政收入增长和社会文明程度的提高,都是地方政府政绩的重要体现。对政绩最大化的追求促使地方政府采取各种措施加速城镇化进程。

政府推动城镇化的手段包括行政、法律、财政、金融等。行政手段是通过行政指令推行政策主张,干预经济活动和社会生活的方法。政府根据本地条件、特色和发展战略、发展规划，着眼于满足完善城镇功能以及企业和个人投资的需要，制定有利于城镇化发展的各种政策，搭建城镇化发展平台，帮助各类企业进行项目开发和规模膨胀以优化经济结构，调节城镇化过程中的各类矛盾和社会利益冲突以构建和谐的城乡关系。法律手段是通过立法和司法活动对社会经济活动进行控制和监督，以规范经济活动主体的行为，使其与既定的社会经济发展目标保持一致。财政手段是通过财政收支调节经济社会活动。财政手段是政府推进城镇化的主要手段之一。政府可以通过减少财政收入的财政税收优惠政策降低企业成本，吸纳社会资本参与城镇化发展；也可以通过增加财政支出，进行基础设施和公共设施建设，为二、三产业发展创造良好的环境，从而增加企业和民间资本共同推动城镇化发展的内驱力。地方政府也能够利用金融手段控制社会资本的流向，引导社会资金大量投资于城镇产业和城镇基础设施建设，从而推动城镇化发展。①

二、县域经济发展与城镇化的互动关系

县域经济发展能够促进城镇化建设，这是因为县域经济的特色化、农业产业化、农村工业化、经济民营化和产业集群化有利于城镇化建设；同时，城镇化也能够促进县域经济增长，这是因为城镇化有利于县域产业结构优化调整、有利于县域经济结构优化、有利于拉动县域投资和消费、"集聚"和"辐射"效应有利于县域经济增长、思想观念和思维方式变革有利于县域经济持续发展。具体见图 7-1 所示。

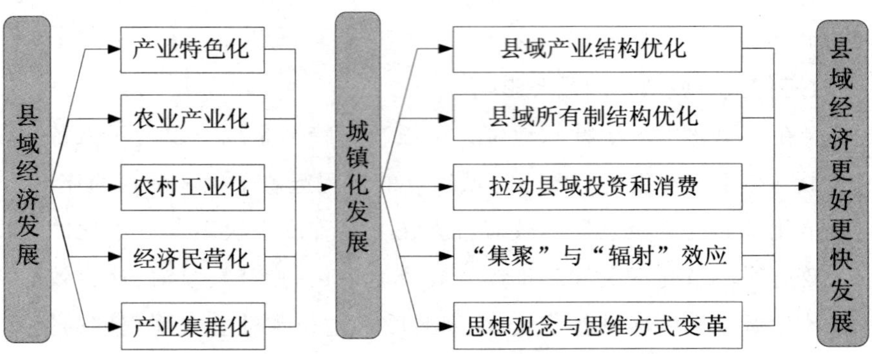

图 7-1　县域经济发展与城镇化建设的互动关系

①苗运周.农村城镇化问题理论与实证研究——基于县域经济框架.济南：山东大学，2007.

三、县域经济发展促进城镇化建设

(一)县域经济特色化的发展为城镇化提供发展方向

特色经济是指从本地区比较优势和资源禀赋出发，根据本地区在某一个阶段的要素禀赋结构,即经济中自然资源、劳动力和资本的相对份额,在某一产业或产品上构建经济增长极,形成主导产业,提高县域经济增长的核心竞争力,最终促进经济全面发展的经济。[①]县域经济特色化发展会形成"一村一品""一镇一特",有利于城镇化走特色化道路,形成差异化发展方向,从而提升城镇核心竞争能力。

(二)县域农业产业化发展为城镇化提供基础

农业产业化经营有利于组织农户进入市场，克服了农业小生产与大市场的矛盾。同时,农业产业化经营实现了对某一产品的规模经营,有利于农业产业结构调整、农业生产采用和推广先进的科学技术,促进传统农业向现代农业转化。在农业产业化之下,农业生产以其前向和后向联系形成一系列产业群,其中包括农工商科工贸等。农业产业化这一特有的联结功能,从产业上突破了工业和农业分割的"二元化"经济结构,是城乡一体化发展的新动力。

(三)农村工业化是城镇化的主要动力

发展县域经济是加快农村工业化进程的重要途径，农村工业化是城镇化的重要动力。县域经济发展加速了城乡经济要素的流动,三次产业结构得到优化,产业结构得到升级,从而达到以二三产业为主导的经济发展高级阶段。而二三产业的发展是城镇化的基本推动力。在县域经济中，个体私营经济和乡镇企业对农村城镇化发展起着重要推动作用，它们改变了农村地域传统的以农业为主的产业结构，不仅带动了农村经济的大力发展，也为城镇化发展积累了资本和条件。实践表明，凡是县域经济发展好的地方,工业化和城镇化的进程也比较快。

(四)县域经济民营化的发展加快城镇化进程

民营经济具有产权清晰、权责利统一、机制灵活的优势,能更好地发挥市场对资源配置的基础性作用,更好地调动投资的积极性,促进充分就业、市场繁荣和社会稳定。县域经济的民营化趋势,在调整城镇经济结构、培育城镇新的经济增长点、增加城镇就业和保持社会稳定方面具有积极的作用,它们的发展有力促

①洪银兴.转轨阶段改革和发展的秩序.南京:江苏人民出版社,2002.

进了城镇化进程。

(五)县域产业集群发展为加快城镇化提供重要支撑

县域产业集群是加快城镇化的重要支撑。一是县域产业集群作为县域经济的重要组成部分,能够有效吸纳周围农村剩余劳动力由农业向二、三产业转移,由农村向城镇和工业园区转移,大大推进了城镇化进程。其次,有助于为城镇建设提供有力的资金支撑。第三,有助于推动城镇农业产业化进程,实现适度规模经营。第四,有助于推动乡镇的业主、管理者和劳动者素质的提高。

四、城镇化建设促进县域经济发展

(一)城镇化建设有利于县域产业结构的优化调整

城镇化的实质是由于生产力的变革引起的人口和其他生产要素从农业部门向非农业部门转移的过程。这种转移的结果就是农业比重的下降和非农业比重的上升,即产业结构的演变。一般来讲,城镇化水平与第二、三产业的比重成正比,与第一产业的比重成反比。城镇化率的提高会带动产业结构的进一步升级。

1.推动县域农业产业化

农业产业化区别于传统农业之处,在于其需要能源、交通、通讯、金融、供水、供电、仓储、排污等基础设施和社会服务体系的综合支持。城镇具备发展农业产业化的外部支持条件,可为其提供相对集中、连片发展的空间。人口不断向城镇集中,为农业商品化创造了需求。一般而言,城镇居民对农产品的需求水平高于农村居民。随着城镇化的步伐加快,城镇人口的增多,生活标准的提高,会刺激更多种类的农产品如牛奶、肉食、蔬菜和水果等消费的迅速增长。另外,城镇居民对麻、丝、毛、皮制品的需求也高于农村居民。

城镇化引起的非农人员增加和农产品市场需求量的增大,向农业生产提出了更高的要求。已有的零散、自给自足的农业生产模式显然不适应这种生产。于是,大规模、高效率的农业产业化生产模式就被提上日程。城镇化刺激了农业的商品化、产业化和市场化。

另外,城镇化可以增加对深加工的农产品的需求。随着城镇居民生活水平的提高和生活节奏的加快,城镇居民对深加工的农产品的需求高于农村居民,如净菜、乳制品、肉制品、方便食品、绿色食品等。所以城镇化有利于农产品加工业的发展,有利于农业产业化的发展。

2.有利于县域工业发展

首先,城镇化的外部经济效益功能促进县域工业发展。工业设在城镇,有许多外部经济效益。人口众多会减少雇用各种劳动力特别是技术工人和工程技术人员的成本。同供应商临近,可以降低运输成本,并能够及时获得其他服务。金融与商业机构集中在城镇,可以在资金筹措和投资管理方面为厂商发展提供机会。城镇中有种类齐全的通讯设施,方便厂商与国内外市场保持联系。而且城镇的基础设施以及城镇的卫生和教育设施都能为工业的发展提供有利的条件。

其次,城镇化的聚集经济效益功能促进县域工业发展。工业生产是极为复杂的一个生产系统:其所需的原料与工具是工业系统的外部条件;所需要的能源供应主要是煤炭、石油和电力;其产品是用于交换的商品。这就要求企业聚集于某一区位,以便于原料的运输和产品的销售。另外,聚集经济效益的一种相当有力的象征就是,处于地理上的集中时,能促使企业进行改革。同时,企业集中便于企业信息的获取,节约交易成本。正是聚集能产生一种强大的经济效益引力,才使得工业得以发展。

第三,城镇化的大市场吸引力功能促进县域工业发展。城镇居民收入水平较高,市场潜力较大,厂商邻近市场,交易成本、信息成本大大降低。一个城镇一旦建立并具有一定规模,它的市场吸引力就会有利于工业发展。

最后,城镇化的文明传播功能促进县域工业发展。城镇拥有较先进的生产方式和文明的生活方式,通过城镇化,有利于提高农民的文化素质,改变农民落后的生产生活方式,变人力资源为人力资本,为工业发展提供持续动力。

3.促进县域第三产业发展

城镇化进程与第三产业的发展水平呈高度的正相关。第三产业大多是劳动密集型产业和技术密集型产业,其本身对区位聚集有很高的依赖性。服务业只有依托于城镇化的发展才能生存和发展。城镇化对县域第三产业的促进作用主要表现在:

第一,第三产业提供的服务产品具有生产、交换、消费同时性的特点,使服务需求具有聚集性的要求。只有生产要素和人口规模聚集到相当规模,产业对生产服务和生活服务强大的市场需求,才足以支撑服务行业的产生和发展。第三产业的产业特征对聚集有内在的要求,而城镇具有经济聚集和人口聚集的特征,适合第三产业的发展。

第二,城镇化过程引起的生活方式的市场化变动,为第三产业发展提供市场条件。与一、二产业不同，第三产业自始就与市场交换相联系，这是由服务产品在需求结构中的地位和服务产品的非实物性决定的。在生产力较低层次，农民的大部分需求可由自己提供的产品来满足。而服务产品的生产者不可能做到这一点，他要用自己提供的大部分服务去换取他人生产的实物产品，才可以满足自身生存的需要。即使在生产力水平较高的阶段，社会分工使服务产品生产者所提供的服务与它所需的部分服务往往不一致。加之服务生产者的身份与消费者的身份往往难以同时合二为一。从生活方式看，农村生活方式与生产方式相联系，因而可能自给自足，城镇生活方式与非农业生产相联系，与市场交换方式相联系。就此而言，城镇为第三产业的生产提供了天然的发展土壤。

第三，城镇化过程引起多种类型服务业的出现。城镇化过程中的聚集促进了第三产业中生产服务业的产生，并要求行业间的要素、商品、信息发生各种交换与联系，引发通讯、交通、金融、保险各类市场的发展。城镇化过程中的人口聚集还促进了生活服务业规模的扩展，与劳动力配置相关的教育、科学、文化、卫生、培训、中介市场的发展。城镇化是第三产业发展的需求基础。

(二)城镇化建设有利于县域所有制结构优化调整

城镇化在推动所有制结构优化方面主要有以下几个表现：

第一，城镇化推动了乡镇企业的发展，而乡镇企业大都是由民间资本参与和经营的，这样就提升了所有制结构中的非公资本比例，利用和发挥了民间资本的作用，优化和提升了所有制结构。在城镇化过程中，会需要各种类型的企业存在，以形成聚集效应，形成良好的外部条件。这些企业大都涉及餐饮、购物、物流、中介、交通运输等，其所需资本较低，对劳动者素质要求也不是很高，因此很容易吸收民间资本进入，促进一大批乡镇企业出现。乡镇企业的存在，一方面，吸收了当地的剩余劳动力，另一方面，使得民间资本积极参与县域经济发展。而且由于产权和制度方面的原因，民间资本积极性更高，其投资和使用效率也较高，这样既缓解了公有资本不足的问题和矛盾，又有利于提高经济的整体效率。

第二，城镇化吸收了民间资本，可以使公有资本更多地转向和流入一些所需资本巨大、科技含量高、关系重大的社会公共领域，促进社会和谐。民间资本不仅可以参与一些乡镇企业，而且也可以参与基础设施修建、教育卫生和社会公共领域。这既扩大了公有资本的投资范围，更为重要的是缓解了公有资本的压力，使其从一些可以让民间资本参与的行业中部分或完全退出，更多地投向一些资本密集型、技术密集型行业和社会公共福利领域。这样就可以形成各种不同类型资金分工合理、使用效率高的所有制结构。所有制结构的改善主要体现在非公有制经济成分所占比重的上升。非公有制经济自我管理和约束能力强、参与市场竞争的主动性和积极性更强；基于这个原因，县域内民营经济成分多则意味着经济活力更强。

（三）城镇化建设有利于拉动县域投资和消费

理论研究和实践证明，投资是经济增长的主要源泉。在城镇化过程中，存在着大量投资行为。在县域经济中，城镇化水平远远落后于工业化水平，城镇化的发展潜力大，在基础设施建设上会有更多的要求；而人口增多，也会形成对住宅的巨大需求。在这两个方面投资需求是很旺盛的，并且影响深远。因此，在这些地区，城镇建设通过投资将成为拉动经济发展的重要因素。在投资增加的同时，居民的收入水平也会增加，并由此带动投资水平的进一步增加，从而促进经济发展。因为：首先，城镇建设会创造出更多的就业机会，帮助农村剩余劳动力转移，而转移过来的劳动力由于主要是从事第二产业和第三产业，相对于从事第一产业而言，会有更高的收入；其次，城镇建设会增加城镇人口，而城镇人口的收入大大高于农村人口的收入，这就意味着高收入人口增多，相应地低收入人口减少，从而消费能力会上升。另一方面，城镇居民的储蓄能力也会增强。消费的增长推动经济增长率的提高，而储蓄的增多则意味着可以支持更高的投资水平，根据哈罗德—多玛模型，也会使经济增长率相应提高，即这两者共同作用，从而推动经济的发展。

消费是经济增长的重要内在动力，经济发展水平越高，消费在拉动经济发展中的作用也就越来越大。长期以来，我国的消费在拉动经济发展中发挥的作用不是很大，其中一个主要原因是农村的消费落后。农村人口分布不集中、收入水平很低、消费习惯和方式落后，使其消费乘数效应大打折扣。通过城镇建设，可以扩大农村消费水平和市场；同时，城镇建设一方面使城镇人口增多，另一方面也使居民收入提高，可以扩大农村市场，提高农村消费水平。这两种因素共同发挥作用，从而拉动县域经济增长和发展。首先，城镇人口增多，必然会增加对农产品的需求，缩减了农产品自给性需求，扩大其商品化程度。在提升农业结构的同时，也会增加农村居民的收入。其次，城镇人口增多能够带来更多的工业产品以及住宅的需求，而且随着收入水平的提升，消费需求档次也会提高，并形成消费者的消费示范效应，从而在优化第二产业结构的同时也提升第二产业在 GDP 中的比重。再次，由于城镇人口的增多，居民收入水平的上升，会形成对第三产业的更多需求。第三产业的发展意味着会带来更多的就业机会,增加居民收入,扩大消费,进而形成收入与消费的良性循环,带动经济发展。

(四)"集聚"与"辐射"效应有利于县域经济增长

集聚效应是指经济活动在空间上的相对集中，使得经济活动更加节约成本费用,提高效率并增加效益。集聚性使得社会经济各系统之间的距离最短,子系统之间的作用力最大,从而创造出一个大于分散系统的经济效率。发展理论学派经济学家约翰·弗里德曼在 1967 年出版的《极化发展的原理》中指出:聚集各种资源的城镇存在着特别有利于创新的条件,而创新是发展的根本,因而聚集能够促进发展。城镇化的集聚效应对县域经济的增长主要体现在以下几个方面:首先,乡镇企业的集聚有利于县域经济增长。乡镇企业越做越多,城镇的经济影响范围越来越大,就会带动县域经济的增长。同时,由于大多数乡镇企业所需劳动力数量较多,将解决大量劳动力就业问题,并带动贸易、金融、房地产、饮食、娱乐等第三产业的发展,进一步推动县域经济的增长。第二,农村劳动力的集聚有利于县域经济增长。大量农村劳动力进入城镇,在一定程度上增加了城镇劳动力的供给和地方的支出,因而抑制了城镇工资的上升,增加了企业生产规模报酬,进而提高了劳动生产率,使企业盈利能力得到提高,并促进了服务业的蓬勃发展,对县域经济增长起到积极的作用。第三,农业产业的集聚有利于县域经济增长。农业产业化将提高农业生产率，一方面推动农业劳动力和土地进一步向城镇转移,农业产出增长,进而促进城镇化发展;另一方面降低了农户通过市场获取农业增值服务的价格,从而反过来推动农业产业化发展。其结果是促进了农村经济的发展,并通过市场规律调控,优化了城镇资源配置,从而从整体上提升了县域经济效率,加快了县域经济的增长速度。

城镇化的"辐射效应"是指以城镇为经济发展的基点,通过其较强的资源优势,带动周围农村经济、文化、教育、科技的发展,起到增长极理论中的"扩散效应"。在经济增长中由于某些主导部门或有创新能力的企业和行业在一些地区和城市的业绩,会形成一种资本与技术高度集中、具有规模经济效益、自身增长迅速并能对临近地区产生强大辐射作用的"增长极",这些"增长极"通常具有区域生产中心、贸易中心、金融中心、信息中心、交通中心、服务中心、政治中心等多种功能,通过具有"增长极"性质的城市和地区的优先发展,可以从技术创新与扩散、资本集中与输出、产生规模经济效益、形成聚集经济效应等四个方面带动相邻城镇和地区的共同发展。在经济发展过程中,"增长极"由于区域经济增长的乘数效应以及发展成熟再增长的限制（内部交易成本太高），将会导致其资本、技术、劳动力逐步向其周围扩散，并推动相对不发达地区的发展，缩小它们与"增长极"的发展差距。当然，作为"增长极"的城镇或区域中心对其周边地区影响的程度随距离该极点的远近而有所差异。一般说来，越靠近中心城镇，则与城镇的相似度越高，受其影响越大；相反则越小。可以说，"增长极"对周边的影响是有梯度效应的。"增长极"周围是"梯度辐射区"，随着距离的增大，其扩张效应逐渐变弱。

（五）思想观念和思维方式的改变有利于县域经济发展

从县域层面上看，农村城镇化既是一个经济发展的过程，也是一个文明变迁的过程。城镇化在提高城镇人口比重、扩大城镇规模的同时，伴随着人们思想观念、生活方式和生活习惯的改变，这种改变会慢慢辐射到城镇的周边地区。城镇化促使农村生活方式的改变和社会文化形态的变迁，以及各种社会关系的悄然无息变革。城镇化的推进，可以使城镇的一些先进文化思想、思维方式、生活习惯慢慢渗透到乡村中，让农村人口接受新的思想观念和生活方式，使得传统的小农意识融入到现代市场经济的城市意识中来。这种思想观念和生活习惯以及思维方式的转变无疑对县域经济的发展有着重要的意义。

第二节　城镇化与县域经济关系模型分析

一、城镇化发展水平测度

我国的城镇化进程比发达国家城镇化进程复杂得多，因此我们在对我国的城镇化进程进行测度时，不能套用常规计算方法，即城镇人口占全部人口的比重（城镇化率）来简单地衡量我国的城镇化水平，而是必须将城镇化进程与农业生产力发展、第二三产业的发展、地理与交通条件乃至经济社会的总体发展等多方面因素相联系，才能做出正确的评价。将与城镇化水平有关的社会经济要素与现行的城镇化率计算方法相结合，建立中国城镇化水平综合评价体系，以达到用社会经济要素来修正现行的城镇化率，从而达到对各地区与社会经济诸要素相联系的城镇化水平进行判断和评价的目的。为此，参照梁普明、严勤芳、郑文纲等的研究成果，修正建立了综合城镇化水平评价指标体系。具体见表 7-1 所示。

表 7-1 城镇化发展水平测度表

	一级指标	二级指标
城镇化发展水平	城镇化适宜度指数 e	每平方公里公路拥有里程 e_1
		人口密度 e_2
	城镇化初始动力指数 f	第一产业从业人员占全部从业人员比重 f_1
		第一产业劳动生产率 f_2
	城镇化后续动力指数 g	人均 GDP g_1
		第二、三产业增加值占 GDP 比重 g_2
	城镇化质量指数 h	每十万人口中专业技术人员数 h_1
		文盲率 h_2
		每万人固定电话和移动电话用户数 h_3
		每万人卫生技术人员数 h_4

计算公式如下：

$e=\beta_1 e_1+\beta_2 e_2$;

$f=\eta_1 f_1+\eta_2 f_2$;

$g=\varepsilon_1 g_1+\varepsilon_2 g_2$;

$h=\lambda_1 h_1+\lambda_2 h_2$;

$x=\mu_1 e+\mu_2 f+\mu_3 g+\mu_4 h+\mu_5 k$。

其中 β_1、β_2、η_1、η_2、ε_1、ε_2、λ_1、λ_2、μ_1、μ_2、μ_3、μ_4、μ_5 为各指标权数；另外，k 为城镇化率即非城镇人口占城镇人口的比重。

二、县域经济发展水平测度

与区域经济相同，县域经济发展也是一个综合性范畴，不可能用一个或几个指标就能全面反映。从横向上看，它是一定时期内县域经济各方面的综合发展状况；从纵向上看，它表现为该地区经济发展的潜力和可持续发展的可能性。根据指标体系建立的原则，在对指标体系进行主成分分析法和层次分析法进行处理的基础上，我们可以建立如下的县域经济发展水平评价体系，具体见表 7-2 所示。

表 7-2 县域经济发展水平测度表

	主成分指标	构成指标
县域经济发展水平	投入产出指标 p	专业技术人员比重 p_1
		人均财政支出 p_2
		人均全社会固定资产投资额 p_3
		人均国内生产总值 p_4
		农村居民家庭人均纯收入 p_5
	制度因素指标 m	邮电业务量 m_1
		外贸依存度 m_2
	环保及可持续发展指标 q	工业废弃物综合利用率 q

计算公式如下：

$p=\sigma_1 p_1+\sigma_2 p_2+\sigma_3 p_3+\sigma_4 p_4+\sigma_5 p_5$;

$m=\Phi_1 m_1+\Phi_2 m_2$

$y=\theta_1 p+\theta_2 m+\theta_3 q$

其中 σ_1、σ_2、σ_3、σ_4、σ_5、Φ_1 、Φ_2 、θ_1 、θ_2 、θ_3 为各指标权数。

在以上两项计算中，可以采用标准化计分评价法解决由于计量单位不同引起的问题。具体方法为：设某个评价指标为 x_i，其标准分数为 z_i，则

$$z_i=\frac{x_i-\overline{x}_i}{\xi_i}$$

其中，$\overline{x}_i$ 为第 i 个指标的平均值，ξ_i 为第 i 个指标的标准差。

标准分数是–5～5 之间的一个连续变量，当指标为负数时，可以做如下变化：$c_i=50\pm10z_i$，逆指标取负号。

因为 $z_i\in[-5,5]$，所以 $c_i\in[0,100]$。最后将各指标根据重要性，赋予不同的权重 a_i，计算综合评价值。设指标 x_i 的权重为 a_i，则综合评价值为 $w=\sum_{i=1}^{p}\alpha_i c_i$。这样计算出的综合评价值就具有可比性，可以进行进一步的计算。

三、城镇化与县域经济发展水平的关系模型

回归分析是计量经济学的主要工具，也是计量经济学中估计理论和方法的主要内容。它是研究具有相关关系的解释变量与应变量之间的协变规律性，研究应变量对解释变量的依存关系。根据关系的形态，选择一个合适的数学模型，近似表达变量之间的关系，就是回归方程。我们通过建立县域城镇化水平与县域经济发展水平的一元线性回归方程形式的函数模型进行分析，就可以得到结论。

(一)城镇化对县域经济的影响模型

建立一元回归模型如下：

$$y=a+bx+\mu$$

其中，y 表示人均 GDP，x 为城镇化水平，a、b 为待定系数，μ 为随机扰动项。

模型参数估计的方法一般用普通最小二乘法(OLS)和最大似然法(ML)两种。当用 OLS 法时，

$$b=\frac{\sum(x_i-\bar{x})(y_i-\bar{y})}{\sum(x_i-\bar{x})^2};\ a=\bar{y}-b\bar{x}$$

从而求出参数 a、b 的值，得出方程表达式。

当用 ML 法时，

$$b=\frac{n\sum y_ix_i\sum y_i\sum x_i}{n\sum x_i^2-(\sum x_i)^2};\ a=\frac{\sum x_i^2\sum y_i-\sum x_i\sum y_ix_i}{n\sum x_i^2-(\sum x_i)^2}$$

当然，可以利用统计软件或 Excel 表格进行直接计算。

在模型的参数估计值得到后，还要进行模型检验。一般来讲，计量经济学模型必须通过四级检验，即经济意义检验、统计学检验、计量经济学检验和预测检验。经济意义检验主要检验模型参数估计量在经济意义上的合理性。主要方法是将模型参数的估计量与预先拟定的理论期望值进行比较，包括参数估计量的符号、大小、相互之间的关系，以判断其合理性。

统计检验目的在于检验模型的统计学性质，通常的检验准则有拟合优度检验、变量和方程的显著性检验。理论上拟合优度 R_2 越接近于 1 越好，但在实际应用中，R_2 在决定是否通过检验时没有绝对的标准，具体情况具体对待。拟合优度并不是判断模型质量的唯一标准，有时甚至为了追求模型的经济意义，可以牺牲

一点拟合优度。而显著性检验的方法主要有三种：F 检验、t 检验、r 检验。它们的区别在于构造的统计量不同，应用最为普遍的是 F 检验。

计量经济学检验的目的在于检验模型的计量经济学性质。通常最主要的检验准则有随机误差项的序列相关检验和异方差性检验、解释变量的多重共线性检验等。这些检验多用于多元线性回归检验，在此不多提。

预测检验主要检验模型参数的稳定性以及相对样本容量变化时的灵敏度，确定所建立的模型是否可以用于样本观测值以外的范围。

(二)县域经济对城镇化的影响模型

建立模型如下：

$$x=c+dy+v$$

其中，x 为城镇化水平，y 表示人均 GDP，c、d 为待定系数，v 为随机扰动项。

参数计算和模型检验如上面步骤。

选取某一县域连续多年的相关数据，或者同一类型地区内各个体县域同一时段的数据，即可得到相关性的结果。同样时间区段不同地区之间的比较也可以得出。

(三)协整分析

非平稳的序列不能用于平稳时间序列的统计方法，否则分析时会出现“伪回归”(Spurious Regression)现象，以此做出的结论很可能是错误的，这时采用协整理论。

协整关系(Co-integration)基本思想在于，尽管两个或两个以上的变量序列为非平稳序列，但它们的某种线性组合却可能呈现稳定性，则这两个变量之间便存在长期稳定关系即协整关系。如果两个变量都是单整变量，只有当它们的单整阶数相同时才可能协整。协整的意义在于它揭示了变量之间是否存在一种长期稳定的均衡关系。满足协整的经济变量之间不能相互分离太远，一次冲击只能使它们短时内偏离均衡位置，在长期中会自动恢复到均衡位置。协整概念的提出为在两个或者多个非平稳变量间寻找均衡关系以及用存在协整关系的变量建立误差修正模型奠定了理论基础。

根据格兰杰(Granger)定理，如果若干个变量之间存在协整关系，则这些变量必然有误差修正模型(ECM)表达式存在，反之也成立。对变量进行单整性检验来检验序列平稳性后，检验变量之间是否存在协整关系，如果存在协整关系的话接着建立误差修正模型。误差修正模型可以将长期关系与短期动态特征结合在一个模型中，利用该模型来分析利率影响因素是合理的。关于协整理论的检验和估计有许多方法，如EG两步法、Johansen极大似然法、自回归分布滞后模型(ARDL)法等。

(四)格兰杰因果检验

城镇化与县域经济的长期发展存在均衡关系。但我们不能看出谁是谁的因，谁是谁的果，要想了解这些，需要进行格兰杰因果检验。该理论认为，如果变量之间存在协整关系，则变量之间至少存在一个方向的因果关系。

对两变量Y与X，格兰杰因果关系检验要求估计：

$$Y_t=\varphi_1+\sum_{i=1}^{k}\alpha_i Y_{t-i}+\sum_{i=1}^{k}\beta_i X_{t-i}+\mu_{1t} \quad \text{(a)}$$

$$X_t=\varphi_2+\sum_{i=1}^{k}\lambda_i X_{t-i}+\sum_{i=1}^{k}\delta_i Y_{t-i}+\mu_{2t} \quad \text{(b)}$$

可能存在有四种检验结果：

(1)X对Y有单向影响，表现为(a)式X各滞后项前的参数整体不为零，而Y各滞后项前的参数整体为零；

(2)Y对X有单向影响，表现为(b)式Y各滞后项前的参数整体不为零，而X各滞后项前的参数整体为零；

(3)Y与X间存在双向影响，表现为(a)和(b)式中Y与X各滞后项前的参数整体均不为零；

(4)Y与X间不存在影响，表现为(a)和(b)式中Y与X各滞后项前的参数整体均为零。

格兰杰检验是通过受约束的F检验完成的。如针对

$$Y_t=\varphi_1+\sum_{i=1}^{k}\alpha_i Y_{t-i}+\sum_{i=1}^{k}\beta_i X_{t-i}+\mu_{1t}$$

中X滞后项前的参数整体为零的假设(X不是Y的格兰杰原因)分别做包含与不包含X滞后项的回归，记前者与后者的残差平方和分别为RSS_U、RSS_R；再计算F统计量：

$$F=\frac{(RSS_R-RSS_U)/m}{RSS_U/(n-k)}$$

k为无约束回归模型的待估参数的个数。

如果：$F>Fa(m,n-k)$，则拒绝原假设，认为X是Y的格兰杰原因。

第三节 城镇化与县域经济协调发展策略

城镇化与县域经济发展相互作用，相得益彰。城镇化对县域经济发展起到正向促进作用，也是县域经济建设的重要内容；县域经济发展为城镇化提供有力保障。这两者统一于经济的可持续发展、人民生活水平和幸福指数的提高。要达到这一目标，必须协调发展，可以从以下方面着手。

一、编制县域城镇发展规划，科学指导县域经济健康发展

城镇化建设要科学规划、合理布局、具有特色、设施合理、立足长远、适度超前。

（一）规划要凸显城镇特色

城镇有了特色，就增加了新的价值，成为自身发展的优势，产生强大的集聚效应。这就要求我们的城镇规划要准确定位，要充分挖掘城镇的个性特征，按照唯一性、排他性和权威性的原则，找到城镇的个性、特色、灵魂与理念。要把每个镇的区位特点、历史文化、人文景观有机地融入城镇规划蓝图，使得每个城镇的人文自然景观不仅能体现一个城镇的文化内涵，更能体现一个城镇的特色，而且是一种不可再生资源。在规划中切忌“沿路建市、十里长街”的千人一面模式。

（二）规划要突出配套基础设施建设

城镇基础设施建设十分重要，但必须根据各县的经济实力，分步实施，逐步到位。农村城镇规模不大，但基础设施所涉及的内容同大中城市一样，也是一个复杂的系统，从广义上讲，有工程性设施，也有非工程性设施。工程性设施包括城镇道路、城镇交通系统、城镇水资源和供排水系统、城镇生态环境系统、城镇能源系统、城镇邮电通信系统、城镇防灾系统等六大部分。非工程性设施包括物资供应、情报信息、科技服务、文化教育、医疗卫生、商业服务设施等。对城镇发展而言，基础设施建设必须从多方面进行考虑和安排。考虑到产业开发和人口逐渐集中的要求，城镇在基础设施上先行一步的内容包括：道路、交通、通讯系统，供水供电、燃料供给系统，水利防汛系统，排水、污水和垃圾处理系统，文化、教育、卫生、体育系统，绿化、园林系统。在此基础上，随着经济社会发展水平的提高，再根据需要建设新的基础设施。

(三)规划应突出中心城镇建设

突出城镇重点建设，首先是要切实加强县城建设。县城一直是一个县域的政治、文化、经济中心，大都具备了一定的人口规模和建设基础，比一般建制镇高一个层次。所以，首先做强县城，加快改造，扩大规模，完善功能，使之成为县域内产业集聚增效强、辐射带动效果好的龙头城镇。其次，必须突出中心镇建设，充分发挥中心镇作为县域次中心的带动示范作用。在一个县域中，选择基础条件好、区位优越、发展潜力大的二三个建制镇，使其扩大人口规模，完善功能，强化其县域次中心地位，提高其辐射能力，带动县域其他小城镇，形成“县域—中心城镇—乡—村”的紧密联结的空间布局结构。在中心城镇内部，要按功能分区，划分出居住区、商贸区、工业区、办公区等，统一规划，有序建设。总之，要通过县城和中心镇的优先发展，形成一个以县城为龙头，以中心镇为支点的多层次、多功能的农村城镇网络体系。

(四)规划必须坚持城镇化的可持续发展

城镇化的可持续发展是一个动态过程。长期持续的城镇增长及结构演化，实现高度的城镇化和现代化，既能满足当代人们的现实需要，又能满足未来人们的发展需要。首先，应该合理利用有限的国土资源，要在总体上深化土地管理制度改革，合理规划城镇建设用地，严格控制建设用地总量，合理调整用地结构，特别要在城镇化的推进中，把城镇建设与土地整治、土地复垦结合起来，实行土地利用、开发、整治和保护相协调的政策，合理利用国土资源。另外还应合理利用水资源、矿产资源等，这也需要健全水资源、矿产资源等有偿使用制度，完善相关的法律法规，科学开发水资源、矿产资源，坚持开源和节流并举，通过科技进步和技术创新不断提高资源利用率。其次，应大力加强环境保护。良好的自然生态环境，可以促进城镇的经济发展、社会进步，可以促进城镇系统的不断完善。在城镇建设中，决不能以污染和破坏环境为代价来获取经济利益和城镇资产的积累。同时，还要从回归大自然的高度制定城镇总体规划，突出以绿化为主体，将生态科学与环境科学相结合，为城镇居民铺就一个花团锦簇的、与自然协调的人居环境。

二、确定并实施科学的城镇化发展战略

(一)城市经济圈发展战略

围绕城市经济圈，依托其强大的辐射力，带动城镇化和城乡一体化发展，最终形成大中小城市和小城镇协调发展的城镇化空间格局。第一，要发挥现有特大

城市和大城市强大的辐射功能，带动周边次中心城市、卫星城镇的发展，推进“两小时”或“三小时”车程城市经济圈建设。重点要加强城市政府之间和非政府组织之间的交流与合作，消除行政管理、市场壁垒等障碍，构建有利于区域经济整合的体制和运行、协调机制，发展各城市间的产业配套关系，建立科学合理的产业分工体系。第二，以扩容为重点，积极鼓励中等城市发展，为特大城市设置保护带，并培育其逐步成长为大城市。第三，小城市和小城镇应确立依托大城市加快自身发展的战略。要注意对大城市产业的承接，避免在专业分工上与大城市的雷同，走特色化发展之路，与大城市形成优势互补的良性互动关系。

（二）产业带动战略

城镇化必须依托于城镇二、三产业的充分发展，如果没有二、三产业的良性持续发展，大量农村居民涌进城镇势必会带来更多的社会问题。扩大城镇就业空间，要在继续发展好第二产业的同时重视发展第三产业。世界上一些发达国家如美国，其第三产业的就业人员占总就业人数的比重已达到80%以上，而在我国的就业结构中第三产业明显偏低。在总量不足的同时，第三产业的内部结构也不尽合理，金融、保险、通讯、房地产、信息服务和社区服务等新兴第三产业还处于起步阶段。针对这种情况，各级政府应从战略高度调整产业结构，大力扶持城镇第三产业发展，挖掘第三产业的就业潜力。第三产业中不少行业，如商业零售、餐饮住宿、交通运输、旅游观光、信息咨询、物业管理等，都有较大的发展空间，可创造大量的就业岗位。社区和个人服务业的发展，是第三产业中十分重要的部分，其吸收劳动力较多，而且大部分工作岗位就业门槛低、资金投入少，应该大力发展。

三、加强制度改革与创新，加快县域城镇化步伐

在制约城镇化进程的诸多因素中，制度因素是主要障碍，推动县域城镇化快速健康发展的关键在于制度创新。

（一）户籍制度改革

自从1998年国家确定加快城镇化发展战略以来，全国各地都在进行户籍制度改革，而且幅度越来越大，目的是便于人口的自由迁徙。虽然如此，但这种户籍分割体制并未得到根本改变，农民进城仍受到许多限制。如一些大中城市要求外来人口（包括农民）必须在本市购买一定标准的房产、投资较高数额的资金或具有大学以上学历才能允许其将户口迁入，农民进城成本仍然很高。导致这种状况

的原因主要是政府决策者担心一旦户籍制度彻底放开,大量农民涌进城市,会加重"城市病",带来城市住房紧张、交通拥挤、公共资源紧缺、失业率上升等问题。当然这种担心是有一定道理的,但事实上不须惊慌。人口从乡村流向城镇或从城镇流向乡村主要取决于人们对流动后收入和生活状况能否得到改善的预期以及由此所需承担风险的理性判断,如果一个农民进了城,在城市找不到固定居所和稳定的生活来源,最终还是要回去的,近些年部分进城农民要求将城镇户口迁回农村的"反城镇化"现象就有力地说明了这一点。且不说多少年来农民为国家的工业化、城镇化、现代化做出了巨大的贡献和牺牲,理应与城镇居民共享社会发展成果,从另一个方面来讲,进城农民不仅是消费者同时也是劳动者和奉献者,仅仅从维护城镇居民集团利益出发将农民拒斥于城市大门之外也是毫无道理的。人口迁徙既是市场优化资源配置的必然结果,同时也是人口在利益驱动下对劳动和生活空间进行选择的结果,市场经济的发展必然要求建立与之相适应的人口自由迁徙制度。户籍制度改革的重点是要取消附着于户口上的各种利益,剔除黏附在户籍关系上的种种社会经济差别,达到户籍与各种福利待遇完全剥离,真正做到城乡居民在发展机会面前地位平等,获得统一的社会身份,达到凭身份证"一证走天下"的目的。农业人口和非农业人口仅仅作为职业划分的依据,不再具有利益分配的功能。改革的最终目标是按照国际惯例,建立统一的、流动的户籍制度。任何人只要在一地有稳定的住所、职业和收入来源就允许其在当地落户,并依法拥有该市市民应享有的权利和应尽的义务。实践中,许多省市已经加快了户籍制度改革的步伐,如湖北、湖南都建立了城乡统一的户口登记管理制度,取消农业户口、非农业户口性质和由此衍生的其他户口类型,而统一登记为"居民户口"。

(二)土地流转制度改革

很多农民进城从事第二、三产业,在农忙时回家处理作物播种、收割等事务。但还有很多农民常年在外居住、工作、生活,家中的土地要么交给父母兄弟照看,要么承包给他人。但是由于缺乏中介组织和农地流转市场,亲朋、乡邻之间的农地流转多为口头协议,转包费常常难以兑现,转包期限也随时变动,导致许多纠纷。这既不利于对原承包者利益的保护,也不利于农地向优势经营主体的集中,迫切需要建立规范的农地流转市场。

首先,要培育中介组织。其职能是做好土地流转的各项服务工作,包括土地流转规划、农用地定级与估价、收集发布土地供求信息、咨询、预测、项目推介、流转程序指导和协助办理土地流转手续、档案保存以及调解处理各方关系。要积极营造中介机构健康发展的良好氛围,引导中介机构合法诚信服务。

其次,要形成科学合理的价格评估体系。从目前农地承包经营权流转的实践来看,缺乏合理的价格依据、评估标准和利益分配机制已成为一大障碍。实践中可由政府部门和专家组成农地价格评估委员会,参照已经颁布的《农用地分等规程》、《农用地定级规程》和《农用地估价规程》,紧密结合当地实践经验和具体的评估地块,对其市场价格进行科学评估。在农地承包、转包、租赁、入股经营等流转过程中,不同的交易形式分别对应着不同的交易对象和权益关系,因此也就形成了不同的价格形式。无论何种形式,都要综合考虑农地当前的市场价格、将来的升值空间、政府对农业补贴的变化等因素,在给出一个确定的基数的同时与农地将来的经营效益挂钩,形成一种动态的利益补偿机制。

再次,要进行土地制度创新。当进城农民在城镇获得固定住所、稳定收入并取得城镇户口时,如果农民自愿放弃在农村的土地承包经营权,可考虑将其承包土地及其在村集体土地中应占份额转换为财产权一次性卖出, 本村村民和村集体组织有优先购买权。如果进城农民不愿放弃对土地的承包经营权,任何个人和组织不得以任何理由强行剥夺。

最后,在土地流转过程中,县、乡等地方政府要发挥好引导、扶持、监管、服务职能,确保土地流转市场按照依法、自愿、有偿、互利、规范、有序的原则健康运行。

(三)就业服务制度的改革与完善

各级政府部门要从完善对进城农民的职业技能培训制度入手, 把进城农民培训教育作为一项重要职责,紧密结合城镇就业岗位的需要,抓好对进城农民的各种职业技能培训,提高进城农民的就业竞争力。就业培训应坚持自愿原则,由农民工自行选择并承担费用,政府给予适当补贴。用人单位应对所招用的农民工进行必要的岗位技能和生产安全培训。劳动保障等有关部门要对各类培训机构加强监督和规范,防止以培训之名,对农民工乱收费。

加快公共就业服务制度改革与创新, 建立健全覆盖城乡的公共就业服务体系,是新社会组织凸现期政府的重要职能。政府劳动部门的职能应由城镇延伸到农村,统筹开发城乡劳动力资源,疏通城乡两条就业渠道;建立劳动力市场信息服务平台,掌握好不同区域劳动力供求信息,对进城务工农民进行科学有效的指导和服务,提高组织化程度,引导农村劳动力向城镇有序转移;进一步加大对劳务中介市场和用工市场的清理整顿力度，取消各种不合理收费；健全劳务纠纷协调仲裁机构，解决好拖欠工资、劳动环境差、职业病和工伤事故频发等突出问题，维护好农民工的合法权益，为进城农民创造一个良好的社会环境。

(四)完善社会保障制度

对于进入城镇的农民来说，解决了就业、居住问题之后，其主要关心的就是后顾之忧的问题。为了使进入城镇的农民能够真正走上城镇规范的生活轨道，使城镇化稳步推进，必须完善社会保障制度，逐步将进城的农民工人纳入社会保障范围。一是建立面向所有非农产业就业人员的失业保险和医疗保险制度，从根本上解决农民进城的后顾之忧。二是吸收进入城镇就业的农民合同工参加养老保险，以逐步解决进城农民的稳定问题。三是为已经进城落户并将承包土地一次性出让的农民提供最低生活保障。此外，还要考虑农村养老保险制度的改革。由于城镇化吸引了大批农村年轻人向城镇转移，这就对传统的家庭养老提出了严峻的挑战。目前，城镇中已经建立起社会统筹与个人账户相结合的城镇养老保险制度。而农村养老保险制度还处于试点阶段。因此农村养老保险制度的改革首先要通过在农村推广建立农民个人账户，扩大个人账户的覆盖面，进而统一农村和城镇养老保险制度。

四、按照经济发展规律，把握城镇化节奏

我国国情决定了城镇化进程必须把握节奏、循序渐进、稳步发展。城镇化进程的快慢、转移人口规模的大小，主要取决于两个前提条件：一是农业生产水平。二是工商业发展水平。我国现有城镇人口5亿多，城镇化水平每提高一个百分点，就要增加1300万到1500万左右的城镇人口。面对如此庞大的农村人口城镇化任务，如果不实行积极的城镇化战略，必然滞缓整个国家的现代化进程；但如果农民进城速度过快、规模过大，城镇无论就业还是公共设施都难以承受。因此，在推进城镇化的过程中，应全面考虑经济社会发展水平、市场条件和社会可承受的程度，注重经济社会综合效益，注重发挥政府的宏观调控作用，总体规划，科学引导，逐步推进。

五、坚持人本思想，在城镇化进程中切实保护农民土地权益

在城镇化进程中，要深刻认识农民土地权益保护的几个问题：一是农民不应该以放弃土地为代价获得社保。因为我国正在建立的社会保障体系是全体农民

都应享有的权利，并非以农民交出土地为获得的条件。《土地管理法》规定征收耕地的补偿费用包括土地补偿费、安置补助费以及地上附着物和青苗的补偿费，给予被征地农民的这些补偿和补助费是用来补偿农民的农业等损失并用来安置农民正常生活的，不能直接截留征地补偿费用转为社保费用。二是农民并非放弃土地权利才能变为市民。要求农民以放弃土地权利为代价获得市民身份是不公平的。在农民变市民的过程中，不能把农民的土地权利变没了，不应完全隔断农民与土地的关系。让农民带着土地权利进城做市民，让进城农民享受原有的土地权利，这既是对农民土地权利的尊重，也是为农民提供安全可靠的退路。第三，农民不能被剥夺分享农村建设用地收益的权利。一些地方政府和集体往往以集体享有宅基地的所有权为名，劝说农民交出宅基地使用权，置农民的宅基地用益物权于不顾。整理节约出的农村建设用地产生了巨额收益，农民很难分享。

在城镇化进程中，应完善被征地农民的社会保障制度。对于全部或大部土地被征收的农民，应当纳入当地城镇社会保障范畴，使其与城镇社保体系融合，保证被征地农民社会保障的稳定性及可持续性。应明确规定地方政府从土地出让收益中拿出一定比例注入被征地农民社会保障基金。被征地的集体经济组织也应从本集体的积累资金或土地补偿费用中抽调一定的资金注入被征地农民的社保基金。应明确规定被征地农民的社保金与征地补偿费脱钩。征地补偿费的发放与社保金的收取应为两条线。政府有关部门或集体不得未经农民同意擅自截留被征地农民的补偿费并转为社保。

第八章

县域经济发展与环境保护

- 县域经济发展与环境保护所面临的问题
- 县域经济与环境保护和谐发展的机理
- 县域经济与环境保护和谐发展战略

第八章　县域经济发展与环境保护

长期以来,人们对于县域经济发展没有全面的认识,忽视甚至牺牲本区域的生态环境去片面地追求经济效益,使工业发展、粮食生产、资源利用与环境保护等诸多因素之间的矛盾加剧,内耗加重,从根本上限制了县域经济的持续稳定发展。针对目前县域经济发展现状及其发展前景,必须按照可持续发展的思路和战略要求,分析认识县域经济可持续发展的内在规律,避免走“先污染后治理”的老路,以达到经济发展与环境保护相和谐的目的。

第一节　县域经济发展与环境保护所面临的问题

一、县域经济发展总体上环境保护水平低下

县域经济是国民经济大系统中的一个子系统和基础区域经济网络,经济总量小,结构不合理,经营方式粗放,资源环境代价很大。由于我国长期推行二元经济结构,以弱势农业反哺工业,使“三农”问题成为发展的主要阻力。同时由于计划经济时期制度设计的缺陷和城乡条块分割长期积累的弊端,使县域经济在国民经济的整体中仍处于工业化的初期发展阶段。

(一)县域经济是国民经济中的薄弱环节

在县域工业经济体系中,“五小”企业、乡镇企业、农副加工企业占绝大部分,在一定程度上是以资源大量消耗和粗放经营为特征的。近年来,乡镇企业高速发展,并从东部向中、西部扩展,形成全方位发展的格局。乡镇企业总体上技术水平和污染防治能力较低,环境污染出现由点向面发展的趋势。目前县域经济存在的突出问题是置身在社会基层、管理末端,经济总量小,结构不合理,经营方式粗放,经济增长主要靠增加投入、扩大投资规模、外延式的发展方法,资源环境的代价太大。据国家环保部、农业部、财政部和国家统计局联合组织的“全国乡镇企业

工业污染源调查”的初步结果显示，乡镇企业的各种污染物排放量在全国的污染物排放中占了很大比重，其中，工业废水中化学需氧量占 46.5%，固体废物占 38.6%。这表明乡镇企业的污染物排放已成为环境污染的重要来源。“废水、废气、废渣”工业三废污染，垃圾围城，尤其是那些资源性加工企业，由于可以拉长产业链条，增加附加值，对地方财政支持较大，环保制约机制失控，同时县域科技力量薄弱，也是环保滞后的重要因素。甚至有学者认为中国目前的县域经济是高投入、高消耗、高污染、低效益(产出)的“三高一低”产业，是“垃圾产业”“污染产业”。

(二)治理污染时行政命令和运动式手段运用较多

行政命令和运动式手段的灵活性较差，经济激励手段不足，治标不治本，在解决大的污染问题时可以在短时间内取得明显效果，但是本质上不会促使削减成本低的污染者超量削减，无法对提高动态效率提供有效的激励。在运动式的环节管理中，政策由中央制定，执行依赖大规模的政府投资项目，同时辅之以行政命令手段和宣传运动。例如在“三河三湖一市一海”治污工作中，政府就采取大规模的运动手段，投资总额超过 180 亿美元，同时关闭大量严重污染的企业。据统计，1995—2000 年间，共关闭、取缔了“15 小”企业 8.4 万多家。淮河流域“五小企业”中造纸、酿造行业产值占全流域工业产值的 20%，而排放的 COD(化学需氧量)占流域的 73.7%，“一个厂污染一条河”的现象十分严重。

几十年的淮河治理过程，能够很好地反映这一事实。淮河是中国七大河流之一，发源于河南的桐柏山区，流经河南、湖北、安徽、山东、江苏 5 省，养育着中国近 1/6 的人口，全长大约 1000 多千米，有着大小 500 条支流，水患频繁，被称为中国“最难治理的河流”。1950 年 10 月，刚成立一年的中央人民政府就决定治理淮河，淮河也由此成为新中国第一条全面、系统治理的大河。20 世纪 90 年代初，由于两岸工业污水的过度排放，淮河发生特大污染事故，淮河干流形成 70 千米的污染带，严重影响了全流域居民的生产、生活。据统计，“十一五”期间，淮河流域及山东半岛民生水利项目投资逾 300 亿元。但治污的成效甚微，有的地方污染依然严重，甚至比以前更甚。

淮河治理史上著名的“零点行动”就是一个不得不提的例子。淮河水利委员会水文局总工程师谭炳卿认为，所谓“零点行动”以后，“淮河污染反弹”的说法并不准确——淮河实际上从未达到过“2000 年底变清”的水质标准。“当时，工厂全部停工，不准排污，用自来水冲洗河道——为了在零点达标，地方上什么办法都用上了。”由于并没有从根本上堵住污染源，没有实行治污责任的经济补偿制度，没有建立起排污的责任追究机制，甚至也没有建立起日常起码的水质检查、污染检查以及污染即时查究制度，靠行政命令式的单方推动，要根治淮河污染之痼弊，显然勉为其难。高压态势下暂时的关闭停工，甚至用自来水冲洗河道，一旦"零点行动"过后，污染必然故态复萌，甚至变本加厉。

据悉，我国将在2020年前投资650亿元推进新一轮淮河治理，进一步提高淮河干流和重要支流河道排涝能力与堤防防洪能力，提高淮河流域洼地除涝能力。未来会怎样，巨额的治理投资能否起到作用，还不得而知。

二、县域经济发展中环保投资缺乏

(一)县域工业积聚度差，不利于集中治理

目前除南方发达地区的部分县市外，我国绝大多数县域还没有形成成熟的产业集群效应，县域中的乡镇企业小而散的布局不利于信息技术推广和信息设施建设，使新型工业化发展缺乏内在动力。由于县域交通设施薄弱，使企业的规模效应和积聚效应难以发挥，"小工业""大农业"矛盾非常突出。"五小工业"随便开采资源，没有有效的环境治理保护措施，严重地恶化了县域环境，为新型工业化发展设置了许多人为障碍。这种分散特征，为环境保护的管理和集中治理污染源，增加了难度。

(二)资金的制约因素阻碍了县域环境保护措施的落实

我国县域经济发展属于相对粗放的经济增长方式，高投入低产出、经济效益差的现象较为严重，高技术水平和高科技含量的产品和企业不多。县域经济在市场竞争中，虽占有资源、廉价劳动力等有利因素，但科技含量低，优势脆弱，加大环保投资后必然引起成本升高，无疑会削弱其市场竞争能力。目前县域企业融资困难，且"资本失血"和"资金倒流"现象严重。商业银行的县级机构发放贷款权限被上收，农村信用社能力有限，使县域经济发展缺少现代金融体系的支持。县域内的某些自有资金由于趋利性流向大中城市。大多数县域经济已陷入拉格纳·纳克斯的"贫困恶性循环"。县域内财政出资少，银行贷款难，社会集资困险，唯一的途径是外力突破——招商引资，但县域招商引资的各种条件无法同市辖区相比。

企业如此，县域财政实力也非常有限，"吃饭财政"占相当比重，抽不出资金办公益环保设施，只能保吃饭、保办公。同时，县域的环保产业企事业单位过少，生产设备简陋、资金缺乏、技术落后。环保产业单位结构不均衡，环保产品种类少、缺项多，环保科技的落后，直接影响着治污能力。

1.很多县域重度污染企业难以关停

位于宁强县代家坝镇南沙河流域下游的明洋锌业公司是在20世纪80年代末期成立的，其前身是代家坝镇集体所有制企业宁强县炼锌厂,2004年改制为股份制企业。由于经济基础薄弱,公司采用国内已经淘汰的落后生产工艺,炼锌车间废气无组织排放,对周边环境造成严重污染。宁强县环保局相关文件明确表示,明洋锌业公司生产工艺落后,生产锌锭和硫酸的过程中产生了大量废气和废渣,环境污染严重。2004年8月,宁强县环保局向明洋锌业公司下发了加快污水治理的通知。2005年2月,环保局再次发文,责令其停产整改,但明洋锌业公司一直以资金匮乏为由,未采取整改措施。环保局向县经贸局发函,商请关闭明洋锌业公司,但经贸局以"未取得上级人民政府特别授权,不具备行政处罚主体资格"为由予以拒绝。2005年8月11日,宁强县政府紧急发文,明确要求"宁强县明洋锌业公司立即停产治理,彻底改造其落后生产工艺,废水排放不达标不得进行生产",同时将其列为挂牌督办企业。但该公司一直置若罔闻,依然继续违法生产,未拿出任何切实可行的治理方案。由于该企业长期拖欠银行金融单位贷款以及农民工工资,数额高达2000多万元,政府对此无能为力,无法将企业直接关闭或停产。

一个负债高达2000多万元的亏损企业,靠银行贷款和牺牲当地生态环境为代价而生存、维持运转,当地政府和相关执法部门却无法关停这样的污染企业。由此不难看出资金问题是县域环境治理的重要制约因素。

2.县域财政实力难以保障公益环保设施投入

从我国县域政府财政总体状况上看,县乡财政困难,使建立"工业大县,财政富县,经济强县"的号召难以在短时间内实现,而"农业大县,工业小县,财政穷县"现象却十分普遍。加上体制问题造成的机构臃肿,使许多县成为"吃饭财政"。目前,以十万人左右的县城为例,建一座污水处理厂需两亿多元资金,且运行费用也相当高，居民每用一吨水产生0.7吨废水，每吨水的处理费要另加一元左右。即使在国家规定的重点领域,由国家投资兴建的治污设施,很多也因为无资金投入,而陷入停运状态,无法发挥其效用。在我国,多数县域尚未兴建污染处理厂,垃圾处理基本上都采取填埋法或焚烧法,科技含量低,垃圾场占地面积不断扩大,甚至造成垃圾包围县域的二次污染。

三、县域环境执法力度不足

(一)县域环境执法机构投入少配置差

环境执法机构不健全,突出表现为县级环境保护机构及执法队伍太薄弱,执法人员严重不足。据2005年3月,国家环保总局(现环保部)环境监察局与美国环保协会共同开展的中国环境监察执法效能研究项目显示,省、市两级环境执法机构的平均预算资金都增加了50%以上,但县级增长仅为1.5%。报告指出,执法投入在省、市、县三级执法机构之间分布不均;另外经测算,省级环境执法人员平均每人每年的执法和排污费核查次数为148.2次,地市级执法人员为343.2次,县级执法人员为308.5次,地县环保机构执法人力投入明显不足。无论是人力、资金还是设备投入,县级执法机构都非常差,县级环境执法状况令人担忧,需要进一步改善。

(二)县域环保机构执法的随意性

为了说明问题,我们先列举一个县级环保执法机构随意执法的例子。

2005年8月,南漳县环保局向法院递交了南漳宾馆长期拖欠并拒交排污费的诉讼,经调查情况属实,准备强制执行时,南漳县环保局却通知法院,该宾馆已经履行缴款义务,请法院停止强制执行。真实内幕是:南漳宾馆应缴的排污费,经环保局同意由五万元减至一万多,而且不用缴现金,以南漳环保局到宾馆消费的形式做抵账处理,将排污费变成招待费。当宾馆拒报"招待费"时,环保局便向法院提起诉讼。后来南漳宾馆重申以前协议,环保局也就撤诉。经过执法部门的调查,南漳环保局所收的排污费,"简直就是南漳县环保局随意开支的小金库"。排污费还用来支付自来水费、房租费、建材费。南漳县环保局现有87人,在编的只有10人,其他的只能吃排污费。因为经费不足,南漳县环保局的排污费实际上变成了人头费。南漳县环保局收取的排污费每年约有一百万,除上缴中央和省上25%以外,其余全部由县财政返还给了南漳县环保局,而该局把这些钱全部作为办公经费,2002—2004年连续三年所收取的排污费没有一分钱用到治理污染上。

湖北省南漳县环保局征收的"万能排污费",典型地揭露出环保执法的随意性和执法不严、有法不依的现象,同时反映出县域在行政体制改革、转变政府职能等方面存在的问题。近年来,为解决"三农"问题,取消各种不合理的收费,县级财政收入相应减少,但县级财政供养人员反而不断超编,使得本来拮据的县级财政更是捉襟见肘。县政府号召工业立县,做“工业强县、财政大县”,但大部分仍是“财政穷县”,甚至是只能保工资、保办公的“吃饭财政”。这种情况下,县级环境保护机构执法力度更是薄弱。

(三)地方政府为某些污染企业提供保护

由于环保问题是一个局部与全局利益、短期与长期利益、当前与长期利益之间的权衡和选择问题,有些地方政府出于对地方利益、局部利益、短期利益的考虑,在追求单纯经济发展的利益驱使下,不仅视而不见,行政不作为,甚至对环保执法往往是睁一只眼,闭一只眼,缺乏足够的力度,使环境违法者逍遥法外。特别是对那些能够为地方带来财政收入,创造就业机会的企业的环境问题姑息迁就,有的甚至百般维护,污染企业有了这顶“保护伞”,就可以为所欲为,从而使治污工艺在这些地方成了“奢侈品”,谁采用,就会增加生产成本,从而在竞争中处于不利地位,这样保护县域环境的目标自然难以实现。

2011 年 5 月,浙江省湖州市德清县发生了 332 人血铅超标的污染事件。5 月 18 日晚,环保部新闻发言人陶德田向媒体通报说,造成此次血铅超标事件的原因是,浙江海久电池股份有限公司违法违规生产、职工卫生防护措施不当;当地县、镇政府未实现防护距离内居民搬迁承诺, 以及地方政府及相关部门监管不力。除德清外,2011 年,经媒体披露的血铅超标事件还有安徽怀宁儿童血铅超标事件和浙江台州血铅超标事件。事实上,2010 年,全国也发生了 6 起影响较大的血铅超标事件。这些血铅超标事件大多与铅蓄电池及再生铅行业的污染密切相关。

德清血铅超标事件的肇事者浙江海久电池股份有限公司年产值 4.5 亿元,职工 1000 多人。据当地媒体报道,这家德清县最大的企业不仅颇具规模,而且还曾通过了 ISO14000 环保认证,2010 年又通过上市前的环保核查。根据环保部的情况通报,海久公司所在的市政府和德清县政府,为使海久公司能够顺利通过环评、验收和上市核查,在未征得群众同意的情况下,单方面就该公司 500 米卫生防护距离内 113 户居民的搬迁问题多次向有关监管部门做出承诺, 但并未完全履行。

正如国家环保部副部长潘岳所言,此类事件根源在当地政府,政府不作为是导致污染事件的根本原因,有关政府和部门负责人负有重要责任。制造污染的企业就是因为有了地方保护这把“大伞”才得以“招摇过市”很多年。一些政府领导存在畸形的政绩观,为追求一时经济发展,漠视人民群众的健康,甚至包庇纵容违法排污企业,充当保护伞。目前,由于体制与利益等原因,某些基层环保部门充当了地方保护主义的“开路先锋”,愧对环保神圣的职责。

四、县域环境保护利益诱导机制不健全

(一)现有的经济评价指标不能衡量经济发展质量

GDP 是目前衡量经济发展的重要指标,也是首要指标,它是反映一个国家或地区的生产规模及综合实力的重要的总量指标，是综合性经济总量指标中的核心指标。只有计算了国内生产总值指标,才能进行投入产出指标核算、资金流量核算、资金负债核算,以及国际收支核算。国内生产总值的统计是计算其他国民经济总量指标的条件，国民经济总量的一系列指标的计算都以国内生产总值计算为前提。GDP 是一把尺子,衡量着所有国家与地区的经济表现,换句话说,GDP 不仅起着经济发展的衡量作用,同时起着导向作用。

事实上,经济产出总量增加的过程既是自然资源消耗的过程,也是环境污染和生态破坏的过程。国内生产总值反映了经济的发展,但是没有反映经济发展对资源利用和对环境质量的影响,它仅仅侧重于反映经济增长的数量,而在衡量经济总值的质量方面有较大缺陷。表现在：GDP 不能反映经济发展对资源与环境造成的负面影响,不能准确地反映一个国家财富的变化,不能反映某些重要的非市场经济活动。因为环境污染和生态破坏也增加国民生产总值,而现行的国内生产总值核算体系对人类活动的外部不经济性不予考虑。由于没有将环境和生态因素纳入其中,看不出环境和生态成本有多大,使得国内生产总值核算体系不能全面反映国家的真实经济情况。GDP 是单纯的经济增长概念,它只反映出国民经济收入总量,不统计环境污染和生态破坏,不反映经济增长的可持续性。

绿色 GDP 一度被人们赋予了能够客观衡量经济发展成果的期望。绿色 GDP 就是从现行统计的 GDP 中,扣除由于环境污染、自然资源退化、教育低下、人口数量失控、管理不善等因素引起的经济损失成本，从而得出真实的国民财富总量。但这一统计指标仅存在于学术研究和讨论中,除了进行小范围的研究性和试验性测算外,从未被真正实行。而被看作绿色 GDP 变身的中国资源环境统计指标体系却迟迟不能真正公布落实,绿色国民经济核算讨论了数十年,仍然停留在讨论和试验阶段。

(二)县域经济政策的偏差

对地方政府政绩考核中,产值总量和增长速度是重要的,GDP 是硬指标,而

对保护资源和环境的指标虽然存在,往往都是软性的、柔性的,结果导致地方不惜牺牲资源和环境去追求 GDP 的增长,忽视了长远利益。

五、产业结构与调整带来环境污染

随着国家对可持续发展战略的强化实施，城市环境保护和重要区域的环境保护必然加强。由于区域之间发展的不平衡,导致发达地区环境污染开始发生转移,由发达地区向欠发达地区转移,由城市向农村转移。一些污染严重的产业向欠发达地区转移,由此造成经济欠发达地区生态环境破坏有加重的趋势,而且这一问题越来越严重。

一些县域开始整治由发达地区转移的污染企业所带来的污染问题，对高耗能、高耗水及高污染企业在电价、环保等方面进行限制。如浙江杭州萧山区在治理化工园区时,南阳镇化工园区的 20 多家化工企业将被关停搬迁。十多年前杭州淘汰落后产能和污染企业,污染企业大都搬迁到了附近的萧山南阳镇,现今已经成为经济发达地区的萧山区，却不得不关停搬迁这些化工企业，走了一条污染—发展—淘汰—治理的路。直到现在,一些经济欠发达地区基于强烈的发展愿望,仍在重蹈覆辙,以追求短期利益为目的,制定种种优惠条件,吸引"三高"企业来本地投资,出现了污染项目"转移"新趋势,即城市向欠发达的县域转移。目前我国的一些县域地区仍在步当年萧山的后尘,引进着大城市淘汰的污染企业,为子孙后代埋下环境破坏的毒瘤。苏南的一些工艺落后、污染较重的企业开始向经济相对落后的苏北地区转移。苏北的一位乡镇干部在招商引资的过程中明确表示,"我们的优势就是不怕污染"。浙江永康在大规模整治小冶炼企业时,江苏徐州一小镇却在永康本地媒体大做广告"欢迎小冶炼企业进行异地投资"。污染企业迁往经济落后的县域地区,给当地经济带来效益的同时,也严重影响了当地环境。一些地方生存环境迅速恶化,空气质量和饮用水质量均得不到必要保证,这就造成了区域性连片污染，往往影响到一个村庄甚至一个地区群众的生产生活和身体健康。因环境问题引发的矛盾积累到一定程度,将在新的地方重新爆发。这就意味着,今日发达地区所爆发的环保冲突,将在污染转移之地继续上演。发达地区的今天将是不发达地区的明天,这种经济发展上的"近视病",势必使地方经济发展付出沉重的代价。城市环境污染向农村转移,如果不引起重视,必将形成新的面源污染。

六、现行环境保护立法和执法层面的缺陷

(一)我国环境保护法律与法规之间存在矛盾之处

我国环境保护法律、法规及规章之间存在不统一现象。例如,《标准化法》第18条规定:“国家标准、行业标准分为强制性标准和推荐性标准。下列标准属于强制性标准……(四)环境保护的污染物排放标准和环境污染质量标准。”可见污染物排放标准是一个法律明文规定了的强制性标准,排放污染物超过此标准的行为就是违法的,应该给予其行政处罚,甚至要追究刑事责任。而现行的个别环境保护的专项法律却只要求超标排污者缴纳排污费即可,这直接违反了《标准化法》的规定,造成法律体系内部的不协调。另外,大量的相关法规散见于国务院和各级政府的行政法规和部门规章中,实质上是法出多门,重视规章而不重视法律,这是我国环境保护法律体系结构上的缺陷。

(二)我国环境保护立法不完善所造成的法律虚位

我国虽然依据《宪法》和《环境保护法》制定了六部环境保护的专项法律和众多的法规、规章、标准,但在某些方面仍表现出立法上的不足。例如,我国至今没有制定《环境保护税法》《环境保护投资法》《环境信息公开法》。另外,一些现有的法律体系也存在不够完善的地方。以我国的水体污染防治为例:我国虽然有《关于保护和改善环境的若干规定》《环境保护法》《水污染防治法》《水法》等关于水资源和水环境的法律、法规,但是面对水生态环境的恶化,我国并没有制定针对有关流域资源和环境综合管理及保护的法律、法规,构建流域环境保护合约制,特别是缺乏流域管理机构设立的组织法,使得一些已经建立的水资源保护责任制,在缺乏法律、法规支持的情况下,很难落实。

(三)部分环境保护法律的可操作性差

我国目前出台的许多环境保护法中,“宣言性”“口号式”条款过多,缺乏可操作性,而环境保护法律对可操作性具有较高要求。例如《水污染防治法》的第12条第1款规定:“企业应当采用原材料利用效率高、污染排放量少的清洁生产工艺,并加强管理,减少污染物的产生。”这事实上是对调整的主体规定了义务,但却并未对违犯该义务后应如何追究法律责任以及追究什么样的法律责任做出规定;另外,“利用效率高”“污染排放量少”“减少污染物”等用语在表达上也模糊不清,缺乏实际操作的标准,使该款显得空洞,“口号式”成分加大。这种原则性规范,不能够解决当前复杂的环境问题。此外,过多的原则性规定,会导致操作过程

中行政管理部门处理环境问题的任意性过大，在环境执法人员素质不是很高的情况下，很容易滋生腐败。其次，原则性规定容易引起理解上的偏差，导致各地区环境保护管理的不一致和制作标准的不一致，当跨地区环境污染问题发生时，就容易使地区间的责任不明确，形成地区间对各自责任的推诿。最后，法律、法规的太过原则化，容易使社会主体在进行社会活动时，无法对自身行为的合法性做合理的预见，容易导致行为的盲目性。

(四)环保机构隶属地方政府，难以做到客观、公平执法

目前我国县域环保机构隶属地方政府，实际上是责权分离，当坚持环境保护与地方经济发展相矛盾时，条块利益冲突。从执法层面上看，很难做到客观、公平执法。环保机构行政隶属关系，削弱了他们的执法监管力度。在现行体制下，环保机构公正执法不仅会受到影响，甚至还会充当地方保护伞。为了进一步健全环境监管体制，提高环境监管能力，加大环保执法力度，应当探索实行垂直管理，如工商、税务等垂直管理体制，以保证监督执法的客观性。

第二节　县域经济与环境保护和谐发展的机理

县域经济与环境保护和谐发展问题是研究人与自然和谐发展的问题，属于可持续发展战略的重要内容之一，我们必须用辩证唯物主义的观点，认识其内在机理。县域环境污染，兼具城乡特点，既有工业三废(废水、废气、废渣)，又有生活污水和生活垃圾，还有农药、化肥、地膜等过度使用造成的农业生态环境污染等。其中以城镇生活污水及生活垃圾最为直观，工业三废则依工业发达程度而不同。随着环保知识与可持续发展战略的普及，人们的环境保护意识普遍加强，因此对环境污染分外关注。

一、经济发展与环境保护和谐发展的理论分析

(一)经济发展与环境保护的辩证关系

人类社会物质资料的生产和再生产，是从生态自然环境系统中获取各种资源，加工成生产和生活资料。人类只有有效地保护自然生态环境，才有可能使自然力最大限度地持久地转变为现实的生产力，经济才能持续稳定发展。由此可见，良好的生态环境既是人类赖以生存的自然基础，又是社会经济得以持续发展的物质源泉。

经济发展和环境保护是对立统一的关系。经济发展带来了环境问题,又增强了解决环境问题的能力;环境问题的解决,又增强了经济持续发展的能力。经济发展和环境保护协调的目标是既能发展经济,又能使环境质量逐步改善,以实现经济效益和环境效益的和谐发展和统一。经济与环境的协调发展,是环境保护的本质特征。其一是指经济的发展只有与环境的发展相协调,才能保持经济的持续稳定发展;其二是指在经济发展过程中,要正确处理好经济与环境的关系,经济和环境是可以协调发展的。经济发展是人类生活水平高低的问题,而生态环境的保护则是人类能否生存发展的问题,因此,经济的持续发展需要保护环境。在发展经济的过程中必须缓解工业持续快速发展、资源消费量随之增加所导致的环境污染与经济发展的矛盾,改变环境保护能力比经济发展水平滞后的状况,加快偿还环境保护欠账的速度,促进经济与环境的协调发展。

(二)发展经济是解决环境问题的最根本、最有效的手段

经济与环境协调的中心是经济发展,只有发展经济才是解决环境问题的最根本、最有效的手段。经济发展是社会发展和人的发展的基础,可持续发展的前提是发展。停止发展是消极的,没出路的,它不能解决人类面临的各种危机。

中国是一个发展中国家,经济与环境的和谐发展尤其重要。以牺牲环境和资源为代价的经济发展是有一定限度的,这种"举债式"的经济发展的限度要以有偿还能力为基础,其结果是不能使经济的持续发展受阻。同时,我们也不能单纯地减缓经济速度而将大量的资金和人力物力用于环境保护,因为环境保护如果失去持久的经济支持,并不利于环境保护的长期发展。在中国环境退化的主要原因是贫困,长期的低收入迫使人们对自然资源进行掠夺性经营和对环境质量忽视,形成了经济贫困、环境退化之间的恶性循环。诸多社会问题的解决是以经济持续发展为基础的。现阶段的所有问题,只能在发展中解决。正如胡锦涛主席讲的,发展是"第一要务",要"聚精会神搞建设,一心一意谋发展"。我们必须在坚持经济建设为中心的基础上,来统筹各方面,促进全面发展。

当今世界发展是主旋律,我国可持续发展的核心是发展,贫穷不可能实现可持续发展。中国县域较低的经济发展水平、以煤炭为主的能源结构、资源分布的不均衡性、绝对数量很大的贫困人口等因素都加大了实现可持续发展的难度。贫困与落后是造成资源与环境破坏的基本原因,只有发展经济,继续坚持改革开放,采用先进的生产设备和工艺,降低能耗、降低成本,提高经济效益,增强经济实力,才有可能消除贫困,提高科学技术水平,为防治环境污染提供必要的资金

与设备,才能为改善环境质量提供保障。因此,没有经济的发展和科学技术的进步,环境保护也就失去了物质基础。经济发展是保护生态系统和环境的前提条件。只有强大的物质基础和技术能力,才能使环境保护和经济发展和谐共赢。在发展中实现持续,对于发展中的我国县域也应如此。

中国传统的经济增长是建立在对自然资源的掠夺性开采、榨取性利用和浪费性使用的基础上的,这种只讲利用,不讲保护,忽视其增殖的盲目开发利用,必然导致自然资源的严重破坏和浪费,使经济发展与环境保护的矛盾日趋尖锐化。因此,县域的可持续发展战略,是经济系统对生态系统的各种自然资源的最优利用和有效保护。应在保护中合理利用,在合理利用中更新增殖,保护开发利用与更新增殖相平衡,实现生态经济平衡,使环境的自然再生产和经济再生产都能顺利进行,把经济社会发展建立在自然资源的稳定持续供给的基础上,协调好经济与资源、环境的关系。

(三)以科学发展观指导县域经济的发展

发展观是关于发展的本质、目的、内涵和要求的基本观点和主张。发展观既具有历史性、延续性,也具有时代性。"科学发展观",是指在当今时代背景下关于发展问题的正确认识和科学主张。党的十六届三中全会将科学的发展观确立为"坚持以人为本,树立全面、协调、可持续的发展观,促进经济社会和人的全面发展"。科学发展观的基本内涵是全面、协调、可持续发展。全面发展,包括经济发展,也包括社会发展;包括物质文明建设,也包括政治文明和精神文明建设。协调发展,是指社会系统内部各个子系统之间在发展的速度、比例、顺序等方面必须要有一个合理的安排,既要有侧重点,又要兼顾各方,做到统筹兼顾。可持续发展,就是要在开发利用自然中实现人与自然的和谐相处,实现经济社会的持续发展。我国的县域是一个"经济—社会—生态"的三维复合体,具有国民经济大系统、大网络的综合特点,没有县域经济的可持续发展,就不可能有全国的可持续发展。

二、县域经济与环境保护和谐发展的经济学分析

(一)发达国家的一般模式

国际上资源、环境问题总是与经济发展阶段相联系的。通过对各国发展过程的观察,可以发现一条资源环境先恶化后改善的轨迹。从总体上看,20 世纪 70 年代前,基本是"先开发后保护,先污染后治理"的模式。在发展的较低阶段,经济

活动和环境污染水平都较低；到了快速增长阶段，资源的耗费超过了再生能力，导致了环境恶化；在更高的发展阶段，人们的环境意识和政府管理能力提高了，污染产业停止生产或被转移，发展带来的积累可以用来治理环境，于是环境开始改善。这形成了一条环境污染水平先上升后下降的倒U形曲线，与美国经济学家库兹涅茨(Kuznets)对收入分配状况的观察相似，故也被称为环境问题的库兹涅茨曲线，它直观地揭示了经济发展与环境状态的关系。

发达国家开始研究、处理环境问题，是在其经济发展到一定程度，资源环境成为制约发展因素时开始的。我国属于发展中国家，我们在总结发达国家治理环境污染经验的同时，必须走中国化道路，从可持续发展的总体上把握，避免发达国家“先开发后保护，先污染后治理”的旧模式，探寻人与自然和谐发展的最佳途径。

(二)县域经济与环境保护和谐发展的经济学分析

环境污染是具有负外部性的经济行为，而环境产品的生产和供给则具有正外部性。由于缺乏相应的价格信号传递外部性的成本和收益，市场机制不能自动消除外部性。政府干预是消除外部性的重要手段，除政府干预外，舆论监督、道德教化也能起到减少外部性的作用。

1.经济外部性

所谓经济外部性(Externality)是指一物品或活动施加给社会的某些成本或效益不能在决定该物品或活动的市场价值中得到反映。在没有市场交换的情况下，某个人或厂商对其他个人或厂商的福利造成的直接的、非故意的单方面的影响。其中的“直接”排除了通过价格传递的影响。“单方面”是指缺乏市场交换，行为效果不能通过价格传递，行为的私人成本(收益)和社会成本(收益)不一致。外部性实质上是私人收益率与社会收益率的差额问题。“单方面”的行为导致了市场的非对称性的出现，行为效果外溢，行为人不承担行为的完全成本(或不享受行为的完全收益)。在外部性发生时，如果外溢的影响是正面的，社会收益大于私人收益，这种外部性就是正面的，即外部经济性；反之，如果外溢的影响是负面的，即为外部不经济性。

2.环境问题与经济外部性之间的关系

按照西方经济学的观点，环境问题是因生产、消费等社会经济活动造成的负外部性的结果，环境资源的利用中存在着广泛的外部性。作为市场微观主体的企业和个人，在获利动机的驱使下，在生产经营活动中往往只计算对自身利益产生直接影响的成本和收益,不考虑其活动造成的环境成本代价,造成单个市场成本和收益与社会成本和收益不一致,出现环境负外部性,这就是产生环境问题的重要经济根源。

环境污染是经济活动中典型的外部不经济性现象。如果没有相应的约束机制,每一个市场主体都会从自身利益最大化出发,将其经济活动定位于私人成本和私人收益相等的水平。显然,由于私人成本对社会成本的偏离,私人最优经济活动水平必然偏离社会的最优状态, 其现实表现是污染产品生产过多导致污染超标(超过环境自净能力),或是资源开发过度导致环境退化。与环境损害的负外部性相对应,环境保护行为具有很强的正外部性,即市场主体对环境改善所带来的利益并不能独享却要独自承担环境改善的全部成本。如果没有相应的激励机制,在环境保护问题上就会产生广泛的"搭便车"机会主义行为,即市场主体从自身利益出发都不愿为环保行动付费,这必然导致环境保护行为供给的严重不足。外部不经济性的存在使环境不能得到有效保护,社会资源不能实现有效配置,因此需要通过一定手段将外部性内部化。用经济学的观点看环境保护的实质就是使经济外部性内在化。

三、政府在环境保护中的作用

环境资源是公共物品,使用和消费不具有排他性,无法由市场自发地提供,单依靠市场规律去解决污染问题是不可能的。当市场不能有效发挥作用时,政府必须以"有形之手"与市场"无形之手"合力促进社会整体福利最大化。实践证明,政府调控是纠正市场失灵的有效途径。正如世界银行在《世界经济发展报告》中指出的,"各国人民已经懂得了在促进经济发展方面,应该更多依靠市场,而较少地依赖政府,但是,在环境保护领域恰恰是政府必须发挥中心作用的领域,私人市场几乎不能为制止污染提供什么激励措施"。美国学者勃布·罗滨逊指出:"市场经济不能成功地保护环境,政府的干预是必要的。"作为公共机构的政府必须担负起为社会提供环境安全这一公共物品的职责,采取有效措施保护环境资源,鼓励环境资源的有效利用,即通过促使外部不经济性的内部化,达到社会所期望的环境目标。

第三节　县域经济与环境保护和谐发展战略

我国目前处于经济结构变革和城镇化加速发展的时期，更是工业化发展思路需要调整的时期。增长与问题、发展与矛盾交织在一起，是社会结构深刻变动、社会矛盾最容易激化的高风险期。社会经济发展的战略转变，要求我们必须走新型工业化道路，落实科学发展观，实现粗放式发展向集约型发展的根本转变。在发展经济的同时，重视资源的保护和环境的治理，调整县域人口、资源和环境的相互关系，达到经济、社会、生态环境之间的良性循环。

一、县域政府要加强环境保护基础工作

进一步加强县域环境保护队伍的思想作风和业务能力建设，逐步建立乡镇环境的初级监测网，做到县域环保有人管，环境问题有人抓。对于有污染产生的乡镇企业，要设有负责环境保护的企业领导，并配备有一定专业水平的环保专职人员，实行环境保护岗位责任制，提高乡镇企业的自控自检能力。在组织生产过程中，采取综合措施，搞好产品和产业结构调整，对本地区环境质量实施宏观控制。依靠科技进步，确保常规领域技术进入国际领先水平，把环保作为基础工作超前规划，从源头上控制。从技术上确保环境保护领域先行一步，真正做到同时设计、同时施工、同时运行的"三同时"要求。当前尤其要发展和完善主要污染物自动监测技术，制定科学合理的环境指标。

(一)县域财政应统筹兼顾，建立环保专用基金

根据发达国家的经验，一个国家在经济高速发展时期，环保投入要占到国民生产总值的1%～1.5%才能有效控制污染，达到3.0%才能使环境质量得到明显改善。因此我国必须确保环保正常投入，县域财政应统筹兼顾，设立环境保护预提科目，建立环保专用基金，政府应切实担负起环境资源保护的责任。

(二)确定县域发展方向和功能定位

县域的各级领导，尤其是县、乡领导要重视本地区的环境保护工作，将环境保护工作提到政府工作的重要议程上。在编制农业区域规划、城乡建设规划时要充分考虑本地的环境资源和存在的环境问题，协调制定有关规划。

1.在环境容量有限、自然资源供给不足而经济相对发达的县域实行优化开发，坚持环境优先，大力发展高新技术，优化产业结构，加快产业和产品的升级换

代,同时率先完成排污总量消减任务,做到增产减污。

2.在环境仍有一定容量、资源较为丰富、发展潜力较大的县域实行重点开发,加快基础设施建设,科学合理利用环境承载能力,推进工业化和城镇化,同时严格控制污染物排放总量,做到增产不增污。

3.在生态环境脆弱的县域和重要生态功能保护的县域实行限制开发,在坚持保护优先的前提下,合理选择发展方向,发展特色优势产业,确保生态功能的恢复与保育,逐步恢复生态平衡。

4.在自然保护区和具有特殊保护价值的县域实行禁止开发,依法实施保护,严禁不符合规定的任何开发活动。要认真做好生态功能区划分工作,确定不同地区的主导功能,形成各具特色的发展格局。必须依照国家规定对各类开发建设规划进行环境影响评价。对环境有重大影响的决策,应当进行环境影响评价。

(三)在县域内大力发展循环经济

所谓循环经济,是以物质、能量梯次和闭路循环使用为特征,以资源利用最大化和污染排放最小化为表现形式,以生态学规律为指导,将清洁生产、资源综合利用、生态设计和可持续消费等融为一体,把人类社会经济活动纳入自然生态系统物质循环中去的绿色经济发展模式。它强调最有效利用资源,做到生产和消费"污染排放最小化、废物资源化和无害化",提高经济运行的质量和效益,是一种"促进人与自然的协调与和谐"的经济发展模式。

循环经济的根本原则是减量化(reduce)、再利用(reuse)、再循环(recycle)原则。减量化原则是输入端方法,减少进入生产和消费过程的物质、能源消耗,从源头上节约资源和减少污染物排放;再利用原则为过程性方法,提高产品和服务利用效率,要求产品和包装容器以初始形式多次使用,减少一次用品污染,目的是提高产品和服务的时间强度;再循环原则即输出端方法,要求物品完成使用功能后重新变成再生资源,减少垃圾产生,提高资源利用率。

实施可持续发展战略,发展循环经济,是实现经济增长方式转变的根本途径。然而,由于循环经济思想的前瞻性和长远性,并非每个企业都能理解并主动实施它。循环经济的运行机理表明,政府是发展循环经济的主导力量。

县域政府要把发展循环经济作为制定各项发展规划的重要指导原则,加快制定促进发展循环经济的政策、相关标准和评价体系,加强技术开发和创新体系建设。按照3R原则,根据生态环境的要求,进行产品和工业区的设计与改造,促进县域循环经济的发展。

在生产环节，要严格规范污染物排放强度准入制度，鼓励节能降耗，实行清洁生产，并依法强制审核；在废物产生环节，要强化污染预防和全过程控制，实行生产者责任延伸，合理延长产业链，强化对各类废物的循环利用；在消费环节，要大力倡导环境友好的消费方式，实行环境标识、环境认证和政府绿色采购制度，完善再生资源回收利用体系，推进污水再生利用、垃圾处理与资源化回收。

（四）以循环经济理论为指导，发展生态农业

1.以循环经济理论为指导，重视县域农业与工业产业链的链接

生态农业是依据生态学理论，在一定区域内因地制宜地规划和组织农业生产。我国发展生态农业以来，各地根据地形、气候、资源等差异，培植出多种不同类型的生态农业模式，包括：立体复合型、物质循环利用型、生态环境综合整治型、资源开发利用型、综合发展与全面建设型和以庭院经济为主的院落生态系统型六种主要的建设模式。发展生态农业，可以借鉴以上六种建设模式，以循环经济理论为指导，重视农业产业链与工业产业链的链接，使系统中的各种废弃物在生产过程中得到再次、多次地循环利用，从而获得更高的资源利用效率，并能减少废弃物对环境的污染。生态农业为实现资源循环型农业提供了基础条件，它体现了物质能量的循环流动，但是生态农业只是在低层次上实现了物质能量的循环，农业废弃物的开发利用率低，还有待进一步发展。

2.国外循环型农业的成功实践模式

日本宫崎县菱镇是发展循环型农业较早，并且较成功的地区。1988 年 7 月该镇首次发起并通过了《发展自然农业条例》。镇政府规定禁止使用农药、化肥和其他所有的非有机肥料，从而有效地阻断了农药向粮食传播的途径，保证了农业发展的安全性和长期性。菱镇所有的有机农产品在销售前都要根据《发展自然农业条例》来划分等级，在给每一种农产品定出等级前，管理委员会的委员们要亲自去视察农产品和产出农产品的农田。除此之外，菱镇还对厨房垃圾进行统一收集和处理，厨房垃圾通常被收集后制成有机肥。镇民花 100 日元可以买 10 千克有机肥，或者交付 1 吨有机肥可得到 3000 日元。该模式通过将小规模下水道污泥、家禽粪便以及企业的有机废物作为原料进行处理后投入到甲烷气体发酵设备，产生的甲烷气体用于发电，剩余的半固体废渣进行固液分离后，固态成分进行堆肥和干燥，液态成分处理后再次利用或者排放，排放的废物已基本对环境无害，实现了废物的高度资源化和无害化。发展以有机农业为主的资源循环型农业使菱镇的生态环境大大改善，经济稳步发展，农民生活逐渐富裕，社会秩序安定。

循环型农业有利于农业的可持续发展,从现阶段的发展水平来看,循环型农业在中国县域地区广泛发展有一定的难度,但是可以借鉴日本等发达国家循环型农业的成功经验,采取必要的措施,制定相应的法律、法规以及选用合适的生产模式等,来逐步发展和完善我国县域地区的资源循环型农业。

二、做好县域生活垃圾和废水的无害化处理

随着我国城市化水平的不断提高,大量人口集中在城镇,带来了生活污水和城市垃圾处理的难题。环境统计显示,2000年以来,生活污水超过工业废水成为外排污水的主要来源。中国的城市生活污水处理率仅为15%,我国县域现有的垃圾处理场的数量和规模远不能适应垃圾增长的要求,历年堆放未及时处理的垃圾已经占有了大量的农田,而且还在逐年递增。大量城市污水未经处理流入江河,成为江河污染的主要原因。除生活污水外,生活垃圾的处理也是一个难以解决的问题。中国多数的垃圾处理是填埋或堆积,这使得许多地方都已出现垃圾山围城的局面,而且这两种处理方式都可能造成严重的二次污染。据统计,我国目前70%左右的垃圾通过简易堆放和填埋法处理,20%左右的垃圾通过焚烧和堆肥进行利用,另有10%左右的垃圾通过废旧物资回收进行循环利用。县域垃圾如果不加快处理,将成为中国经济快速发展过程中产生的"新肿瘤"。

三、改革排污收费制度,加大污染治理力度

(一)推行排污申报制度及排污许可证制度,控制新老污染源

由于我国目前市场经济机制还不够健全,环境保护法规由于弹性太大及执法不严,环境状况在整体上呈恶化趋势。面对市场在环境资源领域中的无序状态和"失灵"的局面,必须加以干预,采取有效措施,保护环境资源,达到社会所期望的环境目标。按照有偿使用,污染付费的原则,促使开发、利用、污染环境资源者从自身利益出发,选择更有利于环境资源的使用方式,改变"产品高价""原料低价""资源无价"的现象,从而有利于经济、社会、环境与资源协调、持续、健康发展。在控制新老污染源的措施方面,可推行国家环保部关于环境管理的八项制度中排污申报制度及排污许可证制度。环保部门对排污单位进行排污申报登记,各排污单位排放的污染物达到国家或地方"三废"排放标准且又在总量控制以内的,给以颁发"排污许可证",对其排污予以核实认可。对超总量排放或超浓度排放的单位,不但要征收超标排污费,且要求限期治理。唯此方能控制住新老

污染源。

(二)借鉴发达国家经验,改革排污收费制度

征收环境资源费和环境资源税是欧美发达国家采取的主要措施。环境资源费是根据有偿使用和污染付费的原则,由国家通过各级政府向开发、利用环境资源者征收的费用,包括资源补偿以及向环境中排放污染物和利用环境纳污能力资源的排污费。环境资源税是国家对一切开发利用环境资源者,按照其开发、利用、污染程度进行征收或按照其保护程度进行减免的一个税种。比如我国研究制定的燃油税,从确保国家环境安全和对子孙后代负责的高度,开创环保工作新局面。

四、推行绿色经济考核体系,调整和完善政策激励机制

县域是我国自然资源和生态资源的集中区域,我国国土资源的维护基点。目前我国县域经济基本上处于工业化初期阶段,随着经济快速增长和人口的不断增加,生态环境的形势十分严峻。其发展模式、发展战略乃至社会生活方式的选择,都必须考虑资源约束和环境承载能力。单以 GDP 作为衡量经济发展的指标是不全面的,不利于可持续发展战略的落实。

2006 年 9 月,国家环保总局和国家统计局联合发布了中国第一份绿色 GDP 核算研究报告——《中国绿色国民经济核算研究报告(2004)》。该报告展示了中国首次将环境污染成本纳入 GDP 核算的基本方法和主要核算结论。环保部环境规划院于 2010 年发布的 2008 年全国环境经济核算称,全国连续 5 年的环境经济核算结果表明,尽管我国“十一五”期间污染减排取得了进展,但经济发展造成的环境污染代价持续增长,环境污染治理和生态破坏压力日益增大。5 年间的环境退化成本从 5118.2 亿元提高到 8947.6 亿元,增长了 74.8%;虚拟治理成本从 2874.4 亿元提高到 5043.1 亿元,增长了 75.4%。环境退化成本占 GDP 的比例为 3%左右。环境规划院有关人士指出,需要注意的是,为了充分保证核算结果的科学性,在核算方法上不够成熟以及基础数据不具备的环境污染损失和生态破坏损失项没有计算在内,目前的核算结果依然是不完整的环境污染和生态破坏损失代价。

目前县域经济政策目标与环境保护目标相分离,对地方政府的政绩考核,主要是 GDP 及其增长指标。但指标包含的仅仅是经济活动中“货币化”的部分,未能包含所有影响福利的因素,同时忽视了经济活动的外部效应。它不能反映社会

成本,不能反映经济增长方式和为此付出的代价。如果只看GDP,只注重经济总量和速度的增长,不顾资源损失、环境污染、生态破坏,就有可能造成经济增长了而人民生活质量却下降了的局面,导致经济本身难以持续增长。必须把经济发展与环境保护相结合,因此要本照可持续发展战略,完善政策激励机制。

(一)将环境要素纳入县域经济核算体系,推行绿色GDP的制度

绿色GDP是从现行统计的GDP中扣除环境成本(包括环境污染、自然资源退化等)因素引起的经济损失成本,从而得出较真实的国民财富总量,用以衡量一个国家财富的总量核算指标。即在不减少现有资本资产水平的前提下,一个区域所有单位的增加值之和。其中资本资产实质上是指自然资本资产,如矿产、森林、土地等自然资源,水、大气等环境资源。绿色GDP不仅能反映经济增长水平,而且能够体现经济增长与环境保护和谐统一的程度。一般来讲,绿色GDP占GDP总量的比重越高,表明国民经济增长的正面效应越高,负面效应越低。在衡量县域GDP时,要开展绿色GDP体系研究,以客观真实地反映经济增长在环境、资源、生态方面付出的代价,或者在反映经济增长的同时这几方面得到的改善,既重视经济总量增长的"显"绩,又关注环境资源使用的"潜"绩,将可持续发展落到实处。

(二)绿色GDP必须在实践中继续完善

绿色GDP在核算上存在很大难度,主要原因是:(1)自然资源的产权界定及市场定价较为困难。许多自然资产同时具有生产性和非生产性资产的属性,因此其产权界定非常困难,如何界定自然资产产权并为其合理定价是绿色GDP核算研究领域的一个难点,也是绿色国民经济核算不能取得实质性进展的重要原因。(2)环境成本的计量较难处理。环境成本是指某一主体在其可持续发展过程中,因进行经济活动或其他活动,而造成的资源耗减成本、环境降级成本以及为管理其活动对环境造成的影响而支出的防治成本总和。(3)市场定价较为困难。GDP有一个客观标准,即市场交易标准,所有的交易都有市场公认的价格,买卖双方认可的价格是客观存在的;但绿色GDP对资源耗费的估计没有标准,不同的人得出的结论不同,所以要提供一个比较科学的让大家认可的绿色GDP的数据相当困难,这方面的工作还是相当艰巨、复杂的。

国家环保总局和国家统计局2006年初在北京、天津、河北、辽宁等10个省市启动了以环境核算和污染经济损失调查为内容的绿色GDP试点工作。在浙江、四川、内蒙古三个省、自治区开始了把环境保护指标纳入官员政绩考核的试

验。绿色 GDP 试点工作启动后，一直面临着不完善的体制、法律和复杂的利益格局的挑战，其中有部分省市在抵制绿色 GDP 概念，并且已有一些省市要求退出核算试点。在“2006 绿色中国年度人物”颁奖会上，国家环保总局副局长潘岳表示，环保总局一定会坚持到底。“就算只剩下一个省，我们也要把它算完。中国目前生态环境严峻程度与传统 GDP 增长速度形成的鲜明对比，必须逐步探索出一套科学的运行机制、公平正确的核算方法，方可推而广之，实施绿色 GDP 势在必行。”

(三)构建县域经济竞争力和科学发展评价体系

县域经济竞争力与科学发展评价指导思想经过了从侧重关注经济发展和经济实力两方面向以发展壮大县域经济为主，兼顾人、社会和环境的和谐发展的过程。目前县域经济竞争力与县域科学发展评价包括县域经济基本竞争力评价和县域科学发展评价(县域科学发展评价又包括县域相对富裕程度评价、县域相对绿色指数评价和幸福县域建设指数评价三方面)两个组成部分，两者有所侧重、有所区别、相对独立、相互联系、相互促进。

县域经济竞争力评价与县域科学发展评价相结合，构成县域科学发展评价的完整体系。县域经济竞争力评价更加关注县域经济的区域经济属性，主要是对县域经济方面的评价，评价结果揭示的是区域经济发展非均衡现象，考察的是县域经济强县的空间分布和发展规律。同时将评价内容扩展到包括县域经济在内的县域社会、县域文化、县域政治、县域生态等整个县域系统。县域科学发展评价不仅是县域的综合评价，也是县域经济的科学发展必须遵守的约束条件，比如要加强生态文明建设、要以人为本、要关注民生幸福等等。县域经济基本竞争力评价与县域科学发展评价相结合，构成完整的科学发展评价体系。这样就不仅考虑了 GDP 的发展成果，还考虑了环境、人的和谐发展，是符合科学发展观的县域经济评价。

五、根据县域实际情况解决城市污染转移

(一)对城市污染向县域转移问题的认识

由于地区间经济发展不均衡和环境保护意识淡漠，使得城市污染向欠发达的县域转移。长期以来，人们认为资源环境是依靠自然力形成的，是大自然的产物，没有凝结人类劳动，因而没有价值。这种资源无价观为发达地区向欠发达县域地区的污染转移披上一件隐身衣。

1.从经济理性论的层面对污染向县域转移问题的认识

所谓“经济理性论”,就是“经济人”在诸多经济行为中选择预期会导致其效用最大化的行为。它有两个特征:一是以个人的经济获利为唯一目的,即利己性;二是追求效用最大化原则,而无视人与自然的和谐。从经济发展的角度,污染产业的转移是经济发展到一定阶段的必然产物,是产业结构升级的必然阶段。污染转移的动力来自落后地区低成本劳动力大量存在的比较经济优势。中国城乡人均收入相差 3 倍以上,许多不发达的县域地区的确要求输入一些短、平、快的生产设备。因此,有人认为,尽管有这样那样的问题,但发达地区的污染产业向欠发达地区转移,可以带动欠发达地区的发展,在增加农民收入、解决农村剩余劳动力转移和促进整个经济增长方面做出了不可否认的贡献。污染只是这一经济产业结构升级进程中的副产品,或是一种必要的代价,环境问题的社会转移是正常的。

2.从比较优势说的角度对污染向县域转移问题的认识

“比较优势说”的实质就是实现资源在两个国家或地区甚至全世界的优化配置。从环境角度看,这种随着经济产业的转移而导致的污染转移,加重了区域环境的恶化,污染转移的结果具有明显的非持续、低效率和不经济性。因此,我们在全面建设小康社会,走新型工业化道路的过程中,发达地区的产业升级,不能伴随着欠发达的县域地区因承接污染严重的落后产业而导致的严重污染,和对人民身心的巨大危害。大量以浪费资源、破坏资源、破坏环境为特点的产业只能被淘汰,而不能进行转移。

(二)针对城市污染向县域转移问题,县域应采取的措施

在对待城市污染向县域转移问题上,应制定符合当地实际情况的评价体系,这种评价体系应建立在经济、社会、环境生态系统均可持续的原则上。在产业交易时,必须制定相应的制度,要明确以下的内容:首先不能转移进重度污染产业;其次不能转移进已经淘汰的落后生产技术;另外不能转移进高于排毒排污水平的阈值的项目等。当双方交易违背了这些法定标准时,即使是“双方自愿”也是违法的。制定这些限制性标准所依据的原则:一是进步原则,转移者和接受转移者,不能重复以往的环境消极影响,只许有一定程度的改进,不许同水平迁移,更不许倒退;二是防止不可逆变化原则,当转移会产生较大恢复成本或难以挽回的损失时,应该禁止转移。

六、加强宣传教育，建立环保社会监督机制

与发达国家相比，我国的环境保护工作起步较晚，县域受文化素质和传媒限制，环境意识和环保知识均落后于城市。要积极推行环保政务公开制度和重大环保事件公众知情制度，提高依法办事的自觉性和责任感，加深人们对我国环保政策的理解，提高广大群众的环境意识，引起他们对其赖以生存的环境空间的足够重视，才能更好地发挥其环境监督作用，从而为县域环境保护工作的顺利展开打下良好群众基础。

(一)加大环境保护的宣传教育力度

保护环境是全民族的事业，发展经济中我们既要“金山银山”，也要“绿水青山”。要加大环境保护基本国策和环境法制的宣传力度，弘扬环境文化，倡导生态文明，以环境补偿促进社会公平，以生态平衡推进社会和谐，以环境文化丰富精神文明。在学校、社区等各类公共场所张贴保护环境的公益广告，在新闻媒体做保护环境宣传，开展环境保护的宣传教育活动。新闻媒体要大力宣传科学发展观对环境保护的内在要求，把环保公益宣传作为重要任务，及时努力营造节约资源和保护环境的舆论氛围。要增强对环境安全问题的报道深度，分析揭示深层次的原因，引导公众进行思考和讨论。积极推进环境文化的发展，应鼓励有利于环境保护和可持续发展的作品发表，为保护环境创造良好的舆论氛围。开展创建绿色学校、绿色社区活动，使生态文明、生态伦理的道德观念深入人心，成为新世纪社会发展的新时尚。各级干部培训机构要加强对领导干部、重点企业负责人的环保培训。加强环保人才培养，强化青少年环境教育，开展全民环保科普活动，提高全民保护环境的自觉性。

(二)持续开展环境警示教育，提倡可持续消费

环境警示教育的目的是把我国环境安全的真实状况及其风险告诉人民，唤醒全民族特别是决策层的环境意识和忧患意识，激发广大干部群众的紧迫感和责任感，有利于国家环境安全战略得到更广泛和深刻的理解和支持。县域要将循环经济、生态文明、环境文化的思想作为社会主义文化和道德建设的重要内容，使中华民族珍爱自然、人与自然和谐相处的传统美德在新时期得到发扬光大。把节约资源、保护环境的观念渗透到精神文明建设的细节之中，通过乡规民约、社区守则、公民道德纲要等具体形式予以实施。大力提倡可持续消费，反对不合国情和时代特征的资源能源浪费型消费，促进有益于节约资源、保护环境

的消费行为。

(三)健全和强化社会监督机制,提倡公众参与环境监督

随着政府管理的更加开放和透明,人民群众享有更多的知情权。国家推行的政务公开已经为公众参与环境保护提供了平台。在此基础上,要进一步扩展环境信息公开的范围,加强舆论导向作用和公众监督。县域政府要面向公众开展环境保护科学知识培训,引导公众关注环境问题,推动公众参与对环境违法行为的监督。要针对突出的环境问题,动员和支持环境保护志愿活动。

实行政务公开,提高环境信息的透明度,既要公开区域环境质量,也要公开政府和企业的环境行为,为公众理解和监督环保工作提供必要条件。鼓励公众在环境保护政策、规划制定和开发建设项目实施之前、实施过程之中,以及实施效果评估时都能发表意见,并受到应有的重视。信息公开和公众参与要充分发挥媒体的作用,通过传媒让公众理解环境信息,通过媒体反映公众环境意愿,发挥对环保工作的监督作用。环境保护涉及广泛的社会群体,需要整个社会的积极参与。

研究表明,环境管理者受居民申诉的影响,人均申诉水平与平均受教育程度密切相关,申诉率与有效的污染税率正相关,与实际的污染强度负相关,申诉作为一种居民反馈的形式对环境改善是一个有力的促进因素。目前我国社会公众参与环境管理的主要途径仅限于向国家各级环保局进行环境举报。应发挥社会团体的作用,鼓励检举和揭发各种环境违法行为,推动环境公益诉讼。对涉及公众环境权益的发展规划和建设项目,通过听证会、论证会或社会公示等形式,听取公众意见,强化社会监督。

县域环保部门要公布本地区的环境现状和质量,使群众了解其生存状况,将环境质量与切身利益相联系。凡是与人民群众切身利益密切相关的重大项目建设,应向社会公布,充分调动人民群众参与环保工作的积极性,确保群众对环境保护的知情权、参与权、监督权。提高环境保护执法力度,促进环境科技进步和全社会环境意识的提高。定期公布有关环境保护指标,发布空气质量、城镇噪音、饮用水水源水质、流域水质、近岸海域水质和生态状况评价等环境信息,及时发布污染事故信息,为公众参与创造条件。公布环境质量不达标的地方,并实行投资环境风险预警机制。

环境文明是精神文明和政治文明在新时期的一种表现形式。可持续发展意识的高低体现了国家和民族的文明程度。要在保障社会稳定的基础上,动员包括

新闻媒介、产业界、科研文化界、非政府组织、社会团体、社会组织和公民个体等在内的社会力量，补充和支持政府的环境保护工作。保护环境需要调整社会消费行为，也需要公众承担一定的经济责任，这都需要公众的理解和支持。同时人民生活水平的提高，对环境质量的要求也逐步提高，相应地为保护环境的支付意愿和能力也会提高，我们必须要健全机制。

（四）维护县域公众环境权益

维护公民的环境权益是社会力量参与环境保护的动力之一。相对于经济社会发展水平而言，我国县域公众的环境权益偏于薄弱，应该扩大环境知情权、监督权、索赔权等。要加快制定保护公众环境权益的法律和制度，优先考虑制定污染赔偿救济和环境纠纷调解的法律。积极开展县域环境法制教育，增强公众维护自身环境权利的意识。强化行政诉讼，通过法律途径保护公民的环境权益。

第九章

县域经济发展的融资困境及制度创新

- 县域经济融资概述
- 县域经济融资困境分析
- 县域经济融资制度创新

第九章　县域经济发展的融资困境及制度创新

县域经济是我国经济发展的基础力量，对我国国民经济做出了巨大贡献。然而，在县域经济发展和县域企业快速成长过程中，融资始终是一把套在县域中小企业脖颈上的枷锁。融资难成为了影响县域经济发展和成熟的瓶颈，制约着县域经济的发展。本章对县域经济融资难的原因进行了梳理，并提出了促进县域经济融资的制度创新策略。

第一节　县域经济融资概述

一、县域经济融资的概念

《新帕尔格雷夫经济学大辞典》对融资的解释是，融资是指为支付超过现金的购货款而采取的货币手段。根据这一概念，县域经济融资是指县域各经济主体（中小企业、个体工商户、个体运输业及农民等其他经济主体）为支付超过现金的购货款而采取的货币交易手段或为取得资产而集资所采取的货币手段。近年来，随着经济社会发展，县域内公共设施发展显得相对滞后，为解决这一问题，就出现了县域内政府融资的问题。我们研究县域经济融资问题，实际上是考虑县域经济融资主体的融资问题。在县域经济融资主体中，个体工商户、个体运输业及农民都可以看作自然人主体，和中小企业完全不同。我国90%以上的中小企业在县域行政区，县域中小企业快速发展，是县域经济发展的活力源、火车头。公共设施建设融资，主体为县级政府或政府委托的行政部门以及事业单位，融资方式一般都要通过政府融资平台来实现。促进县域经济发展，就应当首先考虑扶持县域内前景看好的中小企业，同时还要建好用好政府融资平台，加快县域内公共设施建设步伐。有学者认为，县域经济的发展首先是县域内中小企业的发展，所以我们研究县域经济融资问题时主要研究中小企业融资。

县域经济融资方式是县域经济成分主体(民营中小企业、自然人)获得资金的手段、途径和渠道。按照融资过程中资金来源的不同方向,可以把县域经济的融资方式分为内源融资和外源融资;按筹资转化是否经过银行这一金融中介机构,外源融资又分为直接融资和间接融资。

二、县域经济融资现状分析

(一)县域经济融资特征

县域经济主体(主要指县域中小企业,下同)特别是各种类型的非公有制中小企业大多都是低门槛进入市场,经营规模不大,面向市场经营的灵活性很高,自有资金较少,负债率较高,技术水平较落后,管理粗放,经营稳定性较差,抵御风险能力较弱,资信水平不高,缺乏抵押担保,无力承受过高的融资成本等。这些特点决定了县域经济融资具有不同的特征。

一是资金需求数额少,要得急,频率高。县域经济主体依靠当地资源优势,低门槛进入市场,经营规模较小,面向市场组织生产,经营方式灵活多样,涉及面广,以规模和数量的多样化和小批量著称。因此,资金的单次需求量小、频率高,相应的对融资的要求量小、面广、融资期短,具有很强的时效性,融资频率频繁。

二是县域经济主体自有资本金少,抵押担保难找。县域经济体自有资本金少,起步阶段大多数是租赁场所生产经营,经营风险较大,缺少足够的不动产作为信贷抵押,也难以找到有实力的大企业作担保人,多数不符合银行贷款条件。尤其是高新技术行业,净资产偏低,人力资源价格偏高,在贷款时,往往少有抵押资产。

三是融资方式单一,以借贷融资为主。县域经济融资主体主要是中小企业和自然人,规模远小于大型企业,股票和债券融资不具备条件,信贷融资是主要融资的形式。

四是先天不足,缺少直接融资途径。我国正在经历由计划经济到市场经济的转变,市场机制讲究的是效益和利益最大化,资金作为生产要素之一,流向符合这一要求,在没有其他机制的干预下,规模较小的中小企业在资金市场上是难以与大企业竞争的。同时,我国的中小企业资产普遍较少,负债能力有限,易受经营环境的影响,企业经营变数大,风险大,投资者很少注意。

五是信息不对称,加剧了融资难度。在融资过程中,要求信贷双方必须信息对称。企业一般可以通过公开信息,随时了解和掌握银行的信贷政策、信贷制度、信贷监管等信息，而银行却不可能拥有和掌握每个贷款企业的全部信息，形成了信贷关系中的信息不对称。同时，即使在贷款信息充足的条件下，贷款发放以后，“道德风险”的出现，又会使银行处于信息的劣势。另外，中小企业经营机制比较灵活，多头开户现象比较普遍，财务管理制度不健全，财务报告的随机性大、真实性差、透明度不高，银行要掌握包罗万象的中小企业的市场信息力不从心。事实上，一直存在的部分中小企业的不守信用行为，加剧了这个市场的融资难度。

六是融资成本过高，企业不堪重负。尽管有许多不利因素的制约，中小企业融资主渠道还是金融机构贷款，但是贷款成本普遍过高。以企业贷款 100 万～1000 万元半年大约要支付各项硬性支出共 5 万～50 万元，支付费用与贷款额度比例为 5%～6%。如此估算，企业净资产收益率必须达到 9%以上，贷款才有意义。而且，贷款抵押财产评估登记的时效大多为一年，一年后无论贷款到期偿还后还是展期，都要重新进行评估和登记。过高的融资成本，致使许多中小企业步履维艰。

七是以民间借贷为主，自我融资发展壮大。我国金融体制改革的滞后，中小企业的融资环境并不宽松，对处于创业期的中小企业来说，产品刚刚定型，市场前景不明朗，盈利能力不足，无法从国有商业银行获得急需的资金支持，只能走民间借贷道路。为了获得融资解决燃眉之急，企业不得不出高价来吸引民间资金，这种民间借贷行为在很大意义上是在地下状态下完成的，企业要支付比正规借贷利率高得多的利息。但是，这种民间借贷双方彼此了解程度较深，易于被双方接受，特别是在早期阶段所发生的借贷行为半径非常小，信息不完全对称，对双方的约束并不大，由此而生成的借贷风险被大大降低。

八是政府融资渠道少，限制多。目前，县域经济内，政府融资主要来自政策性银行，而且以农业发展银行为主。但在金融产品种类上，农业发展银行又以支持农产品收购、扶持龙头企业为主。对于县域内公共设施，时开时关，而且规模有限，国有商业银行对政府公共性融资，几乎为零。

（二）县域经济融资的困境

由于县域经济融资的特性，决定了县域经济融资处在困境之中。大多数县域中小企业自有资本缺乏，没有充足的闲暇资金用于企业的再投资和再发展。银行增强了贷款风险防范意识，出现了银行惜贷的现象，县域经济中小企业无法从大型国有银行中获得自身发展必要的资金来源。我国资本市场不完善，中小企业进入资本市场困难重重。社会信用体系不健全，大多数中小企业信用级别低而且没有合法的抵押资产，导致信用担保这种在西方被用来为中小企业提供融资的常用方式在中国无法广泛开展等等。县域内的公共设施滞后，影响了县域内市场主体，即中小企业、个体工商户、农民专业合作经济组织等的成长。而县域内市场主体成长不快，又决定了地方财力的弱小。这样，就形成了一个死扣。解开这个死扣，必须通过增强县域内公共设施建设能力，加快基础设施建设，最终形成软硬环境改善、市场主体发展、地方财力增强、环境继续改善的良性循环。

第二节　县域经济融资困境分析

造成县域经济融资难的原因是多方面的，这里从宏观经济政策、县域经济融资主体、融资环境三个方面进行分析。

一、宏观经济政策的影响

(一)国家宏观金融发展战略对县域经济融资重视不够

金融安全和发展是关系到国家生存的重要领域，国家一直对此给予很多重视，但对县域经济融资一直不够重视。特别是从1997年东南亚金融危机以来，国家对金融发展的关注点始终不在县级金融，先后为防范金融风险，注重金融安全；扩大内需，国有商业银行改革；资本市场发展，证券市场整顿，国有股减持；人民银行机构改革等等。从整个宏观背景看，县域金融与县域经济发展问题始终摆不到应有的位置，往往是作为“配角”提提而已。可以说，这是导致县域金融供给短缺的最主要原因。

(二)部分金融体制改革措施给县域金融发展带来负面效应

一是国有商业银行机构改革，精简机构，“撤离农村，拓展城市”，直接导致县域金融机构大大减少；二是国有商业银行防范风险，追求安全，实行的贷款授权授信制度大大限制了商业银行对县域经济的支持力度，县级支行缺乏贷款决策权，发放贷款的数量锐减；三是金融系统实行的贷款责任终身制也扼制了银行信贷人员的贷款积极性，“惜贷”“慎贷”“惧贷”现象迭生。这些原因客观上减少了县域经济融资的资金来源，是导致县域经济融资难的重要原因。

(三)县域经济融资缺少直接融资的渠道

首先是缺乏一个活跃的资本市场。实践证明私人资本市场是我国中小企业融资必不可少的场所之一,但是我国金融政策缺乏对私人资本市场的保护,私人资本的筹集或进入金融领域会受到严格的限制。其次是缺乏为县域经济主体服务的股权市场。中小企业和个体工商户融资难不仅仅是贷款难,事实上信贷资金仅仅是县域经济主体融资渠道的一部分,还应该包括股权融资、债券融资。证券市场是市场经济的重要组成部分之一,是现代企业的孵化器,具有向社会筹资、促进产权流动、优化资源配置等作用。但是目前上市融资、发行债券的法律法规和政策导向对中小企业不利,中小企业很难通过债券和股权融资的渠道获得资金。

(四)县域经济转型促使县域金融业务调整

目前,县域经济正处于一个转型时期,过去支撑县域经济的中小企业还处于改制过程中,民营企业还处在一个发育成长期,对于这些即将或者已经改制的中小企业来说,目前大都还没有真正地发育成型,缺乏优质的授信项目。而作为县域金融主体的四大银行在商业化过程中,各项金融业务也处于一个转型的过程,这个过程与县域经济的转型过程基本一致。过去,银行业务主要在于国有企业和初具规模的集体所有制企业。但随着市场经济的发展,国有企业和集体企业正在进行股份制和民营化改造,县域银行为了自身的生存正在积极寻找转型之后的优质客户,但是对于县域经济整体而言,经济效益不好,资信度不高,使得金融对县域经济的发展支持力度明显下降。

(五)县域金融机构缺乏经营自主权,能够为县域经济提供的融资量有限

一是基层行目前除负债业务发展有一定自主权外,其他业务权限一律上收,发展新的业务异常艰难。尤其是新增授信业务,过于机械化,程序化,凡事"一刀切",束缚了基层行的手脚,导致较低的办事效率,难以满足客户和竞争的需要。二是严厉的责任追究使县域金融支持中小企业缺乏积极性。国有商业银行实施高度集权的管理体制加大了信贷责任追究力度,对所有新增贷款如逾期,经办人员就停职,下岗收贷,给基层信贷人员带来巨大压力。同时又没有与之匹配的奖励措施,出现产多产少一个样,对上级不负责任的倾向,使县域金融信贷管理人员惰性增强,从而缺乏对当地微观经济、金融形势的认识,缺乏细致调查分析和努力开拓新业务和市场的主观能动性。各金融机构纷纷把有限的资金争相投入少数优质客户,使县域金融信贷业务日趋集中和萎缩。由于严厉的责任追究制,损伤了县域金融信贷人员的工作主动性,从而出现"惜贷"现象,这无疑对县域中小企业发展产生大的阻碍作用。

(六)现行金融体制对县域经济的重视程度不够

一方面,在现有的银行管理体系下,货币政策的传导链条太长,到达县级基层商业银行的路径过长,环节太多,容易失真,因此央行的货币政策传导效果差;同时对于县级基层金融机构,人民银行货币政策工具很难实施,基本无效,人民银行的“窗口指导”也因县级国有商业银行机构基本无贷款权而如一纸空文。另一方面,目前的国有商业银行一级法人体制在客观上造成了新的信贷集中倾向,对县域经济存在歧视和偏见,认为投入产出比例不高,近几年来接二连三地撤并机构,收缩业务,裁减人员,许多银行整体退出县级金融市场。更为严重的是农村仅有的资金还通过商业银行上划资金等渠道陆续被抽走,使资金不断由落后地区流向发达地区,由小县市流向大城市,出现抽瘦补肥、劫贫济富现象,严重阻碍了县域中小企业的发展。①

(七)缺乏专门为县域中小企业服务的中小金融机构

县域内融资需求者是中小企业和农户个体,其内部信息不规范、不透明,应由社区银行等中小型金融机构提供服务。但我国现行的金融体系建立于改革开放初期,基本上是与以大企业为主的国有经济相匹配。目前我国虽然有股份制商业银行、地方性商业银行,但资金实力根本不能与国有独资商业银行相匹配。随着改革的深入与经济结构的调整,迫切需要有与中小企业相配套的地方性中小金融机构。

(八)农业保险和民间金融无法为县域经济融资提供帮助

农业保险可为潜在的农业投资提供风险保障,便于其获得信贷资金支持,是一种间接的融资方式。但因农业保险赔付率高、回报率低,且缺乏必要的政策支持和法律依据,近十年来其业务日趋萎缩。农业保险的缺位,在一定程度上提高了金融机构对农业、农村企业的风险评估,影响了其融资能力。

县域企业因外源融资难,转而求助民间借贷来获取投资资金。而民间借贷作为地下金融形式未被正身,且缺乏有效的社会监督和引导,故存在一定的风险隐患,加之其投向的盲目性,使这种融资方式发挥的作用很小。

二、县域经济融资主体原因

(一)县域缺少符合国家产业和信贷政策的项目和企业

国家信贷政策一般都要求支持符合国家产业政策的领域,如2012年央行要

①李岱新.县域经济中小企业融资困境的原因分析.贵阳:贵州大学,2006.

求，各行着力改进和提升“三农”金融服务，加强对国家重点在建续建项目和保障性住房建设，对符合产业政策的企业特别是小型微型企业的信贷支持。但在实际操作过程中，由于县域缺乏能够符合信贷政策要求的企业和项目，金融支持实际和上述要求往往相去甚远，对县域融资提供的帮助有限。

(二)县域经济融资主体缺乏足够的抵押资产

县域中小企业一般缺少足够的抵押资产，资产少、负债能力低，寻求担保非常困难，大多不符合银行贷款条件。一般的高新技术企业，尤其软件企业，其净资产大都偏低，人力资源又都偏高，在贷款时，往往少有抵押资产。创新中的中小企业，虽有较高的失败率，但成功的创业将带来高额的创业收益，如果发展中的小企业以银行融资为主，银行承担了融资风险，银行信贷融资只能获得固定的利息收益，而不能分享企业成功带来的高收益，导致银行风险与收益的不对称，降低银行对中小企业进行贷款的动力，使得中小企业的抵押贷款困难较大。

而农业生产由于投资需求量大，回报期长，回报率低，且易受自然灾害影响，不确定风险高于其他产业。因此，银行在贷款选项上，更倾向于工业企业。此外，农户很难提供像企业一样的财务数据，没有信用评级，更没有价值较高的可抵押的财产或证券，因此，农户很难得到数量较大的贷款。

(三)县域融资主体治理结构不规范

作为县域经济融资主体的中小企业在设立之初就存在先天的缺陷，伴随着改革开放和市场转型而生，缺乏现代企业治理结构。例如，许多中小企业都是家族化管理模式，靠“豪情壮志敢想敢干”起家，发展到一定规模时，需要组成团队，通过系统运作向前推进时，很多中小企业却迈不过去这个坎，即使公有制的中小企业也缺乏完善的法人治理结构。特别是县一级的为数众多的中小企业，近年来虽然都已经历了企业改制，但大量企业的改制流于形式，其结果自然是产权不清和国有股一股独大。这样的企业在进行股权资本融资时，经常是陷入内部人为纷争，使得外部的股权资本不敢进入或无法引入。

(四)融资主体经营风险高，提高了融资难度

国内外研究表明，中小企业具有较高的失败率。一项调查表明：我国的私营性质的中小企业7～8成生存期不过3～5年，约2成在5～10年内关门，能坚持15年以上的约占5%。由于中小企业具有较高的失败率，对其贷款和投资必然是高风险的，这不符合银行稳健经营的原则，安全性、流动性、赢利性是银行贷款的基本要求。同时，中小企业对资金需求一次性量小、频率高，加大了融资的复杂

性、增加了融资的成本和代价。

(五)县域经济主体信用等级偏低

我国的中小企业信用包括个人信用等级普遍偏低，这是金融体系健全的瓶颈之一。一个发达的金融体系必然包括一个完好的社会信用体系,这个体系不仅要包括必要的组织结构、中介服务机构以及相应的技术手段,而且还要包括全社会成员对信用的正确理解和道德规范。我国的市场环境建设正处在一个破旧立新、百废待兴的状态下,社会信用体系建立并完善就显得尤为重要。仅信用等级这一条件,许多中小企业就不能列入银行信贷支持的范围之内。还有其他诸如借改转制之机逃债、废债现象严重;部分企业多头开户,多头贷款,以套取银行信贷资金,逃避银行的监督检查;相当一部分企业间的交易经常采用现金形式,多数没有交易合同,造成银行审查资金用途和回笼资金困难等等。这些更加影响了银行支持的积极性。

(六)信息不对称,道德风险高

开放的运作方式与各种公开信息渠道，在为大企业赢得较高的社会公信度的同时,也为其扫清了各种融资障碍。投资者和银行都可轻而易举地以较低成本来获悉大企业的各种信息资料,进而做出合理的正向选择。相比之下,较为封闭的运营方式及弱势群体形象,不仅使中小企业的信息透明度低,且社会公信度不佳。中小企业财务制度不够健全,根据中国人民银行的一项调查,从调查的 850 户样本企业的财务报表情况来看,有 290 户企业至今还没有编报现金流量表,占样本企业总数的 34%。即使有相关的财务报表,但它们所提供的各种财务报表与会计资料,大多未经专业注册会计师的审计验证。因此,当中小企业在寻求贷款和外源性资本支持时,银行和投资者因难以准确判断其信用程度,往往会做出有违融资者意愿的逆向选择,由此而引发中小企业的融资难题。为克服融资困难和实现融资目的,许多中小企业又会想方设法地隐瞒于己不利的各种信息,从而演绎出另一种与市场规则相悖的逆向选择。这一选择,不仅会产生有损银行与投资者利益的道德风险,亦会进一步损毁企业自身的社会公信度,加深中小企业融资难的矛盾。

(七)粗放式经营加剧融资难度

由于缺乏高素质的经营管理人员,许多中小企业中“拍脑袋决策,拍胸脯表态,拍桌子骂娘,拍屁股走人”的现象非常严重。在企业经营中重投入轻产出、重发展轻管理、重速度轻效益的倾向明显,带来了固定资产投资过大,缺乏相应的流动资金与之配套,许多项目在缺乏充分可行性研究的情况下盲目仓促上马,决策质量太差,产品不符合市场需求以及没有配套流动资金,使这部分先期投入无效益,造成大量资金沉淀,有效的资源得不到充分合理利用。①

三、融资环境的影响

(一)县域信用环境较差,影响县域经济融资

县域经济运行中的信用约束易滋生逆向选择和道德风险,弱化了金融对县域经济的扩张动力。首先县域经济先天弱势,难以形成信贷吸附力。县域中小企业与农村经济组织普遍存在规模小、底子薄、经营效益不稳定等特征,就产业构成来看,绝大部分中小企业的产品仍集中在传统制造业及简单加工业,附加值低,产品的市场饱和度高,竞争能力不强,一旦市场有变,易产生违约风险,导致信贷不良和沉淀。其次,县域信用度受到质疑。近年县域中小国有与集体经济在向民营化的过渡过程中,存在比较严重的失信现象,破坏了市场经济正常运行赖以维系的信用基础。同时县域中小企业信息不透明,与银行之间缺乏诚信基础,市场化运行规范无法有效地建立起来。信用是现代企业生存的基础,企业也必须讲诚信。企业只有讲诚信,才能赢得市场,使银企关系更加密切,也才有可能筹集到更多的社会资本,扩大经营规模。但是,我国目前不少企业信用意识淡薄,拖欠债务甚至赖债、逃债、废债的情况时有发生,致使银行贷款风险增加失去了贷款的信心。

(二)缺乏县域经济融资担保机制

从社会中介的担保功能发挥情况来看,存在着较大的局限性。目前在全国31个省、直辖市中,绝大部分地级城市都已经建立了中小企业信用担保机构,但县级信用担保机构还不是很多。从实际效果看,担保机构的作用发挥并不好。首先是担保机构本身的运作机制存在一些问题,既制约了资金的扩充,使民间社会资本无法进入,又使这一市场化的产物在行政管理的方式下运行不畅。其次是缺乏应对担保风险和损失的措施,政府财政资金一次下拨而没有定期的损失补偿机制和来源,只得采取简单的分担摊派而不是有效的风险分散的方式来分散基金风险。三是由于财政、银行方面的协调配合还不够密切,使一些具体操作性问题无法及时、有效解决,影响了担保功能的正常发挥。

①李岱新.县域经济中小企业融资困境的原因分析.贵阳:贵州大学,2006.

第三节　县域经济融资制度创新

一、建立新型县域经济投融资平台

(一)地方政府投融资平台的作用和存在的问题

地方政府组建投融资平台进行基础设施和城市建设方面的融资由来已久，但是投融资平台发挥主导作用则是近几年来在应对金融危机时期的事情。并且地方政府投融资平台的职能也在不断扩大，从最初的为城市基础设施建设筹集资金的投融资平台，逐步扩大到区域性龙头企业的培育平台和推动地方国有企业改革的平台。随着其职能的扩大，其自身经营范围、投融资工具也在不断扩大和多样化，因此，也逐渐暴露出更多的风险和危机。尤其是2009年上半年以来，为应对金融危机而采取的宽松的货币政策带来信贷投放的大量增加，其中很大一部分流入政府投融资平台类企业，引起了市场对这种融资格局和平台类企业风险的强烈担忧。2010年初国务院发表的《国务院关于加强地方政府融资平台公司管理有关问题的通知》(国发〔2010〕19号)清查地方融资平台债务，并对融资平台公司进行清理规范。这一事件从某些意义上说，是对地方政府投融资平台存在的高风险和信息不透明等问题的全面规范。但同时我们也应该看到地方政府投融资平台在发展地方经济方面的作用。建立科学规范的县域经济投融资平台，促进县域经济发展，是丰富县域经济融资途径的重要方式。

(二)建立新型县域经济投融资平台

中国人民银行2011年6月1日公布的《2010中国区域金融运行报告》介绍了其2008年以来对全国各地区政府融资平台贷款情况的专项调查结果。报告显示，截至2010年年末，全国共有地方政府融资平台1万余家，较2008年年末增长25%以上。其中，县级(含县级市)平台约占70%，绝大多数县域都建立了投融资平台，但现在投融资平台主要是地方政府为了用于城市基础设施的投资建设融资，所组建的城市建设投资公司(通常简称城投公司)、城建开发公司、城建资产经营公司等各种不同类型的公司，这些公司通过地方政府所划拨的土地等资产组建一个资产和现金流大致可以达到融资标准的公司，必要时再辅之以财政补贴等作为还款承诺，重点将融入的资金投入市政建设、公用事业等项目之中。

而本文所讲的新型县域经济投融资平台是“政府搭台，企业和金融机构唱戏”,目的是为县域经济主体和金融机构牵线搭桥,解决县域经济主体融资难问题。

(三)新型县域经济投融资平台的典型——临邑全业态投融资平台

近年来,山东省临邑县持续打造全业态投融资平台和金融服务体系,把虚拟经济做实,解决县域企业发展中的资金问题,竭力为县域企业服务。截至2011年,临邑县已举办了两届县域资本论坛暨投融资洽谈会。2010年,全县中小企业通过股份制银行贷款、上市融资、股权私募、融资租赁等方式获得资金27.5亿元。在2011年5月举办的第二届投融资资金洽谈会上,4家企业分别与天交所保荐人、中介机构签订上市协议,10家企业与县内外银行签订了信贷合作协议,贷款总额达15.6亿元。索通发展公司私募资金5.1亿元;县政府通过投资机构为锦源纺织公司协调过桥资金3000万元;恒源石化集团与济南英大国际信托投资公司签订合作协议,融资1.7亿元。目前,临邑县已和36家境内外银行、280余家投融资机构实现合作,其中6家投融资机构在临邑设立分支机构、18家股份制银行在临邑开展业务。

临邑县天安化工有限公司是国家定点光气生产厂家之一,但资金短缺制约了企业的跨越发展。2010年6月,通过多方努力,天安化工在天津股权交易所成功融资1100万元,新上了两套现代化生产装置,当年上交税金1180万元。2011年,该企业又依托医药中间体等新上项目,成功融资9000万元,为县域内企业的跨越发展提供了良好的发展模式。

临邑县依托优质技术改造项目,充分利用全业态投融资平台拓宽融资渠道,有效推动了产业优化改造升级,助推了县域经济持续快速健康发展。

二、完善信用体系和信用建设

县域经济发展融资难的重要原因之一是县域信用环境欠佳和信用体系不健全。通过县级政府的制度制定和工作创新来完善信用体系建设,进而畅通融资渠道,加快城市建设和中小企业的健康发展,是发展壮大县域经济的有效途径。

(一)完善信用体系和信用建设——临夏市的例证

临夏,古称河州,是一个欠发达的少数民族聚居区,辖内七县均为国家扶贫开发重点县,区域经济发展资金严重匮乏。改革开放初期,由于民族贸易的迅速发展,临夏经济一度呈现出高速增长势头,被著名社会学家费孝通先生誉为“东有温州,西有河州”,经济规模与浙江温州相当。但随着市场经济的日益发展,温州经济逐渐步入了法制化规范化道路，经济发展突飞猛进。而反观临夏经济发展，却步履艰难。究其原因，除去地理位置上的区位劣势外，重要的一点是临夏信用体系建设步伐滞后，信用环境欠佳，企业和个人的信用意识和法律意识淡薄，恶意拖欠、逃废银行债务、有贷不还现象时有发生，使银行贷款大量流失，不良资产居高不下，造成国有商业银行上收信贷权限，外地企业也纷纷撤资。临夏，成了许多金融机构眼中的“金融风险区”。1999年，全市的信贷增长率为20%，2002年，这一数字已下降到7%，临夏的财政自给率只有14.7%。资金匮乏严重制约着当地经济社会的发展。

2004年，国家开发银行甘肃省分行运用开发性金融理论，在临夏着手进行信用建设和制度建设。2004年4月，经临夏州政府牵线，国家开发银行甘肃省分行与临夏市政府协商，制定出台了《国家开发银行甘肃省分行在临夏市县域经济试点工作方案》《临夏市县域经济贷款评审实施细则》等20多项管理办法；成立了信用建设领导小组和由人民银行、各金融机构参与的中小企业信用促进会，21家政府部门及相关机构对企业进行全方位信用征集、信用评价；由政府出资组建中小企业信用担保中心，切实解决银行贷款“担保难”的问题；成立城市发展有限公司，作为政府授权法人，承担城市基础设施和城市公用事业的融资，开辟城建项目以企业化、市场化为运作模式的融资渠道。通过建立信用制度、信用平台、担保平台、融资平台，临夏市形成了包括政府、银行、担保中心、中介机构、企业在内的多层次信用结构和风险分担机制，不仅最终解决了县域经济发展中的融资难、担保难问题，而且构筑了几道严格控制和防范风险的“防护墙”和“过滤器”。

在此基础上，2004年9月，国家开发银行甘肃省分行向临夏市首期提供了第一笔3000万元的城市基础设施中长期贷款；同年12月又与临夏市政府签订了开发性金融合作协议，向5户民营企业一次性提供中小企业中长期贷款8500万元，成为当地最大的一笔信贷资金。2005年7月，国家开发银行又把合作领域扩大到临夏回族自治州的所有县。开发性资金的注入，极大地缓解了临夏中小企业融资难和城市基础设施建设资金不足的问题，帮助一批企业走出了经营困境，达到了“既支持县域经济发展，又防范金融风险”的目的。

(二)启示

第一，完善信用体系和信用建设有利于改善投融资环境。信用缺失是县域经济融资不畅所面临的最大障碍。地方政府与银行积极合作，建立融资平台和信用平台，对改善县域投融资环境起到了积极的促进作用。一是加强制度建设，完善政府的管理机制和企业运作机制，将政府增信与市场增信有机结合，提高了项目建设和经济运行的效率，加快了城市建设，促进了企业发展。二是随着信用制度的不断成熟和投融资环境的改善，畅通了信贷渠道，极大地降低了企业的融资成本。三是随着市场的成熟，不仅改善了资本结构，而且扩大了资金的市场容量，有力地助推了信用体系建设和金融生态环境建设。

第二，完善信用体系和信用建设有利于资金流向优势产业。开发性金融的融资机制就是“政府选择项目入口、开发性金融孵化、实现市场出口”三个环节。政府选择项目入口作为国家开发银行的首要特征，就是要求政府必须按照国家产业政策和县域经济发展规划需要，整合当地资源，选择确定项目，推荐申请开发性金融借款，扶持主导产业发展。国家开发银行首批提供贷款的临夏市 5 户中小企业，都具有丰富的资源优势和广阔的市场前景，但急需资金支持，而当地金融机构对中小企业的信贷支持有限。国家开发银行的资金注入，对企业扩大规模、产业升级起到极大的推动作用，同时，也对金融机构发放中小企业贷款起到示范作用。

第三，完善信用体系和信用建设有利于促使企业将守信履约的要求变为自觉行动。临夏市中小企业信用促进会的成立，促进了会员之间的互相监督，对每个会员企业形成了履约和守信的双重压力。特别是在发起筹建信用促进会的过程中，企业通过对促进会的逐步介入，已初步认识到信用建设的重要意义，开始审视自身的信用行为，重视企业的信用制度建设和信用管理。不仅如此，金融、工商、税务、财政等信用监督管理部门为监管企业信用行为，首先加强了自身的信用建设，在本行业开展同业征信及各部门开展联合征信。这一系列相关又相互制约的制度建设和信用要求，既是对执法单位本身信用建设的一个促进，也有力地促进了全社会的信用环境建设。

第四，完善信用体系和信用建设有利于促进政府职能转变。社会信用首先是政府信用，推进包括企业信用在内的社会信用体系建设，政府要首先转变职能，通过加强自身信用建设而取信于企业和社会。目前经济活动中存在的一些不讲信用的行为，表面看来是道德缺失，实际上是制度缺失。临夏市政府把与国家开发银行的合作作为打造临夏市信用社会、信用政府的切入点，从创建“信用临夏”这个思路出发，以中小企业信用促进会作为全市企业的信用建设平台，建立并逐步完善企业信用征集、评价、监督管理等信用制度，促进企业守法经营；把依法治市和以德治市有机结合起来，深入组织实施《公民道德建设实施纲要》，提高全市公民诚信意识；同时，加强法制建设，加大失信惩罚力度，在全社会形成诚信为本、操守为重的良好风尚，从而有助于建立良好的政府、企业和个人诚信体系。

第五，完善信用体系和信用建设有利于加快城市建设。资金缺乏是制约欠发达地区城市发展的瓶颈问题，如果这一问题能够得以顺畅解决，就可以有效促进地方经济发展和产业升级。如临夏市滨河东路开发项目规划已久，但因政府投入资金有限，无法正常实施。2004 年 10 月，临夏市城市发展有限公司向国家开发银行甘肃省分行提出贷款申请，仅仅 1 个月，贷款落实到位，保障了项目的成功运作，也为今后城建项目的筹资运作开辟了一条新的渠道。

第六，完善信用体系和信用建设有利于以市场的方式实现政府目标。开发性金融不同于政府性金融和商业性金融。政府性金融主要体现政府意志，以满足政府。商业性金融以利润最大化为其经营目标，其信贷投入重点考虑资金的安全性、流动性和盈利性，更注重市场化运作，往往难与政府的中长期目标相结合。国家开发银行“政府入口、开行孵化、市场出口”的开发性金融理念更适合市场经济不发达、基础条件相对落后和经济建设滞后的地区，既体现政府意志，充分发挥政策性金融功能，又很好地解决了市场经济不发达地区制度缺损所带来的弊端和障碍。

三、引入地方性商业银行

构建多层次的县域金融体系是打通县域融资瓶颈的基本思路之一，引入地方性商业银行就是其中的一个重要方面。国有商业银行的退出，一方面导致了县域经济巨大的信贷供需缺口，但另一方面也为地方性商业银行进入县域开拓市场留下了空间。无论是资产规模还是网点数量均无法与国有商业银行相抗衡的地方性商业银行，可以凭借准确的市场定位、与县域融资需求特点相匹配的产品供给和服务理念，服务县域经济，赢得市场。

（一）引入地方性商业银行的成功案例

1.徽商银行舒城县支行的例证

与全国众多县域一样，舒城县金融机构体系架构为四家国有商业银行、农业发展银行、农村信用社和邮政储蓄等四种类型。在国有商业银行日渐淡出县域金融市场后，徽商银行总行于 2005 年 12 月底在舒城县设立了一家支行，成为第一家进入该地区的地方性商业银行。

县域信贷市场的需求特性一般表现为客户群集中于中小微企业，单笔融资规模以小型为主,企业对贷款发放要求快,利率适度优惠,期限灵活。

徽商银行舒城县支行正是针对这一融资需求特性,清晰地把信贷市场营销重点定位于服务中小微企业,制定了一系列具有自身特色的信贷营销策略。

策略一:贷款发放以中小额度为主。即单笔贷款金额一般控制在几十万元至几百万元区间内,截至目前该行发放的90%以上贷款均为这一类型。策略二:贷款发放效率高。凡是符合贷款条件的,在支行审批权限内的贷款,一个工作日内完成;需要分行审批的,三个工作日内承办完毕;需要总行审批的,一般1周内完成。策略三:信贷服务细致到位。该行成立后,支行行长与信贷人员首先花费近三个月时间,反复走访该县40多家重点及有发展潜力的中小微企业,全面了解企业信贷资金需求情况,征求企业对改进信贷操作的意见。策略四:以对接为平台解决银企信息不对称问题。该行成立以来共举办了三次银企对接活动,与近20家中小微企业签订了7000多万元贷款协议,与近50家达成1.5亿元贷款意向。策略五:鼓励和培植企业做大做强。实施了"小巨人"和"雏鹰"企业培育工程计划,旨在培养县域优质中小企业客户群。凡是被列入计划的企业,可以获得一系列信贷优惠政策,包括优先获取综合授信额度,贷款利率少上浮或不上浮,提高贷款抵押物的折扣率,可以发放一定额度的信用贷款等。清晰的市场定位、与实际融资需求相契合的服务理念产生了明显的社会效应。县域经济融资难的问题在徽商银行舒城县支行进入后,以较快的速度得以解决。除了直接满足舒城县的融资需求外,更为重要的是,徽商银行的进入,对于促进其他贷款行改善对中小微企业的信贷服务产生了积极影响,这是地方性商业银行的进入对区域金融环境的间接影响,在当前县域经济面临的融资难题中,这种影响更具深刻意义。

在潜心服务于县域中小微企业过程中,徽商银行舒城县支行的信贷业务也获得了长足发展。成立第一年的前11个月,该行存款余额1.87亿元,贷款余额1.3亿元,累放贷款1.9亿元,服务中小微企业70多户,实现净利润271.8万元,没有一笔不良贷款。

2.哈尔滨银行会宁会师村镇银行的例证

会宁会师村镇银行是由哈尔滨银行独资3000万元,于2009年5月22日成立的白银市首家村镇银行,这是哈尔滨银行由地方性商业银行向全国性股份制银行迈近的重要步伐。

会宁会师村镇银行秉承哈尔滨银行"普惠金融,和谐共富"的先进理念,在成立之初就视推动会宁经济发展为己任,以扶持会宁"三农"经济发展为宗旨。会宁会师村镇银行的成立发挥了预期的“汤水效应”,经营中该行引入了哈尔滨银行的先进理念和良好的服务态度,使得其在短短的时间里赢得了当地群众的广泛认可,从而带动了当地的其他金融机构转变经营观念,更新服务态度,在贷款方面加大了投放力度,很好地促进了会宁经济的发展。

策略一:调研市场,探求出路。针对会宁广大农户获取贷款难,寻找有效担保条件更加不易的现状,会宁会师村镇银行推出了市场适应能力强的三户联保、五户联保贷款,贷款一经推出就得到了广大农户的认可。策略二:上门服务,方便客户。该行利用各乡镇集贸市场进行统一宣传,并且利用了村委会作为信息联络点,农户可到所在村委会报名,该行信贷人员随即根据报名信息进行上门调查发放贷款。会宁会师村镇银行也因此被当地百姓称为“农民家门口的银行”。策略三:依托政府,让利于民。通过加强与政府的合作,发放妇女小额担保贷款,会宁会师村镇银行的贷款业务迅速地扩展到了会宁县的每一个乡镇。截至目前,该行共发放妇女小额担保贷款4500笔,共计1.7亿元,该行还积极配合政府“联村联户、为民富民”行动,为300户“双联”扶持对象发放共计1180万元的贷款资金,为政府实现富民政策贡献了自身的力量。策略四:甘作催化剂,助政府融资。会宁会师村镇银行主动协调哈尔滨银行为会宁县政府获得2.36亿元的贷款资金,解决了政府的融资难题,有效地推动了会宁县的基础设施建设。

会宁会师村镇银行自成立第一年就达到了保本微利的目标,截至2012年11月底,该行存款已达2.67亿元,各项贷款余额达1.62亿元,累计投放贷款达4.2亿元。该行先后获得省市政府金融奖,被中国银监会和中国人民银行评为县域法人机构考核达标行,被甘肃银监局评为省内村镇银行达标。

(二)启示

启示之一:现行县域金融市场需要引入竞争机制。竞争促进效率,金融机构之间的充分竞争能够促进县域信贷投放效率的提升。过去国有商业银行在县域设立的分支机构虽然比较健全,但由于全国统一法人体制下的经营战略调整,国有商业银行将信贷营销重点转向大中城市和经济发达地区,逐步退出了县域信贷市场。由此,农村信用社独家垄断县域金融市场的负面效应也日渐突出,农村信用社的信贷服务意识、服务效率、服务方式等难以适应县域经济发展形势的需求。没有竞争的县域金融市场,必然导致融资难问题的存在。而徽商银行进入舒城县之后,原来与其他贷款行建立信贷关系的部分黄金客户转移到了徽商银行,直接影响到了其他贷款行的盈利能力,对其他贷款行触动很大,由此反过来促使其他贷款行逐步改变多年延积下来的“官商”作风和“惰性”。同样,在会宁通过引进会师村镇银行,将以往竞争不充分的局面,转变为充分竞争,甚至是激烈竞争。地方政府在引导农民改变种养业结构、促进农民增收中,只需确定好项目、搞好技术培训,不再为小额贷款发愁。由农民自主选择贷款银行,实现了贷款营销。会师村镇银行正式营业后,会宁县内各家银行有了明显的竞争压力。有的在媒体上做贷款营销宣传,有的印制宣传资料向社会散发,有的破例在户外推出营销宣传广告牌。更多的是深入农村、企业和社区开展收入调查、专门储备贷款项目,改变了以前各家银行坐等客户上门的状况。

启示之二:地方性商业银行更适合于服务县域信贷市场。从商业化经营视角看,国有商业银行淡出县域市场是其追求经济利益的必然选择。现阶段国有商业银行对县域中小微企业不愿贷、农村信用社贷不了,巨大的供需缺口需要由真正符合县域经济发展实际、适应县域融资需求特性的新的金融机构来填补。徽商银行作为地方性商业银行,在服务县域经济方面明显优于国有商业银行。徽商银行经营机制灵活,在信贷决策上明显快于国有商业银行;徽商银行服务县域经济的市场定位清晰,与国有商业银行淡出县域金融市场的经营方向明显不同;国有商业银行实行全国统一的信贷管理模式,县域符合其贷款条件的中小微企业可谓寥寥无几,而徽商银行贷款规则正是按照县域中小微企业的融资需求特性制定的;徽商银行以解决县域中小额度融资需求为重点,与国有商业银行向大企业融资集中和农村信用社向农户小额融资集中具有明显差异,而这恰恰是众多中小微企业以中小额度贷款需求为主的县域经济发展最需要的融资方式。会师村镇银行以农户为中心,将工作重心放到占绝大多数人口的贫困农户上,解决他们发展无启动资金的问题,做“穷人的银行”:会师村镇银行以“小额、诚信、廉洁和上门服务”为定位,将70%的贷款指标用于小额农贷,同时深入会宁县各个乡镇,对所有申请贷款的农户不论路途远近全部入户调查,对信誉好的农民放贷快速;会师村镇银行开创“三户联保”和“五户联保”等产品,在每一种大类产品中按时间、利率、还款方式和保证方式都设计了不同的产品,在解决贫困农户贷款难题方面有很好的策略。大部分国有商业银行淡出县域是方向,农村信用社服务农户是宗旨,从逻辑上讲,在县域设立地方性商业银行机构,真正立足于当地融资需求,才是破解当前县域融资难题的根本途径之一。

启示之三:县域信贷市场具有较大的拓展空间。县域经济的快速发展,为金融机构在县域的生存与发展提供了广阔的空间。国有商业银行虽经多年改革,但其基层行的经营理念和服务方式并未因这场持续的改革而发生较大转变，加之全国统一操作模式下形成的上级行对县域信贷授权授信过紧、审批时间过长、县域信贷人员责多利少等原因，使县域国有商业银行分支机构在拓展信贷营销市场方面并没有表现出多大的动力，“多贷不如少贷、少贷不如不贷”的信贷思想又进一步助推国有商业银行逐步放弃拓展县域信贷市场。徽商银行和会师村镇银行的案例表明，作为地方性的商业银行，变“坐商”为“行商”，通过细致而耐心的信贷营销，一定会发现县域经济发展中所蕴藏的无限信贷商机。

四、构建商业可持续性的小额信贷模式

小额信贷作为近年来一个重要的金融产品创新，是金融支持县域经济发展的重要方式之一。一直以来，我国的小额信贷都带有扶贫的性质，其所经历的几种主要模式，包括政府直接划拨经费给扶贫基金发放小额信贷、由国际捐赠方式形成的民间小额信贷组织和由农村信用社等金融机构提供的小额信贷，均因为难以持续而遭遇发展障碍。实践表明，只有具备了商业可持续性，小额信贷才能够保持长久的生命力。

(一)商业可持续性的小额信贷模式——台州市商业银行“小本贷款”试点

1.台州市商业银行“小本贷款”简介

2005 年末，国家开发银行与浙江省台州市商业银行正式签约，开展“商业可持续发展微小企业贷款项目”合作。根据合作协议，由国家开发银行提供 3 亿元配套资金，引进德国国际项目咨询公司(IPC)的微小贷款技术，用于发放原来被排除在正规金融服务体系之外的生产经营性微小客户的贷款，这种贷款被称为“小本贷款”。贷款金额最低 2000 元，最高 10 万元；期限为 1～3 年，还款方式采取按月分期方式，类似于居民住房按揭贷款；利率随客户贷款次数、资信状况和担保方式而有所差别。“小本贷款”与传统贷款相比有许多创新点：

贷款保证方式：“小本贷款” 不需要资产抵押，只采取一个保证人保证的方式，主要注重对借款人的调查，并不十分注重对保证担保的要求。基于“小本贷款”的高成本，不允许贷款银行对保证人进行深入调查，保证人仅起到警示和制约的作用。

利率及定价机制：基于“小本贷款”的高风险和高成本状况，“小本贷款”的利率水平不仅高于台州市商业银行原有的利率水平，而且接近甚至超过当地人民银行监测的民间借贷加权平均利率，发放的贷款利率平均高达 13.29%。其利率

是在充分调查的基础上,根据市场的最大接受程度,参考了当地农村信用社的贷款月平均利率、当地民间借贷资金的月平均利率和微小企业的平均利润率三个因素而形成的。

目标客户群:“小本贷款” 的目标群体基本上是原来被排除在正规金融服务体系之外的生产经营性微小客户，如微型城乡个体工商户、家庭作坊和微小企业。其准入条件是:生产经营性客户、具备3个月以上从业经验、资产不超过300万元、年销售收入不超过500万元、距离银行营业机构不超过30分钟车程。到目前为止，贷款对象中90%是失地农民,6%是无业城镇居民,4%是异地流动创业人员。

信贷管理理念:控制一定的逾期率或损失率。倡导不发放逾期贷款的信贷员不是一个好的信贷员,认为“零损失”不但不利于信贷员的成长,而且会因信贷员的过于保守而丧失了许多放贷营利的机会。因此,台州市商业银行相应调整了对信贷人员的激励约束机制,其免责制度规定在授信尽职的情况下,对所放贷款逾期率在2%以内的客户经理不予处罚。

从2006年年初开始到11月末不到一年的时间内，台州市商业银行在7家支行开办了“小本贷款”,累计发放1.04亿元,单月放款能力达到了500户,户均贷款额度4.6万元。“小本贷款”每月都以千万元的速度直线增长,到2007年年底就已经将国家开发银行的3亿元配套资金发放完毕,以每笔5万元计算,受益者达6万人,相当于当时台州市所有银行贷款户数的总和。“小本贷款”的受益者除了借款者,台州市商业银行也从中得到了很大的收益。根据他们自己的估算,按照国际经验,每个信贷员每月发放20～30笔贷款,最终将平均管理200～300户,以每个信贷员平均管理250户、户均贷款5万元、利率12‰计算,预先扣除2%的不良资产比率,再减去营运成本,贷款规模在四五千万元时是保本点,持续增长就能盈利,也就是说目前该行已实现了盈利,而且根据测算,达到一定规模后,“小本贷款”的盈利将赶上传统贷款业务。

2.台州市商业银行试水“小本贷款”的背景

台州市商业银行是一家地方性民营金融机构，成立之初该行就明确了自己的经营宗旨:为地方中小企业服务。遵循的信贷方针是:额小、面广、期短、高效。据统计,该行100万元以下的贷款户占到所有贷款户的94%左右,贷款余额占到全部贷款余额的60%左右,户均贷款余额为50万元左右。有着丰富小企业贷款经验的台州市商业银行形成了一套与市场定位相匹配的管理方式与经营策略。如建立以客户为导向的而非以数据为导向的灵活管理制度来获取“软信息”,以此来印证客户的财务指标;采取“存贷挂钩”,以借款人的现金流为核心的财务分析方法等等。其中最突出的是该行在人力资源上实行稳定的、劳动密集型的客户经理制度,客户经理占到全行员工的1/3左右,平均每位客户经理管理200个左右有效客户,依靠客户经理的本土优势和社会关系网,实行贴身管理、贴身监督的方法,跟踪了解企业的发展情况,获得难以量化的“软信息”,有效地解决了小企业贷款信息不对称的普遍性难题。2005年台州市商业银行总资产收益率是2.43%,其不良贷款率按五级分类只有1.36%,在全国城市商业银行中以高效灵活的机制和效益著称。国家开发银行在全国诸多的商业银行中首选台州市商业银行合作进行“小本贷款”项目试验,就是看中了这一点。

(二)台州市商业银行“小本贷款”案例的启示

从目前来看,台州市商业银行“小本贷款”试验取得了初步成功,不仅找到了国家开发银行所希望找到的小额信贷“可盈利的、具有持久生命力的商业模式”,而且还颠覆了银行业一些固有的经营理念,给我们以很好的启示。

启示一:银行业发展并非只有“做大做强”华山一条路,根据自身条件进行市场定位才是取胜之道。近几年商业银行无论国有、民营,无论规模大小都存在盲目“垒大户”的现象,随之而来的就是定位于高端市场的“同质化”经营,造成了对高端客户的过度竞争。而最需要资金支持的中小企业和个体户,却成为被忽略的大多数,特别是低收入阶层的小额信贷,更是目前大部分银行服务的真空地带。贷款投向的高度集中,短期看虽然能够增加银行盈利,降低不良贷款,但从长远看,贷款大户的系统性、行业性、政策性风险大,一旦发生变故,对放贷行甚至整个银行业都将产生难以估量的影响,这是地方性商业银行等一些小银行无法承受的风险,而且与大银行进行同质化的业务经营,在规模与资本上与大银行无法竞争,最终只能是在夹缝中求生。“小本贷款”看似需求量小、面广、分散,风险控制难、管理繁、效益低,但其“额小、分散”的特点正好吻合了地方性商业银行“鸡蛋不能装在同一个篮子里”的风险规避原则;而且植根于民间的“草根”金融——地方性商业银行,还可借其人缘、地缘的便利,为客户提供贴近而便宜的服务,将市场定位在为小客户服务上,形成与大银行差异化的目标客户群,可能会有更好的发展空间。台州市商业银行“小本贷款”的实践证明了传统商业银行眼中的“垃圾级客户”,一样能够创造“可持续的商业价值”。“小本贷款”并非传统观念中无利可图的业务，当前在中、高端客户市场已出现过度竞争的情况下，它为银行业提供了一个新的发展机遇。

启示二：风险防范并不一定要采取资产抵押的方式，应该有更加灵活积极的方法与手段。银行本质上就是经营风险的特殊企业，不可能消除信贷风险。而目前银行在信贷理念上强调"零风险"，在风险防范上一味要求提供只能作为一种事后补救措施的抵押担保，消极地逃避承担适当信贷风险的责任。而从台州市商业银行的"小本贷款"实践中，我们看到防范信贷风险还有更多积极的方法。方法一：充分权衡收益与风险的对称程度，以收益覆盖风险。"小本贷款"不倡导零风险，允许有2%的不良贷款，通过高利率来获取高收益，在足够盈利基础上不断核销呆账。方法二：通过产品设计降低风险。"小本贷款"实行按月等额还本付息，从客户角度来说可以减轻还贷压力，提高还贷积极性；从银行角度来说可以连续监督客户还款表现，及时了解客户的还款能力，防范风险。方法三：通过制度设计防范风险。对外实行客户动态激励机制，利率随着客户还贷次数的增加和资信状况的提高而逐次降低，贷款金额则可逐次提高；对内则实行"胡萝卜加大棒"的薪酬激励机制，信贷风险控制指标作为客户经理绩效考核的"质"的部分，具有一票否决的效力。方法四：通过创新业务操作方法来控制风险。"小本贷款"遵循"到户调查"和"眼见为实"的原则，不强求借款人提供资产负债表，而要求信贷人员必须到借款人的经营场所实地核查其现金、存货，同时将借款人的家庭收支列入调查范围，对借款人所陈述的资产，要求其提供相应的凭证以作印证，有时甚至要当场过目借款人口袋里的现金；要求信贷人员根据对借款人的实地调查，自编借款人财务状况简表和调查报告，用较为准确的数据来判断借款人财务水平和损益情况，说明其每月还贷能力。①

启示三：金融创新并不一定要摸着石头过河。"乡土银行"同样可以成功借鉴国际先进技术。从事小客户贷款的台州市商业银行，虽然摸索出了一套与其市场定位相匹配的管理方式，但户均50万元的贷款与户均5万元的贷款还是有很大的区别，如"小本贷款"的客户没有财务报表，不能通过报表审核来获取信息，"小本贷款"必须以规模效应实现盈利等。因此，这次试验"小本贷款"，台州市商业银行借助了世界知名的小额信贷咨询公司IPC的技术，如快速培训信贷员、发放和管理小额信贷等技术。台州市商业银行还把信贷部门一分为二，互相独立，即在

①侯开宇.中国农村金融市场小额贷款商业模式的研究.北京：北京邮电大学，2008.

传统信贷业务部门之外专门新设了一个小额信贷处，信贷员接受IPC公司顾问的培训，以全新的理念和标准化的技术来开拓小额信贷，实践证明这是一条成功的捷径。

(三)几种灵活的小额贷款形式

1.妇女小额信贷。甘肃省以58个国家扶贫工作重点县为突破点，以助推农村特色产业发展为着力点，以增强农村妇女自我发展能力和帮助农村妇女增收致富为落脚点，完善政策体系、解决瓶颈问题，健全制度机制、强化管理服务，推动妇女小额担保贷款工作在创新中实现了新的突破。据人民银行兰州中心支行统计，截至2012年7月底，全省新增农村妇女小额担保贷款过百亿，达到了105亿元，其中58个贫困县新增贷款超过50亿元，达到53.04亿元，累计向农村妇女发放贷款214.04亿元，扶持51.14万农村妇女依托特色优势产业走上脱贫致富之路，放贷规模继续保持全国第一位。农村妇女小额担保贷款余额达172亿元，累计还款47.89亿元，还贷率达到97.59%。

2.农耕文明贷款。2010年，中国建设银行甘肃省分行积极响应甘肃省委、省政府大力支持"三农"，服务地方经济的号召，采取"公司+农户"的模式，利用信用担保的形式，成功突破涉农个贷，开拓性地设立了"农耕文明"这个涉农个人贷款品牌。重点把马铃薯、草食畜、蔬菜、苹果及食品加工等优势产业中位居全省前列的10多家龙头企业作为重点企业，通过集中扶持，促进大企业成长，争取在三五年之内，创出几个国家知名品牌企业，提高甘肃省优势农产品的市场竞争力；对从事马铃薯产品精深加工，中药材、畜产品加工，蔬菜加工、保鲜储藏，苹果储藏、产后处理及加工的龙头企业改扩建和技术改造项目给予扶持；对中药材加工企业开展GMP认证、经销企业GSP认证和企业自建标准化生产示范基地，蔬菜加工运销企业和专业合作社开展绿色食品和原产地认证等品牌创立活动给予扶持；对其他利用当地资源、有发展前景、能带动农民致富的区域性优势产业和特色农产品开发项目给予扶持。

3.联村联户帮扶贷款。为了扎实有效地推进甘肃省"联村联户为民富民"行动，充分发挥财政资金的杠杆和引导作用，吸引和带动信贷资金支持农村经济发展，甘肃省财政厅与农业银行甘肃省分行于2012年8月11日签署了《金融支持联村联户为民富民行动合作协议》。从2012年起，农行系统连续五年每年安排60亿元专项信贷，省财政厅每年安排资金全额贴息，支持58个贫困县、8790个贫困村的农户、农民专业合作组织和农业产业化企业发展农业产业，增强贫困群众自我发展能力。这是我省财政部门和农行系统共同推进双联行动、加快贫困地区脱贫致富步伐的重要举措。"双联贷款"用于农户生产和规模化生产经营的融资需求,主要包括:从事种植、养殖、农副产品加工、流通等农林牧渔生产经营活动;从事运输、多种经营和农民专业合作组织等发展农业生产的规模化生产经营活动。

第十章

县域经济发展战略

- 县域经济发展战略及其功能
- 县域经济发展战略系统的基本要素
- 县域经济发展战略的制定
- 县域经济发展战略的选择与制定要求
- 县域经济发展战略的制定方法

第十章　县域经济发展战略

发展县域经济，必须更新观念，既立足当前，又着眼长远。确定高起点的目标模式，制定富有远见的战略目标，对于县域经济健康发展、快速发展和科学发展具有重要的实践意义。

第一节　县域经济发展战略及其功能

一、县域经济发展战略的含义和特点

战略一词，源于军事科学。把它引入不同领域，便形成了不同的战略，引入县域经济发展领域就形成了县域经济发展战略。就其本意来讲是指重大的、带有全面性的、决定全局的一种长远性谋划。县域经济发展战略有它的特定的含义。其含义抽象地讲，是基于县域经济发展因素、条件的估量，因而对县域经济发展全局所做的谋划和指导。展开一点说，是指县域经济长时期根据对经济发展因素、条件的估量，考虑和制定县域经济所要达到的目标、发展的重点、发展的步骤，以及实现上述要求采取的方针、政策和带根本性的措施。

县域经济发展战略可分为综合性的县域经济发展战略和部门（产业）发展战略。综合性的县域经济发展战略是从宏观的角度，对县域经济进行全局性的战略规划。它所包括的内容主要有：县域经济发展的指导思想，县域经济在未来战略规划期的发展目标、发展规模和发展水平，县域产业结构和主导产业的选择，县域产业布局，县域城乡规划，县域形象设计等等。综合性的县域经济发展战略，是从县域经济发展的客观规律出发，预测县域经济未来的发展历程和发展态势，寻找出一条适合县域实际的，较为平坦的经济发展道路。它不同于一般意义的五年计划，也不同于一般的县域规划，因为它是粗浅的指导性战略设想。

部门（产业）发展战略是根据县域部门（产业）发展战略经济总体战略中确定

的县域产业结构和主导部门，针对县域经济发展的重点部门或产业所制定的发展战略。产业发展战略是从产业在县域发展中的条件、现状及整体发展的情况出发，确定其在本县未来时期的发展目标、规模和水平。产业发展战略的制定，必须依据县域经济的发展对本产业的需要来进行，同时又要根据县域的资源条件、科技水平等，实事求是地谋划未来的发展。产业发展战略的制定，一方面要体现地域性原则，即抓住地域特点，正确确定优势产业发展的方向，并以此来带动县域内其他产业的发展，获得“乘数效应”。另一方面是效益原则，即合理使用人力、物力和财力，实现资源择优分配，以取得最大限度的宏观经济效益。

县域经济发展战略是研究一县范围内的国民经济发展的客观规律基础上形成的，取决于县域的经济状况及其与国民经济的关系。具有如下特点：

1.全局性与指导性。县域经济发展战略是就一县的整体规划，是在整合全县各种资源的基础上而完成的总括性战略，相对于县域经济本身来讲，是一个综合性的计划。因此，制定正确的县域经济发展战略，可以为县域内的领导及其各部门的决策提供科学依据，避免出现失误，并能指导全县经济发展。

2.相对独立性。县域经济发展战略要在服从全国发展战略的前提下，全面反映县域经济的特点。全国经济发展战略是一个指导性计划，不可能细化到县域经济发展战略。这是因为县域经济是各地各部门经济的综合体，是各部门经济在一定地域内相互交叉，并构成了不同的经济布局。因此，如何根据县域的自然条件和经济条件，有效地组织和运用现有的人力、物力和财力，合理开发利用自然资源，充分发挥各种优势，加快县域经济发展，是县域经济发展战略应解决的重要课题。

3.局部性。县域经济是全国经济的有机组成部分，它的最优结构是建立在全国生产力合理布局、地区合理分工协作的基础上的一种相对专业化的经济结构。县域经济结构作为全国经济结构的一个子系统，经济结构的合理化和经济的良性循环受全国经济的制约。所以，就全国经济发展战略而言，县域经济发展战略是处于服从的、局部的地位。

4.地区差别性。由于全国各个县的县域地理条件不同，资源分布和经济发展也就不平衡，各县的经济发展战略也会有很大差异。如东部沿海地区经济比较发达，工业基础和技术条件较好，农业生产条件优越，资金充裕，宜于发展技术密集型和资金密集型的经济。而中西部地区由于经济发展相对较落后，经济基础相对薄弱，但劳动力成本低廉，宜于发展劳动密集型的经济。

5.可适应性。即县域经济发展战略的可操作性,主要表现在目标的可实现性和策略的可应用性。要制定具有可操作性的发展战略，要求制定者必须深入实际,认真调查研究,分析县域经济发展中存在的问题,研究问题产生的原因,找到解决问题的途径。同时，还必须准确地把握国家经济发展的总体走势和宏观环境，分析宏观因素对县域发展的影响和程度，从而随时把握县域经济发展的脉搏。不仅如此,还要求战略的制定者有较高的政策水平,能够准确掌握国家经济发展政策的尺度,并将这些政策本地化,使之适应当地的实际情况。可应用性,是检验县域经济发展战略能否落实的试金石。有可操作性，就能够应用到实践中去;没有可操作性,则只能停留在纸上。

二、县域经济发展战略的功能

(一)对县域经济发展的决定功能

县域经济发展战略对县域经济发展起着直接的、重要的决定作用。县域经济发展战略与县域经济发展之间的关系，是一种主观谋划指导同客观规律之间的关系,主观谋划指导符合县域经济发展的客观规律,县域经济发展就会表现为持续、协调、高速、高效,反之,县域经济便会出现大起大落、低速、低效。这里的问题是一个县域经济发展战略的各项内容是否正确、是否科学的问题。其中,最重要的、最关键的是对县域经济发展中带有全局性的各主要方面和各主要阶段是否做到了统筹兼顾、适当安排。兼顾得好,安排得当,县域经济发展便会如人所愿,顺利发展;兼顾得不好,安排有缺陷甚至失误,县域经济就不能够顺利发展,甚至出现重大的波折,造成社会经济的重大损失。

(二)对县域社会发展战略的制约功能

县域经济发展战略也影响和制约着县域社会发展战略，社会发展战略比经济发展战略范围更为广泛。它不仅包括经济,还包括政治、文化、思想意识、伦理道德等等。社会发展战略中的生产力与生产关系,经济基础与上层建筑各方面,是互为条件,互相制约促进的。县域经济发展的重要性,在于它为其他方面的发展提供了物质条件。如若县域经济发展战略指导失当而受挫,其他方面的发展想上去很难,发展即使一时上去了,最终还得落下来。

县域经济发展战略,是一个关系到县域经济社会全面发展的核心问题。我国现在正处在社会主义初级阶段，以经济建设为中心是当前和今后的一项长期的任务。这就要求我们重视对县域经济发展战略的深入研究,以达到对发展全局的正确谋划和指导,保证县域经济能够沿着正确的轨道进行选择。

第二节　县域经济发展战略系统的基本要素

战略系统的要素是影响或决定战略对象发展的全局性谋划的基本组成部分。这种决定全局性谋划的要素,也就是战略要素。县域经济发展战略系统的基本要素有:战略主体直接期望并力求达到的总体目标;战略系统受到影响而又不可完全控制的环境变化;可以大致预见但又不能完全估量的未来因素。三要素相互渗透,联成一体,共同决定着战略全局。

一、战略系统的总体目标

总体目标是发展战略系统的中心要素,决定了整个战略系统的基本方向。无论是县、还是部门和企业,制定发展战略,都是为了解决自身发展中现实的或潜在的问题,因此都必须根据本身的经济、社会、科技和自然资源诸方面的优势和劣势,依据周围环境造成的机会和风险,来确定总体发展的战略目标。总体目标应当包括反映发展战略任务的各个目标内容:

1.功能目标:发展战略的主要方向、基本领域、规模范围和发展速度。它主要回答目标"是什么"。

2.数量目标:对功能目标给以数量化标定的规模大小、速度快慢、效益好坏、水平高低等指标的数量。它回答指标"有多少"。

3.实现目标:完成总目标、阶段目标以及各具体目标的时间限制和区间。它回答"什么时候"完成和实现目标。

二、战略系统的环境条件

战略系统是开放系统,周围环境的变化不仅制约着发展战略,而且在一定条件下会对其产生决定性的影响;同时战略系统的变化也会对周围环境产生或大或小的辐射力和吸引力。环境既构成战略对象系统的边界条件和约束条件,又影响着战略系统的功能行为,并可能直接作为战略资源而补入到系统中。这些环境因素主要有:

1.地理位置(周围地区和国家的影响);

2.自然资源(发展战略所需要的矿产、能源、水、动植物等不可再生资源和再

生资源);

3.生态环境;

4.经济条件(工农业、第三产业及资金、市场状况);

5.科技力量(科技机构、科技人员和科技水平等);

6.社会因素(人口数量与素质、教育状况和历史文化背景、体制和政策等)。

三、战略系统的未来因素

未来因素是战略系统的时间要素,是影响战略系统趋势的基本要素。战略是面对未来的决策,是对未来景象将会"是什么样"这个问题的解答。

战略研究面向未来,就要将时间因素纳入到战略方案之中:一是战略总目标的时限,即多长的时间跨度。时限决定了战略居于长期或中期、近期的谋划(近期一般不属于战略范围或者是仅隶属于战略中的具体行动计划)。二是阶段目标的时间分度。三是战略方案及战略措施出台的时机(寻找最有利于实施战略的机会和时间)。四是各个战略步骤和相关措施迭次顺序进行的时间序列、促使各种因素在有利于实现总目标的时间相继出现,逐步逼近战略目标。

把未来因素纳入战略系统中, 意味着必须以未来研究和战略预测作为发展战略研究的前提。重要的是要善于恰当地、创造性地想象出一系列可能出现的不同环境的未来景象,它们对战略和政策提出的要求,不同的战略方案和政策措施会出现的可能景象,对未来产生的可能影响;未来将会出现、过去出现但未曾发生的可能情况,对实施战略和执行政策可能产生的危机和风险等。

第三节　县域经济发展战略的制定

一、制定县域经济发展战略的必要性

在县域经济的发展过程中,虽然都有不同的有利条件,但有的能形成特色和优势,有的不能形成特色和优势,有的搞得好,有的搞得不好,其中的原因是多方面的。但不能形成特色和优势,搞得不好的一个共同的主要原因是有的县市区不能从本地实际出发,制定并实施适合本县实际、具有特色的可持续发展战略。所以,制定县域经济可持续发展战略对于发展特色县域经济就显得特别重要。只有制定出一个合理的、科学的经济发展战略规划,或者有好的发展思路,才能从总

体和长远把握县域经济发展的重点、发展次序和相应的政策措施。

(一)区域竞争的要求

目前,全国有2862个县市区,每个县市区都存在着生存和发展的问题,而市场、资金、资源等又是有限的,特别是随着国际和国内两个市场的整合,县与县之间的经济竞争必然会加剧,这就要求各个县必须要制定相应的发展战略,确定适合自身发展特点的竞争战略。一个科学和合理的县域经济发展规划对确定发展战略,形成特色经济,增强竞争力具有重要的意义。

(二)长远发展的要求

目前,很多县域经济的发展缺乏长远的、明确的发展规划,主导或者优势产业的确定没能抓住自己的特色,要么简单地模仿其他县的发展,要么闭门造车,没将县域经济的发展立足于国际和国内大市场中。基本是一届领导一个发展思路,整个县域经济发展具有极大的盲目性。

(三)市场经济发展的要求

在市场经济条件下,县域经济的发展会受到诸多不确定因素的影响,比如,全球金融危机,对一些以出口为导向的县域经济的发展,造成了致命的打击。面对可能出现的各种不确定因素的影响,只有制定明确的发展目标、发展战略,才能够在激烈的市场竞争中,排除或避免各种风险对县域经济发展的扰动。

(四)政府职能转变的要求

从计划经济向市场经济转变过程中,政府将从全能政府角色中退出来,凡是市场机制能发挥作用的地方,政府就不参与;凡是企业能办的事,政府就不干预;凡是中介机构能办的事,政府就不包揽。政府的工作应该主要是从战略层面进行科学规划,制定县域经济的发展方向,指导各个层面的经济活动。因此,县域经济发展战略的制定和实施应该是政府的一项重要工作。政府应在战略的指导下,重点搞好重大基础设施建设,营造一个良好的投资环境,引导和扶持特色经济发展。

二、县域经济发展战略的制定原则

实现对县域经济发展全局的正确谋划和指导, 保证县域经济沿着正确的轨道顺利发展,除了要重视对经济发展战略理论的研究,牢固树立全局观念之外,最具有实际意义的是学习、掌握制定和选择经济发展战略的方法,严格执行制定和选择县域经济发展的方法论原则。

(一)实事求是的原则

实事求是是个反对主观主义的命题。主观主义包括教条主义,也包括经验主义。教条主义的特征是一切从本本出发,而不是从客观实际出发,他们照搬书本,不是为了解决建设中的实际问题,而是用来吓唬人的。经验主义的特征是死守着已经过时的老经验不放,不管已经变化或正在变化着的客观实际,要人们按照已经过时的老传统和老方法办事。二者的共同特征是理论与实际分离,主观与客观脱节,都是名副其实的主观主义。制定、选择县域经济发展战略一定要反对主观主义,坚持马克思主义的实事求是原则。

所谓实事求是原则,用毛泽东同志的话来说,就是"要从国内外、省内外、县内外、区内外的实际性出发,从中引出其固有的而不是臆造的规律性,即找出周围事变的内部联系,作为我们行动的向导"。用邓小平同志的话说就是"中国的事情要按照中国情况来办"。用陈云同志的话说,就是"不唯书,不唯上,要唯实"。坚持实事求是原则,也就是从实际出发,理论联系实际,按照客观事物的规律办事,而不是凭主观臆断办事。这个原则适用于各项工作,当然也适用于制定和选择县域经济发展战略。

县域经济发展战略是对县域经济发展全局的谋划和指导,从这个角度看它是主观活动即人的大脑思维的产物。但人们在制定和选择县域经济发展战略时,大脑只应该是从客观实际中所获材料的加工厂,即从中引出其固有的规律,而反对任何形式的主观武断,只有这样,人们制定和选择的县域经济发展战略才可能是正确的和可行的。

(二)实地调研的原则

调查研究是坚持实事求是原则的根本方法。我们在制定和选择县域经济发展战略时,要使自己的谋划和指导比较客观地符合实际,就必须坚持调查研究,这就要求我们:一是通过周密的调查,尽可能掌握与县域经济发展各个方面相关的材料;二是通过研究对材料的真伪进行鉴别,并找到材料所反映的事物之间的内部联系,即固有规律性,为制定和选择县域经济发展战略提供客观的非主观想象的依据。毛泽东强调"没有调查就没有发言权"。陈云更具体地指出:"领导机关制定政策,要用百分之九十以上的时间做调查研究。"

调查研究是制定和选择县域经济发展战略的第一步,又是一项基础性工作,只有这一步做好,才能为下一步制定正确的县域经济发展战略打下坚实的基础。同时,调查研究也是制定和选择县域经济发展战略的一个重要原则。离开周密的调查研究，实事求是就会变成一句空话。

（三）重点引领的原则

正确处理量力而行与尽力而为的关系，坚持两点论与重点论的结合，发挥重点引领的导向作用，既要量力而行，又要创造各种条件，尽可能办更多更大的事情。这就要求我们在判断县域经济发展条件的利弊时，不仅要重视县内，也要在考虑总量关系时坚持平衡，但不是绝对平衡，而是相对平衡，基本平衡，大体平衡；在考虑各产业发展时要坚持全面发展，但不是齐头并进，而应有重点；在制定政策时要把立足点投放在调动各个方面的积极性上来，使县域经济发展的所有潜力都充分地发挥出来。

三、县域经济发展战略的制定程序

县尽管是一级最基本的行政区域，但县域经济的发展涉及经济和社会发展、人口和就业问题、城市发展以及生态保护和环境治理等各个方面。因此，编制县域经济发展战略，必须建立在系统性、综合性、前瞻性和科学性的理念基础上，设计编制程序和战略蓝图。

（一）战略分析

战略分析重点是分析县域经济发展的外部环境和内部条件。通过全面分析，搞清楚：在当前任务目标之下，未来外部环境和内部条件是怎样的，有何优势与劣势，在任务目标确定或改变之下，未来的环境与条件又是怎样的，形势变化对县域经济未来有何特殊要求，是维持现在的任务，还是提出一些新的任务。只有把这些问题都搞清楚了，才可明确县域经济发展的战略任务，规定战略目标，全面设计县域经济发展战略。

具体而言，就是要做：(1)本县在全国或省域范围内的经济地位和作用判断；(2)本县的人口、资源与环境状况分析；(3)本县发展的优劣势、有利条件与制约因素及潜力剖析；(4)本县经济和社会发展水平与发展实力评估；(5)本县经济结构的现状和变化趋势分析；(6)本县发展所面临的机遇与挑战分析。

（二）战略设计

所谓战略设计，就是制定方案。这一步是制定与选择县域经济发展战略中最重要的一步，它要求提供众多的方案，要求一种战略任务配以多套战略目标体系，还要求设计出来的方案内容周全、没有疏漏。

（三）战略选择

战略选择是最后一步，也是最关键的一步。这一步又包括三项程序：第一个程序，确定评价指标。评价指标的确定，要求科学、合理、全面，具有可操作性和实效性。第二个程序，进行项目分析。通过逐项和逐项与逐项之间的相互作用、相互影响的分析，把握其可行程度。第三个程序，实施评价，为选出方案做结论。经过分析论证选定的县域经济发展战略，要具有权威性，还需要经过权力机构的审议和批准。

四、县域经济发展战略的主要内容

县域经济发展战略的编制内容涉及多方面，但大致包括以下几个内容：

（一）县域经济发展定位

定位是准确确定该县在全国、省、地区中所占据的地位、发挥的作用、承担的功能等。县域经济发展定位要体现以下几个方面：一是要有层次性，由大到小层层定位；二是要以市场为导向，不拘泥于当地的资源情况，即跳出本县来看县域经济的发展；三是要进行分类定位，即经济性质定位、社会功能定位、科技文化定位、发展阶段定位等；四是要准确、精练、全面、通俗。

（二）县域经济发展的战略优势

对县域经济发展的区位优势、资源优势、经济基础优势、科教优势、交通优势、人才优势等进行全新审视，分析哪些是绝对优势、哪些是比较优势、哪些具有巨大潜在优势、哪些优势正在丧失或者已经变成了劣势。战略优势分析要以动态的、相对的观点来分析，在明确优势的同时，也要分析清楚制约因素。

（三）县域经济发展的机遇与挑战

机遇对县域经济的发展至关重要，分析一个县发展的机遇，要立足于该县发展所面临的宏观和微观背景，从国家或大的区域政策、产业政策、投融资政策、大型基础设施的建设、周边地区的发展态势等各个方面来发现和把握机遇，寻找经济发展的突破口。挑战与机遇相伴而生，机遇越大，挑战也越大。分析挑战重点在于了解竞争对手的情况，以及可能对本县发展带来的压力，如环境问题、农村工业化和城市化问题等等。如我国的许多县城还处在工业化进步阶段、半工业化阶段和现代化的边缘，这应该说是一种压力和挑战，但同时也说明，这些县经济发展具有广阔的空间，仍有较大的可塑性。

(四)县域经济发展的战略原则和指导思想

县域经济发展的战略原则是制定县域发展战略时所必须遵循的宏观原则。战略指导思想是制定战略规划必须遵循的各项宏观方针政策等。

(五)县域经济发展的战略目标

县域经济的发展目标包括三大部分:一是经济发展目标,包括经济总量、经济增长目标、经济结构目标、经济运行质量目标等;二是社会发展目标,包括基础设施发展目标、人口发展目标、科技教育发展目标、生活质量目标、社会保障目标等;三是资源环境发展目标,包括资源开发利用目标、环境保护目标等。按照时间尺度,每一项具体战略目标又可分为近期目标、中期目标和远期目标。

(六)支柱产业的选择与特色经济的培育

支柱产业是指对县域经济发展起到带动和主导作用的产业, 一般具有技术水平高、规模大、创汇能力和竞争力强、产业关联度大等特征。支柱产业的选择一般采取定性和定量相结合的方法来确定。

支柱产业的选择不仅要立足自身的资源优势和现有产业基础, 而且还要从全国乃至国际产业分工体系中寻找自己的定位; 支柱产业的选择要避免与其他县域产业出现同构现象,要实施错位竞争发展战略,构筑起分工明确和联系密切的特色产业群。

(七)县域经济发展的战略重点

在县域经济发展规划编制中,一定要明确县域经济发展的战略重点,进行集中投入,集中建设,以点带面,全面推进。如有的县制定了"工业强县"战略,而有的县则制定了"旅游富县"战略等。

(八)县域经济发展的战略布局和发展模式

战略布局是战略产业和战略重点在空间上的具体落实, 实施资源优化配置和产业优化配置,通过空间结构的合理化来提高区域竞争力。战略布局要根据县的发展布局现状,确定能够带动县域经济发展的经济区,形成点、线、面有机结合的空间发展结构体系。

空间发展模式按照空间组合格局可分为据点开发模式、点轴开发模式和网络开发模式;按照县域主导优势又可分为资源开发模式、区位发展模式、市场发展模式以及相互间的组合模式。一般根据每个县的发展阶段、经济特征、资源情况、区位优势等选择和确定不同的开发模式。

（九）县域经济发展战略的保障措施

政策保障是县域经济发展目标、战略产业和战略重点得以顺利实施的重要保障，涉及法律、经济、行政、社会等方面的措施和手段。

1.法律手段。通过立法程序，使县域发展规划具有法定效力，即通过立法形式来实施县域发展规划。应及时将县域发展规划纳入国民经济和社会发展计划体系，并及时制定相关实施条例，并且以立法的形式固定下来，将县域发展规划纳入法制轨道。

2.经济手段。指运用一系列经济手段，来组织、调节和影响县域经济活动，促进县域发展规划的实施，包括运用政府投入、设立基金、财政补贴、税收优惠、奖励与罚款等经济杠杆、价值工具、经济责任制与经济合同等方式。

3.行政手段。指依靠行政组织，运用行政方式来实施县域发展规划，依靠各级行政管理部门的权威，采用行政命令与指令规定和下达任务指标等方式，按照行政系统、行政层次、行政区划来促进县域发展规划的实施。

4.公众参与。公众参与是实施规划的关键，除在编辑阶段广泛征求公众意见外，还应通过媒体等大众传播手段广泛向公众宣传，使公众熟悉规划意图，将其实施变为公众自觉行动。

第四节　县域经济发展战略的选择与制定要求

一、县域经济发展战略选择

（一）优势化战略

所谓优势化战略，指县域经济发展以发挥当地已有优势为重点的发展战略。这里的优势可以是优势产业、优势行业、优势产品或优势企业，也可以是优势资源或区位。实施优势化战略，需要结合市场需求与市场需求预测，摸清家底，找出和选准优势，集中力量做大优势；围绕优势搞好服务，围绕优势延伸产业链，由此带动整个县域经济沿着清晰的发展方向，加快发展，尽快做大做强。如，山东省邹平县围绕魏桥棉纺的优势，通过不断膨胀，向上下游产业和产品延伸，逐渐形成了一批以纺织为主的工业集团，县域经济发展水平在欠发达地区里名列前茅，实现了高速度、超常规、跳跃式发展。无独有偶，山东省的高唐县围绕时风农用车的优势，全力做大做强，一举甩掉了贫困县的帽子，已跻身较强县的行列。

（二）特色化战略

如果说优势化是“人有我优”，那么特色化是“人无我有”。所谓特色化战略，指县域经济发展以发挥当地特有、特殊优势为重点的发展战略。这里的特色化，需要在较大区域范围内，在一定市场竞争条件下，具有明显的特殊优势。特殊优势往往是在特殊的自然资源、人文条件或特殊的发展条件、发展基础上形成的。比如，特殊的旅游资源，特殊的生态条件，特殊的传统名品等。

实施特色化战略，需要结合市场需求，对比他人和自身的各类优势，从而确认所具有的特殊优势；需要采取特殊措施搞好特殊资源、特殊发展条件、特有发展基础的特殊保护；需要对已有的特殊资源、特殊产品不断进行再开发、再完善、再提升。如山东省招远市是全国第一产金大市，有“中国金都”之称，可谓特色明显。招远人立足黄金资源，抓住“金都”这一特色，积极拓展黄金采选业，做大做强黄金深加工，培育金银交易市场和弘扬黄金文化，逐步构建起发展“大黄金”的经济格局，建成北方最大的黄金珠宝首饰城。他们通过把黄金的资源优势、品牌优势转化为黄金产业优势，并在此基础上构建综合经济优势，综合打造黄金文化优势，提升了其以黄金为内涵的核心竞争力，带动了相关产业和其他各项经济社会事业的发展。

（三）差异化战略

所谓差异化战略，指县域经济在发展战略的定位上，要避实就虚，与强有力的市场竞争对手在发展战略重点的选择上要有差异，以避开惨烈的竞争。这里的差异化可以是产业定位的、行业定位的、产品定位的，也可以是市场范围、市场层次定位的。现实中，在大城市郊区、近邻，易出现的“灯下黑”现象（不能有效接受辐射带动，反而受到发展制约的现象），大多是由于没有采取差异化战略，而自觉不自觉地与大城市竞争，无疑是以卵击石，不但难以取得成功，而且会制约发展。

实施差异化战略，需要充分了解市场、了解对手、了解自己，找出科学合理的差异定位；需要做好差异间的衔接，力争与上下层次形成有机的联系、协作、合作；需要在发展中逐步形成自己的优势或特色。

（四）拾遗化战略

所谓拾遗化战略，指县域经济在发展战略的定位上，可依据市场需求，拾遗补缺，捡漏补漏。这里的拾遗化可以是多领域、多方位、多层面、多渠道的。

实施拾遗化战略，需要广泛深入地了解市场，追踪市场，寻找和预测市场的需求，敏锐地发现“缺”“漏”；需要抓住机遇，创造条件，一跃而起，以实现尽快补缺补漏，创出效益，加快发展；需要在所捡的“缺”“漏”中依据市场和效益的对比情形，选理想的项目、产品，集中力量，抓紧做大、做多、做优，以占领和巩固市场，形成新的优势或特色。拾遗化战略，对于大、中城市郊区的县和一些欠发达县会有更为重要的实际意义。

二、县域经济发展战略制定要求

(一)立足现状，找准定位

县域的具体情况不相同，则各个县域制定出来的发展战略就应各有特色。从区域空间看，有的县处于市区，有的处于近郊区，有的属于远郊区，不同的区域空间，经济发展的战略重点及模式应该有所不同。从经济发展的基础看，有的原有经济条件就较好，有的则属于国家或省级贫困县，有的交通和通讯发展较快，有的则极为不便。从资源禀赋看，有的资源相当丰富，有的资源贫乏，有的物质资源虽然贫乏，但是知识文化资源却相当丰富。根据这些现状，做出不同县域经济的定位。

县域经济发展的定位，一要坚持解放思想，更新观念；二要坚持实事求是，因地制宜；三要坚持发展才是硬道理，一切为了县域经济、我国国民经济的发展；四要坚持以高效富民为落脚点；五要坚持以市场经济的观点来对待和解决县域经济发展中的问题。

(二)因地制宜，突出特色

由于各个县域的具体情况不同，决定了各个县域不能搞一个战略、一个模式，在战略目标、重点、模式、途径、步骤、经济结构等方面各个县域应该有所不同，各自有自身的特点。

各个县域资源禀赋、经济、社会、文化等方面都有自身的特点，都有绝对优势和相对优势，都有自己发展特色县域经济的有利条件和不利条件，在县域经济发展战略制定中特别要找出制约本县域经济可持续发展的薄弱环节、制约因素。根据这些优势和条件，考虑这些制约因素，制定出来的各县域的可持续发展战略，就具有特色。要根据区域经济的基本原理，对本县域的优势情况进行综合评价，确定本县域的优势之所在。这也是避免县域间“同构”倾向突出的重要措施。

(三)遵循一般，重点突破

无论是经济发展水平相对落后的县域，还是经济发展水平相对较高的县域，都要按一些共同的要求来制定发展战略。一方面要突出不同县域经济发展战略的特点;另一方面,也要注重不同县域发展战略的共同的、带有规律性的东西。不同县域尽管实际情况不同,但大致的战略指导思想应该是一致的,即都必须以本县域的基本情况为制定战略的基本依据,找准县域经济可持续发展战略的重点和突破口,形成本县域的特色;要确定本县域经济可持续发展的战略目标,这个目标必须具有平均先进性,而且也需要特色性;要确定不同县域经济可持续发展的战略发展模式,模式的定位既要有可操作性、特色性,同时,也应该是动态的,即有短期模式、中长期模式和长期模式;根据各种不同的发展模式,要选择好各县域经济的战略重点,这些战略重点要细化到具体的农业、工业、旅游业、都市经济的各个方面;最后,还要确定战略实施的步骤和途径,并分设一些特色县域经济可持续发展的阶段。

制定县域经济发展战略要突出重点。第一个重点是县域经济的增长点。不同的县域,经济增长点固然很多,但共同的、首要的、重要的应该是发展市场主体,即个体工商户、核心企业和农民专业合作经济组织。不同县域的经济增长点还有:发展内外贸易,引进内外资金,发展农业;拉长第三产业链条,如加快旅游业、运输业、建筑业、餐饮服务业、房地产业的发展等;发展有特色的种植、养殖业;发展都市经济等。还有一些贫困地区,自然条件差、基础设施薄弱、公共服务滞后,强化基础设施建设也应是县域经济发展重点。无论从哪个角度、哪个层面确定县域经济发展战略,归根到底还是要培育和发展市场主体。第二个重点是县域经济启动点。特色县域经济的启动点最关键的是市场建设,有了市场才有流通,有物流、人流、信息流,才使县域经济有活力。实现市场规模的快速膨胀,形成市场群体,必须加快县域内市场体系建设,建立健全和完善各级各类综合市场、专业市场和区域特色市场。第三个重点是县域经济爆发点。不同的县域,自然条件不同,资源禀赋不同,发展水平不同,所处的发展阶段不同。因此,发展战略中所选择的爆发点自然不同。要根据自身条件和市场环境,确定能够激活县域经济、引领发展的经济爆发点,牵一发而动全身,比如小城镇建设,发展中小企业,推进农业产业化,打造县域经济的龙头等。

第五节 县域经济发展战略的制定方法

进行任何研究工作都要讲究方法,方法得当,就能事半功倍,研究制定县域经济发展战略也要正确地选择研究方法。方法的科学性与否直接关系到研究工作的质量。总的说来整个研究工作要以系统的方法为主,但要根据具体要求选择不同的方法,或选择几种方法同时进行,相互比较。

一、系统分析方法

系统分析就是对一个系统内的基本问题,做系统思维推理,在确定与不确定的条件下,探索可能采取的方案,通过分析对比,为达到预期目标选出最优方案的一种决策方法。县域经济发展战略是研究全局的, 其本身就是一个宏观大系统,必须采取系统分析的方法,即把实现战略思想、完成战略目标的过程,看作是本系统和其他系统、本系统和自己的子系统、子系统和子系统相互作用,相互影响的结果,并运用这种观点来分析得出实现战略方案的模式和对策。在进行系统分析时要注意做到:外部条件和内部条件相结合,局部效益同整体效益相结合,当前利益同长远利益相结合,定量分析与定性分析相结合。

二、预测分析法

战略研究与预测未来紧密相关,从某种意义上来说,研究和制定经济发展战略的过程,就是科学地预测和决策过程,因而就要运用多种预测方法,常用的有以下几种:

1.趋势外推法。根据历史和现有的资料看发展趋势,从而推测未来发展情况。它在战略研究中应用最广泛,分为线性外推、曲线外推和时间序列外推法。

2.回归分析法。应用在时间序列外推和因素关系模型中,通过数据统计的手段,寻找这些数据变化的规律,就可预测研究对象未来的发展。

3.交互影响矩阵法。以矩阵图的形式,通过不同方案的组合,显示两组以上事物、两种以上趋势或状况的交互影响和相互作用,可以用来对所需方案观察、比较做出科学的选择。

4.关联树法。用图表的形式明确排列可能实现目标的多种解决问题的途径和方案。

5.系统动力学法。把研究对象看作是动态的、而不是静止的系统,然后用建立模型的方法,研究和预测系统的动态变化和发展。用这种方法建立的模型称系统动态模型,动态模拟的方法是利用计算机来进行的。这种方法最适用于预测和了解社会经济方面的长期变化。

6.计量经济模型法。就是用一组联立方程,描述变量与变量的相互关系。回归分析反映了自变量对因变量的制约关系,而计量经济模型不但反映了制约关系,而且反映了受馈关系。一般都是借助计算机的运算,以求解数量多的联立方程。

7.投入产出法。用投入产出的矩阵模型,分析经济领域的投入成本、产业构成、效益趋向,并对投资、需求和物质消耗进行预测。预测未来是一项艰巨而繁重的任务,在预测理论尚没有条件接受实践检验的情况下,可采用对同一问题用同一数据而用不同预测方法,将取得的结果对比分析,以提高预测的可靠性。

三、社会调查法

1.社会统计法。指搜集、整理、分析和解释社会现象的方法。主要包括统计调查方法、统计整理方法和统计分析方法三个方面的内容。战略研究运用社会调查法,搜集能反映社会各领域特征的战略性的统计数字和基础资料。一般用普查、重点调查和抽样调查的方法,将取得的数字分门别类地整理,并进行相关分析,为战略研究提供完整的、系统的背景材料。

2.专家调查法。即利用专家在专业方面的知识和经验,做出直观的感觉和判断。有个人专家咨询、小组专家咨询、头脑风暴和特尔斐法等。

3.文献分析法。通过对各有关现存资料的分析,从中引证出对研究对象的看法或弄清事实真相的一种方法。主要有档案资料法、个人资料法、内容分析法。

4.追踪调查法。对同一方案在不同地点做多次调查,通过连贯性调查掌握事物发展的动态资料,从中找出规律性。

5.社会实验法。对研究制定的战略方案在特定地区进行小规模实验,以取得经验逐步扩大,以证明战略方案的可行性和实践性。

四、比较研究法

(一)发展战略背景的比较研究

任何发展战略总是在一定的系统背景环境中发展的,它是开放型的发展。研究发展战略必须内外结合,也就是系统自身和系统的环境相结合。发展战略背景的比较研究,就是为了达到这种结合,确定所要实现的发展目标与系统环境的关系。对于县域发展战略,应该比较它在现有的区域总体发展战略、在与其平行的区域发展战略、在其次级层次区域发展战略上的地位和相互作用,也要比较在不同部门的发展战略中的地位与相互作用,以及其他的比较。这类比较的目的,就是为了保证发展战略具有开放性,要在开放系统中而不是孤立系统中实现发展。这就要求发展战略的制定,在处理内外结合的关系时,应该由内到外,再由外到内,也就是立足内部条件,实现对外的发展,再由对外发展的需要,确定自身的发展战略。

(二)纵横比较研究

纵向比较是比较系统自身的历史、现实、未来的动态发展过程,认识发展中的系统结构的演化与改造、系统对发展的承受能力、系统对发展的内在动力。横向比较是比较系统与环境,比较跨系统的对应系统,比较战略思想、战略要素的不同对策与反对策,对要实现的目标做出比较排序(超前、同步、滞后)。

(三)发展优势的比较研究

发展战略的研究制定,都要寻找和发挥系统自身的优势,即所谓“扬长避短”,对于发展优势需要做比较研究,比较优势的层次性、现实功能与潜在功能,当前效益与长期效益等。对于县域发展战略,总可以发现本县在开发中的某些优势,如果就以这些优势作为论证发展战略的依据,是不够完备的。作为优势它也是一个系统,具有优势系统的层次结构,可以划分为自然资源优势、地理交通优势、技术产业优势、经济优势、科教优势等。这些优势的统一,形成科技、教育、经济协调发展的有机整体,也就是优势系统的整体结构。对于一个县域,进行优势比较研究的目的,就是要在系统与环境全局战略研究中,寻求实现途径、实现阶段和转化条件。

(四)决策比较研究

决策是发展战略研究的决定性环节,一切发展战略研究都是为决策起咨询服务作用的。衡量服务的主要内容,是向决策者提供比较研究的结果,它体现为一些主要的研究报告:(1)供决策者选择的不同的比较方案,阐述它们的根据,区别制约条件,进行优缺点对比。其中还包括向决策者提供正常决策方案与风险决策方案,以及各目的比较方案。(2)向决策者提供对策研究、决策比较研究,应该考虑决策之后会引起的对策连锁反应。(3)向决策者提供模拟方案实施后的比较研究。发展战略要在发展中实现,但却可以对方案做模拟实施的研究,比较不同实施方案的后果,提供宏观的发展趋势。

五、战略重点方法

改革开放以来,县域经济发展战略方案已逐渐转向群体方案,现正转向系统重点,即战略重点及其产业配置。这是一个包含着多个层次的战略发展经济社会系统。从战略重点的内涵来说,提出一个具有复杂结构的,不仅有外力而且有内力推动的,能产生“新质”的战略重点系统,应该是直接体现战略思想和战略目标等规定的战略主攻方向。围绕主攻方向进行的总体产业配置,能达到由战略(重点)到策略转换的具体产(行)业排序。将这些内容统一起来,以构成一个具有流变性与相关性的经济社会战略发展重点,以及由此决定的产业配置系统。

第十一章

欠发达地区县域经济科学发展

——以甘肃省会宁县为例

- 会宁县域经济发展的成就
- 会宁县域经济发展战略环境分析
- 会宁县域经济发展战略设想
- 会宁县域经济发展的战略任务
- 会宁县域经济发展战略实施

第十一章　欠发达地区县域经济科学发展
——以甘肃省会宁县为例

会宁县位于甘肃省中部、白银市南端，总流域面积6439平方公里，耕地面积226万亩，辖28个乡镇284个行政村11个社区，总人口58.45万人，其中农业人口53.49万人，占总人口的92%。会宁历史文化悠久，素有“秦陇锁钥”之称；革命传统优良，是红军三大主力的会师地；基础教育发达，是西北教育名县；绿色产业独特，是“中国小杂粮之乡”和“中国肉羊之乡”。但自然条件严酷，十年九旱，生态环境改善难度大；贫困人口多，贫困程度深，扶贫开发难度大。立足当前，着眼长远，制定科学的县域经济发展战略，探索一条欠发达地区县域经济科学发展之路，已是当务之急。

第一节　会宁县域经济发展的成就

“十一五”时期，会宁县全面落实科学发展观，积极抢抓中央扩大内需促进经济增长的重大机遇，坚持打响“三张牌”、走好“六条路”，认真实施“融入中心、基础先行、项目支撑、优势带动、科学发展”战略，加快建设“三区一带两支撑”，以项目建设为载体，转变发展方式，提高发展质量，国民经济持续快速健康发展。

一、经济实力显著增强

“十一五”末，全县生产总值达到32.4亿元，五年内翻了一番，净增17亿元，按可比价格计算，年均递增12.1%。其中第一产业达到10.1亿元，年均递增5.5%；第二产业达到9.8亿元，年均递增18.5%；第三产业达到12.5亿元，年均递增11.5%。人均GDP拥有量达到5571元，净增2978元，年均递增12%。完成县乡级财政收入3813万元，净增2469万元，年均递增23.2%。城镇居民人均可支配收入达到8251元，净增3643元，年均递增12.4%。农民人均纯收入达到2645元，净增1070元，年均递增11%。

二、经济结构继续优化

三次产业结构由“十五”末的37∶23∶40调整到30∶30∶40。农业和农村经济稳步发展，实施科技抗旱工程，推广全膜双垄沟播技术，粮食播种面积稳定在170万亩以上，粮食总产量达到2.76亿公斤，比“十五”末净增9460万公斤；主要农作物良种覆盖率达到95%以上，畜禽良种覆盖率达到60%以上，农业机械化水平达到14.1%。工业化水平明显提升，引进建成农业产业化龙头企业56家，引导组建农民专业合作组织190家，全县工业增加值达到5.34亿元，年均递增21%，规模以上工业增加值达到2.24亿元，年均递增51.6%。第三产业保持稳定增长，红色旅游持续快速发展，年接待游客达到100万人以上。发展各类集贸市场40多个，专业市场8个，基本建成以县城为中心、乡镇为骨干、村组为基础的商品流通网络体系；金融、保险、会计、房地产等现代服务业加快发展，各类服务日臻完善，服务水平显著提高。实现社会消费品零售总额13.25亿元，净增7亿元，年均递增16%。非公有制经济快速发展，从业人员达到2.3万人，增加值达到18.5亿元，占全县生产总值的57.8%，较“十五”末提高19.1个百分点。

三、基础设施不断加强

“十一五”时期，建设重点工程500多项，累计完成固定资产投资50亿元，是“十五”时期的3倍多。实施了农村沼气、病险水库除险加固、农村饮水安全、巩固退耕还林成果、新农村建设试点、城乡电网改造、通乡油路、以工代赈及易地扶贫搬迁、城区道路拓宽及棚户区改造、城区生活垃圾污水处理等一批城乡基础设施建设项目，建成农村户用沼气3.7万户，兴修水利工程22处，新修梯田27.8万亩，新增有效灌溉面积2.2万亩，农网改造2.27万户，通乡油路铺油382公里。农业产业园区、北河坪新城区的开发建设和长征北路、南路的改造拓宽，拉开了城市框架，新增城镇规划面积11平方公里，城乡综合承载能力和聚集效应进一步增强。

四、产业优势开始凸显

草畜、马铃薯、小杂粮、瓜菜等特色优势产业快速发展，成效显著。饲草面积达到100万亩以上，饲草料总量达到200万吨以上；牛饲养量达到10万头、羊饲养量达到120万只，分别比“十五”末增长15.5%、18%；马铃薯种植面积稳定在100万亩以上，年产鲜薯120万吨以上；小杂粮种植面积稳定在35万亩以上，总产量达到 3.5 万吨以上；瓜菜种植面积稳定在 20 万亩以上，总产量达到 12 万吨以上。

五、生态环境逐步改善

实施退耕还林(草)、"三北"四期防护林建设、天然林资源保护等重点林业生态工程。完成退耕还林(草)6.8 万亩，"三北"四期工程 4.3 万亩，天然林资源保护工程封山育林 1.3 万亩，森林资源管护 61.4 万亩，城区大环境绿化 0.71 万亩，国家级公益林建设 17.57 万亩，全县森林覆盖率达到 9.7%，比"十五"末提高 5 个百分点。加强国土整治和小流域综合治理，实施小流域综合治理 225 平方公里，有效遏制了水土流失和风沙危害。

六、对外影响明显提升

先后组织参加了"兰洽会""西交会""乡企贸洽会"等各类投资贸易洽谈会 25 次，招商引进企业 155 家，完成投资 15 亿元，提供就业岗位 2500 多个。成功举办红军会师七十周年大庆、三届红色旅游节、以"红军在这里走过，三军在这里会师"为主题的全国红色旅游研讨会和"会宁—六盘山—华池—延安"红色旅游线路推介活动；红军长征胜利纪念馆建成并免费开放，红军会师旧址被评为国家 4A 级旅游景区、全国"30 条红色旅游精品线路"、"100 个红色旅游经典景区"，会师楼被评为"大国印记：1949—2009 中国 60 大地标"，会宁被评为全国十大文化休闲旅游县、中国优秀红色文化旅游名县、中国优秀红色旅游目的地。"红色牌"已成为会宁对外交流中一张响亮的名片。

第二节　会宁县域经济发展战略环境分析

"十二五"时期是落实全面建成小康社会奋斗目标的关键时期，也是县域经济新一轮快速发展的重要战略机遇期，机遇与挑战并存。

一、有利环境

1.全球经济在后危机的重大调整中走向复苏，中国经济站在新起点上，整体回升向好的势头进一步巩固，全省经济呈现工业保持较快增长、投资保持高位运行、消费增幅全面提高的良好局面，为全县经济快速发展创造宽松的环境。

2.中央实施新一轮西部大开发战略,将陆续出台扶持力度更大的新政策,为进一步加强生态保护、加强基础设施建设、调整经济结构、转变发展方式和改善民计民生,逐步缩小全县与中西部地区及全国的发展差距提供了难得的政策机遇。

3.国务院出台《关于进一步支持甘肃经济社会发展若干意见》,国务院各部委将制定具体的支持措施,为全县谋划重大基础设施项目、发展特色优势产业、加快扶贫开发进程提出了明确的政策支持。

4.《陕甘宁革命老区振兴规划》的编制实施,为全县加大与陕甘宁革命老区之间的交流搭建了平台,为区域之间的合作提供了载体,为老区加快建设,争取更多的项目和政策赢得了先机。

5.国务院批准实施《甘肃循环经济发展总体规划》,会宁农业产业园区被批准为省级循环经济示范园区, 有利于全县加快农业产业化步伐, 推动工业化进程,进一步提高资源综合利用率,实现园区快速发展。

6.《六盘山连片特困区扶贫攻坚与区域发展规划》的出台实施,进一步加大了扶贫攻坚力度,有利于加快会宁县特困地区区域发展,有利于贫困人口整体脱贫致富、缩小地区发展差距,有利于保障“兰白都市经济圈”生态安全屏障、推动区域协调发展,有利于保障和改善民生、促进老区人民共享改革发展成果。

7.“兰白都市经济圈”建设将白银提升到“中心”地位,为会宁抢抓“中心带动”“以人为本、科学转型”的机遇,积极参与区域分工协作,调整空间布局,优化资源配置,紧跟白银率先发展步伐,争取跨越式发展,提供了广阔的空间。

8.近几年全县经济持续快速增长,交通区位优势更加突出,对外影响力进一步提升,红色旅游、金色教育、绿色产业的优势逐步凸显,为全县新一轮发展夯实了一定的物质基础。

9.全县发展思路更加清晰,发展愿望更加强烈,发展信心更加坚定,发展环境更加优化,发展措施不断完善,激发了全县干部群众干事创业的活力,为全县加快新一轮发展,推进转型跨越,实现全面小康提供了新的条件。

二、不利环境

1.自然条件严酷。年均降水仅 300 毫米,年蒸发量达到 1800 毫米,且降雨不均。人均水资源占有量仅 120 立方米,是全省、全国的 1/10 和 1/18,低于严重缺水线,靠天吃饭的局面在短期内难以摆脱。

2.扶贫开发任务艰巨。全县仍有 24.75 万人处于贫困线以下,占全县农业人口的46%，贫困面较大；农民收入水平低，群众因灾、因病、因市场波动、因子女上学返贫的问题比较突出，贫困程度深。

3.基础设施建设相对滞后。水利工程设施老化，55个老泵站急需改造，水浇地增加难度大，保灌面积仅为22.8万亩。水源建设项目少，全县仍有32.67万人存在着饮水困难和饮水安全问题，县城供水严重紧缺。农村公路密度小，里程短，等级低，通达能力有限，仍有约4000公里的农村公路需要改造提升。农网改造到户率低，仍有3万多农户的用电未改造，供电可靠性低。

4.产业调整压力较大。农业产业化程度低，整体竞争力不强；工业化处于初始阶段，工业经济比重偏小，竞争力弱，增长方式粗放；第三产业发展活力不足，带动经济发展能力弱。

5.经济总量较小。人均GDP、县级财政收入、固定资产投资水平低，经济实力处于全省、全市后列。资源、环境和人口矛盾突出，人均资源占有量居全省末尾。城乡二元结构突出，城镇化水平低，城镇化率仅为21%。

第三节　会宁县域经济发展战略设想

一、战略指导思想

全面贯彻落实科学发展观，抢抓西部大开发战略的纵深推进、国务院支持甘肃经济社会发展、陕甘宁革命老区振兴、六盘山连片特困区扶贫攻坚与区域发展规划等机遇，全面建设"红色旅游、绿色产业、金色教育"三大基地，认真落实强化基础、振兴产业、改善民生、促进和谐"四项根本任务"，加快培育全膜种植增收、草畜产业富民、工业经济强县、文化旅游兴业"四大产业体系"，努力建设产粮大县、草畜强县、梯田化县、西北教育名县、全国红色旅游名城和国家历史文化名城"四县两城"，促进县域经济的转型跨越发展，为"建设新会宁，全面达小康"建立经济支撑。

二、战略原则

1.项目支撑，跨越发展。全面把握发展的科学内涵，把项目作为经济社会发展的有效载体，用项目牵引经济社会发展，实现发展速度与质量的统一，增强综合实力和竞争力。

2.绿色增长，持续发展。把发展的可持续性放在更加突出的位置，资源开发和节约并举、生态恢复建设和环境保护并行，大力发展绿色经济、循环经济和低碳经济，实现经济效益与生态效益双赢。

3.与时俱进，创新发展。把弘扬“坚定信念、艰苦奋斗、团结一致、敢于胜利”的会师精神和以改革创新为核心的时代精神相结合，培育创新能力，咬定目标不放松，一张蓝图绘到底。

4.统筹兼顾，协调发展。妥善处理好城市与农村，人与自然，改革、发展与稳定之间的关系，促进各方面利益相互适应、良性互动，实现经济与社会协调发展。

5.以人为本，和谐发展。把提高人民群众的生活水平作为一切工作的出发点和落脚点，更加关注民生、改善民生，使发展的成果惠及全县人民，实现富民与强县的有机统一。

三、战略目标

“十二五”期间，实现“五翻番、四提高、两降低、一突破”，即全社会固定资产投资、工业增加值、社会消费品零售总额、大口径财政收入、一般预算收入翻一番，生产总值、城镇居民可支配收入、农民人均纯收入、城镇化水平实现新提高，万元生产总值能耗、污染物排放总量进一步下降，粮食总产量有新突破。

生产总值年均增长12%；第一产业年均增长6%，第二产业年均增长18%，第三产业年均增长12%。

全社会固定资产投资年均增长16%。

社会消费品零售总额年均增长15%。

一般预算收入年均增长15%。

城镇居民可支配收入年均增长10%。

农民人均纯收入年均增长12%。

城镇登记失业率控制在4%以下。

人口自然增长率控制在7‰以内。

第四节 会宁县域经济发展的战略任务

“十二五”时期，把强化基础、振兴产业、改善民生、促进和谐作为县域经济发展的根本战略任务，努力做优一产、做强二产、做大三产，加快新型工业化、信息化、城镇化、农业现代化建设进程，推动全县经济社会跨越式发展。

一、大力发展农业和农村经济，建设社会主义新农村

按照“生产发展、生活宽裕、乡风文明、村容整洁、管理民主”的总体要求，加强农业和农村基础设施建设，优化农业布局结构，加大农业科技示范推广力度，构建现代农业发展体系，促进农民持续增收，稳步推进社会主义新农村建设。

(一)优化区域布局

依托自然资源条件、产业基础及发展潜力，按照“因地制宜、突出优势、强化基础、壮大产业”的总体思路，不断优化区域布局，调整农业结构，实现多元化发展。以207线为主的优势产业示范区：打造207线高效草畜产业化长廊，使该区域成为新技术应用、新产品开发的现代高效农业示范推广区。以“引洮”工程覆盖区为主的节水农业区：大力推广旱作节水农业，稳定马铃薯、玉米种植，抓好砂田地膜籽瓜、温室蔬菜等作物种植，推广蓖麻等特种作物种植。以南部半干旱山区为主的生态农业区：依托东南部海拔较高、雨水相对较多的自然条件，进一步优化林、草、粮种植结构，在抓好冬小麦、小杂粮、油料作物种植的基础上，加大以林、草建设为主的生态环境建设，逐步实现生态产业化和产业生态化。

(二)突出农业产业体系建设

全膜种植增收。按照压夏扩秋、压低扩高、压单扩复、水地全套种、平地全铺膜、坡地全种草的“三压三扩三全”总体思路，调整农业产业结构。继续研究探索科技抗旱增收措施，以全膜双垄沟播技术的旱作区整体覆盖为载体，组装配套旱作农业新技术、新品种、新材料、新机具，建设旱作区高产高效田，着力打造全省产粮大县，使全膜种植真正成为粮食增产、农民增收和工业发展的基础产业，真正成为农村社会稳定的基础工程。以全膜种植为基础，做强草畜产业、做优马铃薯产业、做精小杂粮产业、做深农产品加工业。到“十二五”末，实现马铃薯种薯全脱毒化，贮藏能力达到50万吨以上；建成4户以上年生产能力超过2万吨的精淀粉和变性淀粉加工企业，建设10万吨玉米淀粉和果品、杏仁、籽瓜、沙棘产品生产线。

草畜产业富民。以草畜产业促进年、提升年建设为基础，认真开展草畜产业标准年、质量年、效益年、巩固年、优化年建设活动，抓龙头兴产业，抓大户带群体，抓基地上规模，抓标准接市场，建设全省“草畜强县”。加快推进良种繁育，做好动物疫病防控，加强畜牧信息化建设。严格执行畜产品质量安全监管措施，引

导养殖户开展标准化生产，大力发展无公害、绿色、有机产品，初步建立农产品溯源机制。落实草原禁牧制度和草畜平衡制度，促进草原生态保护补助奖励政策顺利实施并取得实效。建成草产品加工生产线和浓缩饲料、全价饲料生产线，新建肉牛、肉羊、肉鸡和生猪屠宰加工生产线，建设鲜原奶配送中心和乳制品生产线。到"十二五"末，建成苜蓿标准化生产基地30万亩，饲草总产量达到300万吨以上，产业化养殖企业达到50家，标准化养殖小区达到300个，规模化家庭养殖户达到5万户，草畜产业增加值占农业增加值的比重达到60%以上，草畜产业收入占农民人均纯收入的比重达到50%以上，真正成为农业农村经济和农民增收的支柱产业。

(三)推广农业科技

加快推进农业科技进步，落实抗旱增收措施，优化品种结构，提高单产水平，着力实施"五大工程"。抗旱增收工程：把全膜双垄沟播技术推广作为全县科技抗旱增收"1号工程"，每年完成全膜双垄沟播面积100万亩以上。良种工程：建立健全主导品种、接替品种、后备品种三个层次分明的良种培育、扩繁和引进机制，主要农作物良种覆盖率达到98%以上，畜禽良种改良率达到100%。沃土工程：建立测土配方施肥数据库，抓好田间试验和技术推广，引导群众科学合理施肥，全县98%以上的耕地实施测土配方施肥。植保工程：以小麦条锈病、马铃薯晚疫病、玉米红蜘蛛病等病虫害防治为重点，全面提升农作物病虫害的综合治理与应急控制能力。高产创建工程：以规模规范化高效套种和全膜双垄沟播为主，大力推广保护性耕作、节水灌溉等增产技术，创建水浇地高产高效田，发展旱地高产田。

(四)加快扶贫开发

认真对接国家扶贫开发政策，创新扶贫开发机制，转变扶贫开发思路，以农民增收为核心，积极争取国家、省、市扶持力度，坚持扶贫开发与农村最低生活保障相结合、与新农村建设相结合，大力实施整村推进、生态移民、易地搬迁、科技扶贫等工程，不断改善贫困山区的生产生活条件，提高群众的生活质量和水平。"十二五"期间，解决7万贫困人口的基本温饱问题。

(五)完善服务体系

以公共服务机构为依托，合作经济组织为基础，龙头企业为骨干，公益性服务和经营性服务相结合，培育多元化农技推广体系，推进农业信息服务社会化。构建农业科技推广服务体系：健全乡镇农业科技和农机推广服务体系，逐步建立村级服务站点，提高农业科技贡献率和农业机械化水平。构建农业信息服务体系：争取实施“金农工程”，完善农产品预警、市场监管和科技信息服务系统。构建农产品质量安全保障服务体系：大力推进农产品质量安全认证工作，加强农产品品牌建设，把资源优势转化为品牌优势，把品牌优势转化为市场优势。构建动植物疫病防控服务体系：建立健全县、乡、村三级防疫网络，积极推进统防统治和绿色防治。强化农民专业合作组织：以龙头企业、农业生产基地和科技示范户为主体，组建草畜、马铃薯、小杂粮专业合作经济组织150家，提高农民的组织化程度。

(六)发展劳务经济

积极实施“农村劳动力转移培训计划”和“阳光工程”“雨露计划”等工程，扶持发展劳务公司，开拓劳务市场，建设劳务基地，打造劳务品牌，扩大输转规模。整合现有培训资源，依托职业教育、远程教育和短期集训，开展多层次、多元化的专业技能培训和有组织的劳务输出。“十二五”期间，每年输转农村富余劳动力10万人(次)以上，到2015年，全县劳务经济总收入达到14亿元以上。

(七)建设新农村

按照分类指导、分层推进的要求，以试点建设为抓手，以小城镇建设为突破，整合各类资源，加快新农村试点建设步伐。鼓励全民创业，加大农村制度建设和创新，统筹城乡发展，加快村庄水、电、路、田、林、沼气统一规划和配套建设步伐，促进生产发展、生态安全、基础改善和农民增收，努力促进基层组织规范化、村镇建设总规划、村组道路全硬化、农民增收产业化、文化生活多样化、惠民政策一体化，全面推进社会主义新农村建设，实现全县农村整体面貌改观。

二、不断改善工业基础条件，推动工业经济加快发展

坚持以扩大规模为重点，技术创新为核心，培育品牌为目标，提升传统产业，壮大优势产业，培育新型产业，走新型工业化路子。围绕西城产业开发区、郭城工业集中区、南城现代草产业综合开发区和农产品加工产业园、轻纺服装加工产业园、电器工业产业园、玉米加工产业园“三区四园”，培育工业发展载体，培育核心工业企业，培育地方特色品牌，培育科技型上市企业，培育多元化融资平台，培育规模化民营企业“六个培育”，加快工业经济发展。抓好农产品加工业、农业配套产业、轻纺服装产业、电器制造产业、能源新能源产业、矿产资源勘查开发等“六大产业”。到2015年，形成1个10亿元以上产值、2个5亿元以上产值、5个3亿元以上产值、20个亿元以上产值的核心企业，规模以上企业达到32户，实现规

模以上工业增加值翻两番,初步形成支撑县域经济的地方工业体系。到 2020 年,形成亿元以上产值的核心企业 35 个。

(一)农产品加工产业

立足县域农产品资源优势和农产品加工龙头企业,按照基地规模化、生产集约化、产品标准化、加工精深化的发展方向,不断提升加工技术水平,扩大生产能力,以规模求发展,以特色争效益,着力提高农产品加工精深度和产品档次,促进产业内部专业化分工,形成良性循环、错位发展的农产品精深加工产业,转化特色资源优势为现实经济优势,努力把会宁建设成为全省特色农产品加工基地。

整合提升马铃薯淀粉加工业。以规模化、集约化发展为目标,整合现有淀粉加工企业,淘汰设计能力低、工艺设备落后、成本高、污染高、效益低的小型淀粉加工企业,重点扶持年产万吨以上淀粉加工企业,新上休闲食品等精深加工生产线,依托马铃薯加工核心企业组建马铃薯淀粉集团,实现集约化发展。到 2015 年,建成 4～5 家工艺设备先进、生产能力 2 万吨以上的大中型精淀粉、变性淀粉龙头企业,新建 2～3 家马铃薯休闲食品精深加工企业。

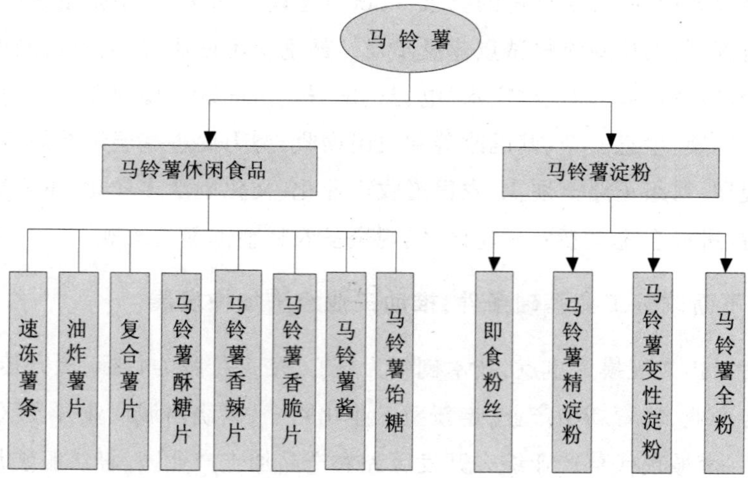

图 11-1　马铃薯加工产业链

做精做优杂粮食品加工业。实施中国食品营养学会、中国特别膳食标准委员会杂粮研发实验项目,依托科研院所,成立小杂粮研发机构,加大新产品研发力度,增强企业技术创新能力,提高科技含量和附加值,实现由初级加工向精深加工转变。申报小杂粮原产地认证,培育国家和省级知名品牌,争取使会宁小杂粮走向全国,走出国门。引进和扩大杂粮高端食品生产线,到 2015 年,建成 1000 吨杂粮营养均衡粉、2 万吨杂粮休闲食品、1000 吨苦荞保健醋、5 万吨玉米淀粉、3 万吨亚麻油生产线，组建 5 个以上小杂粮专业合作社，建设农产品藏储物流中心，依托小杂粮核心企业组建企业集团，全县小杂粮加工企业达到 15 家。大力支持小杂粮出口创汇，到 2015 年全县小杂粮年出口创汇达到 2000 万美元。

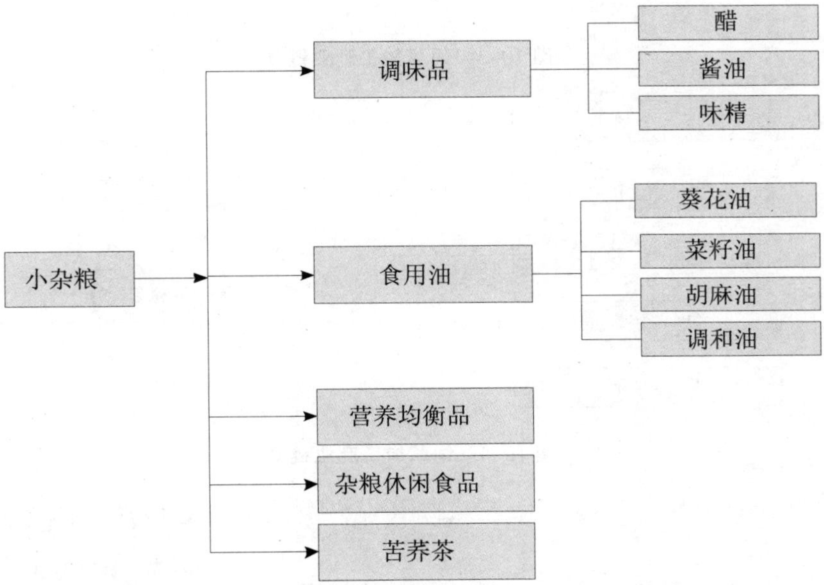

图 10-2　小杂粮加工产业链

做大做强草畜产品加工业。围绕打造“草畜强县”的目标，依托优势资源，引进战略投资者，着力开发饲草料、肉制品、乳制品，延伸产业链，提高附加值。一是充分挖掘较为丰富的玉米秸秆和紫花苜蓿资源优势，引进草颗粒、浓缩饲料、全价饲料加工企业，建设 30 万吨紫花苜蓿草颗粒生产线和 10 万吨浓缩饲料、全价饲料生产线。依托草产品加工核心企业，组建草产业集团。二是引进冷冻肉、冰鲜肉、传统肉制品加工技术，建立完善肉制品加工全程质量控制体系；新建肉羊、肉牛、肉驴、生猪、肉鸡和獭兔屠宰加工生产线；新建气体调节库，构建肉制品冷链物流系统；三是依托奶牛养殖企业，引进原料奶、营养奶加工技术，建设鲜原奶配送中心和乳制品生产线。

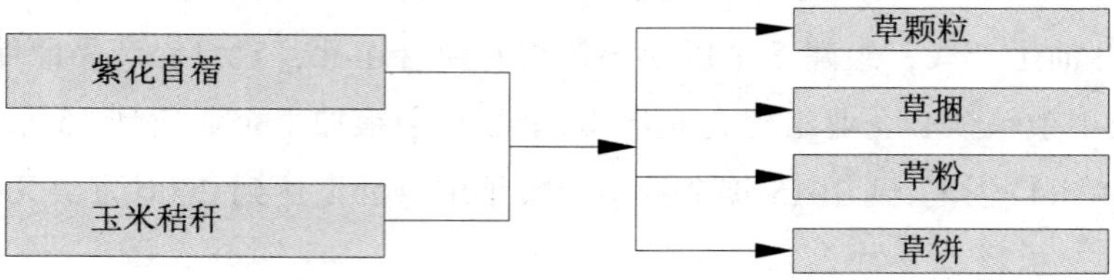

图 10-3 饲草加工产业链 A

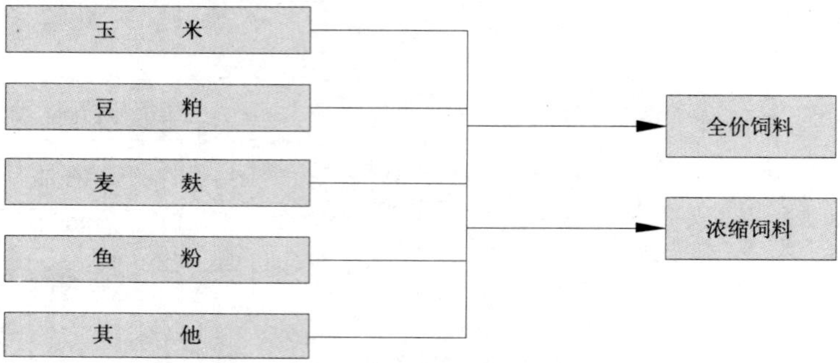

图 10-4 饲草加工产业链 B

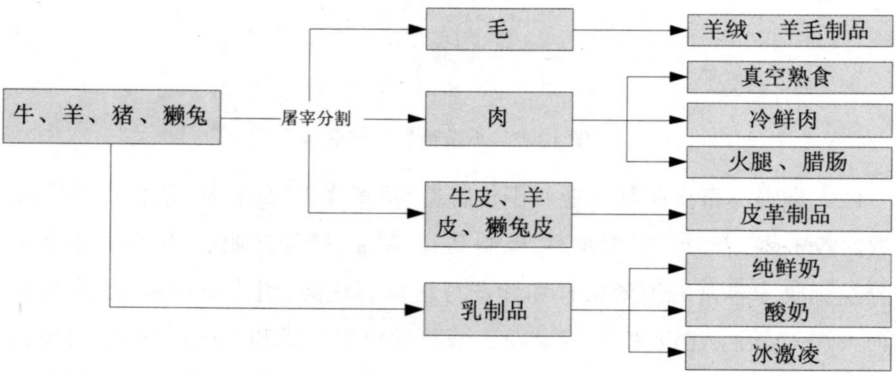

图 10-5 畜产品加工产业链

加快发展瓜果产品加工业。依托全县籽瓜、苹果、杏和香水梨等特色优势资源,寻求战略投资者,深度开发杏、籽瓜汁、苹果饮料、香水梨罐头等公众营养产品。依托会宁菊芋种植的地域优势,扩大规模,着力开发特色榨菜、泡菜和调血糖、抗癌等系列保健品。新建年加工 1000 吨黑瓜子加工厂 1 家、建立购销加工点 28 个;新建 20000 吨杏仁露、1000 吨杏干杏脯、2000 吨杏仁油、5000 吨杏仁粉生产线;新建年产 2 万吨苹果汁、籽瓜汁加工企业各 1 家。

积极对接陇西中药材加工基地，依托其技术优势，以优良品种的引进、试验、推广和基地建设为重点，在南部二阴地带建成中药材种植基地 3.5 万亩；以深加工为手段，在园区新建中药材深加工基地，加大技术改造力度，提高加工能力，在做精饮片加工的基础上，大力发展中药浸膏和中药材有效成分的提取，开发中药制剂等产品。加强与科研院校、大型医药企业之间的联系，以新、特药品为主要特色，大力推广新技术、新工艺，引进年加工处理中药材 6000 吨加工设备一套，建成一批中药材深加工企业和制药企业。

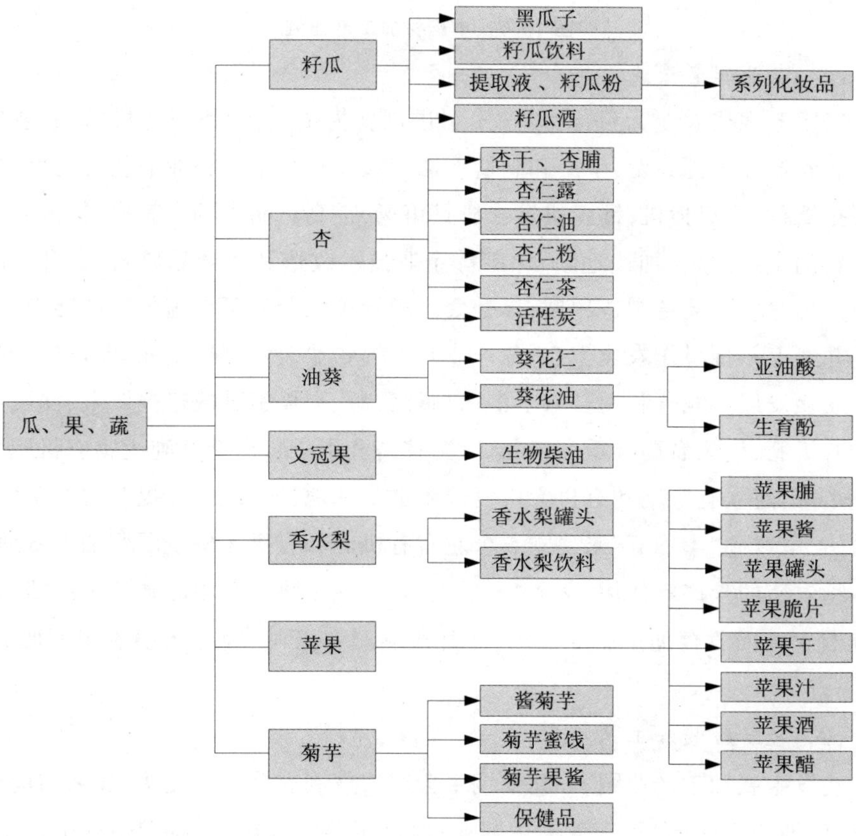

图 10-6　瓜果蔬加工产业链

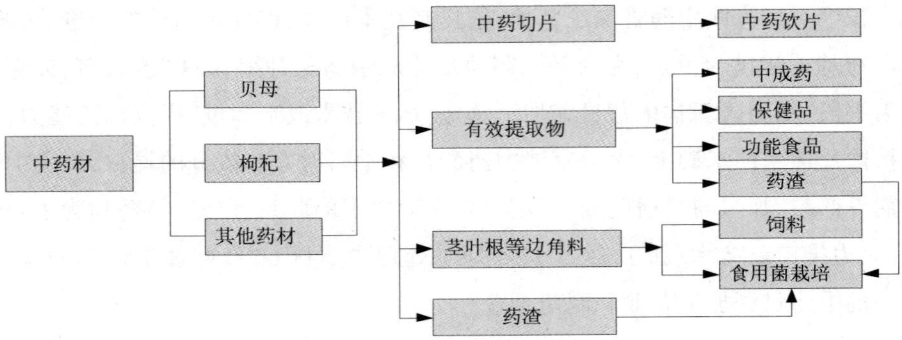

图 10-7　中药材加工产业链

(二)农业配套产业

以服务现代农业为目标,以技术引进创新为重点,加快农业机械、农业生产资料和农业装备的开发、生产和制造。加大农业机械生产企业的整合力度,进一步开拓播种机、点播机、铺膜机等农机具市场,提高产品市场占有率。扩大农业生产资料的生产规模,加快地膜、化肥等企业技术改造和新产品研发,提升产品竞争力。拓宽农业装备制造领域,提升聚乙烯管等农业灌溉设施的生产能力,积极引进并新上一批旱作农业生产、草产业开发等农业装备制造企业,促进生产品种向多元化发展。充分利用县域丰富的秸秆资源,积极引进战略投资者,深度开发生物有机肥、生物农药等系列产品。大力扶持和引进年产 200 吨生物有机肥生产企业 1 家,建立有机肥和有机无机复混肥加工基地,通过"增""提""改""防"等主导措施,争取到"十二五"末建立 5 个左右有机肥和有机无机复混肥加工基地。加大生物农药的生产和使用,争取"十二五"末实现生物农药 100 吨的生产能力。建立废旧农膜回收再加工企业 1 家,年加工新膜 2 万吨,建立废旧农膜回收站 10 个。

(三)轻纺服装加工产业

建设服装加工产业园,以北京铜牛会宁宏慧制衣公司为龙头,加强与南通好多衣、南通长城集团、重庆梦柯达鞋业、北京至美等公司的沟通联系,引进 10 家以上服装加工企业,加快形成服装加工产业集群。培育产值上 3 亿元服装加工企业 1 家,培育产值上 1 亿元的服装加工企业 3 家。依托全县牛羊养殖业资源优势,引进先进技术和战略合作者,深度开发羊毛和羊绒产品、皮革制品,延伸养殖业产业链,提高附加值。引进羊毛、羊绒生产线 1 条,新建年加工牛皮 10 万张、羊皮 30 万张生产线。依托全县丰富的种植业秸秆资源,积极引进战略合作者,开发麻板、包装箱、包装袋等绿色包装产品。依托原地毯厂生产技术和装备，整合民间手工作坊，鼓励民间资本入注，积极承接东部沿海产业转移，以会宁红色文化为内涵，开发普通地毯、轿车坐垫和高档次壁毯等系列劳动密集型产品，拉动劳动力就业，促进农民增收。

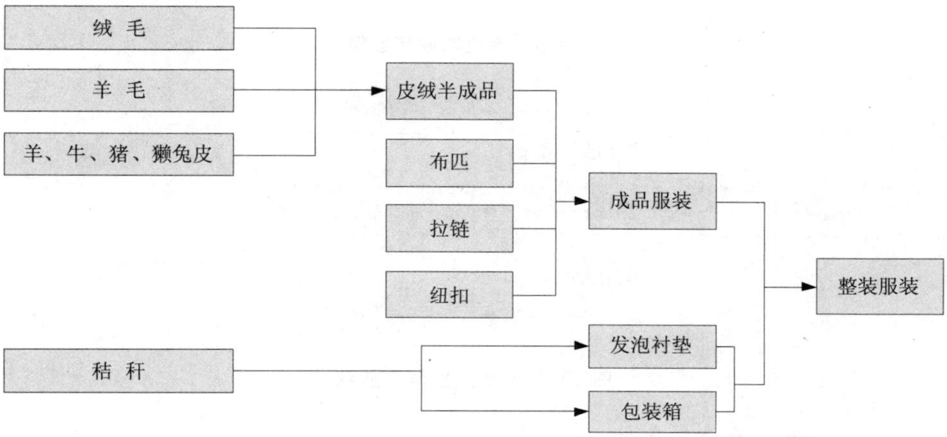

图 10-8 服装加工产业链

(四)电器制造产业

以飞扬电器为起点，加快与山东奇威特集团等大型企业的合作，加大招商引资力度，承接产业梯度转移，建设电器制造产业园，引进 10 家以上电器制造项目，培育产值上 1 亿元企业 5 家。

(五)能源新能源产业

坚持节约优先、加强环保的原则，按照广覆盖、多形式的发展思路，加大能源建设力度，加快农网改造步伐，优化 35 千伏、10 千伏及以下网架结构，农网改造到户率达到 98%以上，实现城乡同网同价。依托区域内较为丰富的光热、风力资源和周边地区的煤炭资源，加快光伏、火电开发建设步伐。以华家岭 50 万千瓦风电场为起点，在会宁发展 200 万千瓦风电，建设甘肃黄土丘陵地区最大的风电场。充分利用县内充裕的秸秆优势，大力发展以秸秆发电为主的生物质能源。在农村大力发展和普及以沼气、太阳能为主的清洁能源。加大对接和争取力度，争取建设定西至会宁天然气管道工程，努力形成多元化能源利用格局。

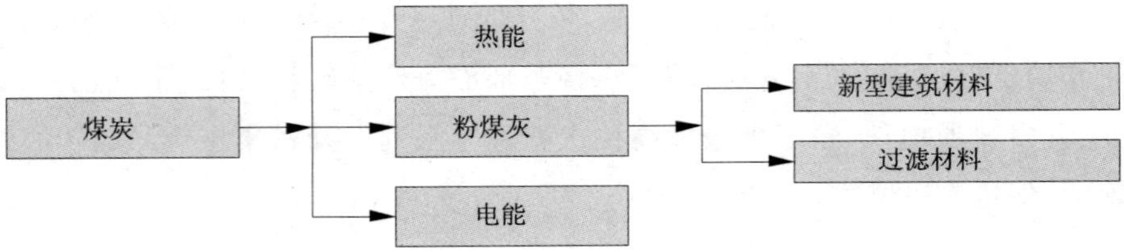

图 10-9 传统能源产业链

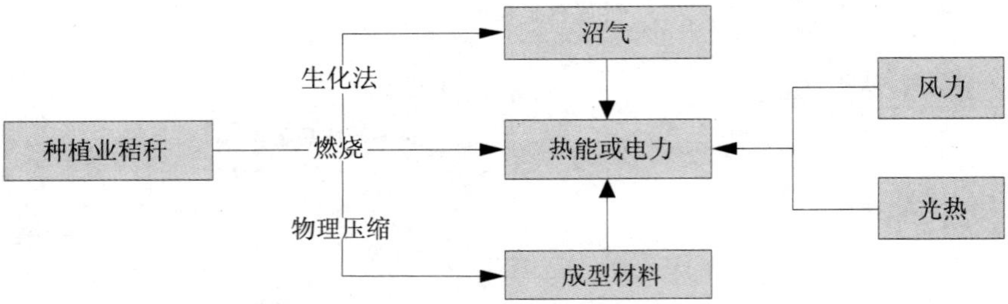

图 10-10 清洁能源产业链

(六)矿产资源勘查产业

加大资源勘查力度,尽快探明矿藏储量和分布地域,加快开发步伐,将资源优势转化为经济优势。启动实施凹凸棒、煤炭、石油天然气、磁铁矿开发勘探项目,设立土高、大沟、平头一带凹凸棒勘查区,甘沟、翟所、老君一带煤炭勘查区,定西盆地会宁县境内油气勘查区,南部多金属矿勘查区。

(七)信息化建设

以信息基础设施建设为龙头,以信息资源开发为重点,以打造"数字会宁""平安城市""平安校园"为目标,改造现有网络,优化网络结构,利用市县级数据交换平台,逐步实现现代信息技术在经济、社会发展中的广泛应用。加大信息化硬件、软件设施建设,建设光缆纤芯 4.5 万公里,配备通信管道 300 孔公里,建成电子政务、电子商务、平安城市、平安校园等较为完善的公共服务信息平台。加快建设农村信息化服务网络,用信息技术改造农业,提高农业现代化水平。加快工业信息化建设,以信息化带动工业化,县内中小企业互联网应用普及率达到 85%以上。积极推进"三网融合",实现信息网络全覆盖和信息资源共享。

三、加速发展第三产业,提升现代服务业水平

把发展现代服务业作为提升第三产业的重要手段,创造良好的消费环境,大力发展各类与居民消费息息相关的服务业,培育新的经济增长点,形成人流、物

流、信息流、资金流的大通道,增强消费对县域经济的拉动力。

(一)培育龙头

以红色旅游为牵引,放大亮点、延长短板、三色互动、整体提升,不断丰富红色旅游内涵,加快旅游业发展,增强旅游业对各行各业和县域经济的整体带动能力。放大亮点,就是深入挖掘以长征文化和会师文化为主的红色文化,不断提升精品景点的影响力:规划建设中国工农红军第一、二、四方面军会宁烈士陵园,全面完成“两大改造提升项目”,精心打造“一台常规红色演出”,着力对接“两条精品红色旅游线路”,培育形成“三条县域红色旅游线路”,积极开发“五大系列红色旅游产品”。延长短板,就是要深入挖掘以农耕文化、黄河文化、丝绸之路文化、民族宗教文化为主的会宁历史文化,打造西部历史文化名城:结合旧城区改造,建设状元风传统历史文化一条街;结合祖厉河城区段综合治理,建设汉唐风丝绸之路文化一条街;结合新城区开发,建设现代风餐饮娱乐文化一条街。“三色互动”,就是要促进红色文化、历史文化和产业文化相融合,发挥旅游资源优势:强化以会师旧址为核心的红色旅游,开发以金色教育为牵引的历史文化旅游,发展以绿色产业为主导的休闲观光旅游,以红色旅游扩大影响,以历史文化提升品位,以休闲观光增强活力,形成互补共促的旅游新格局。整体提升,就是要丰富红色旅游内涵,把历史文化、休闲观光纳入红色旅游范畴,形成红色旅游大概念,实现旅游发展三大目标:确保红色旅游在甘肃的龙头地位,年接待游客达到200万人次以上,旅游业成为县域经济支柱之一。通过繁荣文化旅游事业,加快推进国家级历史文化名城和全国红色旅游名城建设,带动全县各行各业的振兴发展和县域经济的扩张增量,形成一业带百业、百业强一业和一业繁荣、百业兴盛的生动局面。

(二)打造支点

把市场建设作为培育第三产业发展的支点来打造,结合旧城改造和新城开发,优化商业网点结构,大力发展专卖、特许、电子商务等新型商业形态,着力培育一批上规模、高品位的特色商业企业、街区和购物商场。着力培育房地产市场,加快房地产开发步伐,加大商品房、经济适用房和廉租房建设力度,培育和发展房地产交易市场和住房租赁市场,促进普通商住房消费的快速增长。以特色优势产业为依托,以重点乡镇为支点,着力建设红堡子瓜籽豆类市场、河畔肉羊市场、新添沙湾肉牛市场、县城马铃薯市场等区域性专业市场和侯川禽蛋市场、太平大家畜市场、平头马铃薯市场、郭城早熟马铃薯和瓜菜市场、头寨果品市场、汉岔草业市场等产地专业市场，提升市场竞争力和辐射带动能力。

(三)增加门类

加快发展现代金融业，以发展担保公司为重点，通过改革、调整、引进、合作等形式，组建银行类金融机构，探索设立农业保险等专业性保险公司，逐步形成人民银行、银行业监管机构、政策性银行、商业银行、农村信用社、信用担保公司、小额贷款公司等种类齐全、功能互补的金融管理和服务体系。积极发展法律、会计、审计、资产评估、工程咨询、公证、商务等面向生产的服务业。大力发展文化娱乐、体育健身等新兴消费业和家政等社会服务业，推进服务产业化，建立管理规范、服务到位、收费合理、居民满意的社区物业管理体系。

(四)扩大流通

积极发展现代物流业，加强医药、商品等物流配送中心和乡镇邮政所建设，为群众提供快捷便利的服务；大力发展超市、专业店等连锁经营，加快实施"万村千乡"农家店改造工程，扩大商业网点，建立覆盖面广、商品齐全的城乡流通网络。深入开展家电下乡，汽车、摩托车下乡和家电、汽车以旧换新活动，不断扩大消费热点。加大"退市还路"市场工程建设，规范集贸市场。以荞麦出口为突破口，扩大特色农产品出口品种和数量。新建加油站和天然气加气站。

(五)增强活力

以提高服务品质和档次为目标，用新技术、新服务方式，对传统住宿餐饮业、商品零售业和商贸市场进行改造升级，优化布局，创造需求，引导消费，促进传统服务业经营效益提高和高级化发展，推进传统服务业向高附加值、高层次、知识性的生产和生活服务业转变。改造升级现有宾馆、饭店、娱乐中心，争创3家星级宾馆，有效实现宾馆、餐饮、娱乐对旅游业的支撑，促进传统服务业与现代服务业的相互融合与统一。

四、加强基础设施建设，构筑经济快速发展载体

坚持项目是推动经济发展的第一动力，发展抓项目不动摇，以基础设施建设为重点，加大投资力度，扩大投资规模，提高投资质量和效益，不断夯实发展基础。

(一)加强水利建设

坚持走天上水、地下水、地表水"三水"齐抓，引、挖、节、蓄、截"五措"并举的水资源开发利用之路，实施引洮一期会宁北部供水及配套工程、靖会工程甘沟延

长段改造工程,争取引洮二期会宁供水工程开工建设,有效解决水资源短缺问题和城区供水矛盾,增加水浇地面积;实施农村饮水安全项目,新建刘寨等7处农村饮水安全供水工程;争取祖厉河川台地平整配套工程、55座小泵站和支干渠改造建设;实施雨水集蓄利用工程,居住分散的村社户均达到5眼水窖;加固改造水库1座,建成骨干坝9座、淤地坝13座。

(二)加强农田建设

坚持兴田改土并举,持之以恒地修梯田、压砂田、增水地。围绕建设"梯田化县"的目标,以小流域为单元,以旱山塬区小于25度坡耕地为重点,集中连片推进农村土地整理,进一步扩大梯田面积,改造中低产田,有效增加全县优质耕地总量,新修梯田50万亩;坚持起老更新和新建并举,加大铺压砂田力度,稳定砂田面积10万亩;依托引洮工程建设和黄灌区灌溉设施改造,扩大有效灌溉面积,新增水浇地5万亩。全县水土流失治理程度达到60%以上。

(三)加强交通公路建设

以连接县县、县市、县省公路建设为重点,以干线公路建设为保障,完善优化区域内公路交通运输网络。积极推进境内国、省道晋等升级,加大县道改造升级,实施红土公路、河嵩公路等县道铺油工程;启动"通村油路"工程,争取80%的通村公路得到改造硬化;实施以运输物流中心、公路客货运站点、公路养护管理中心为主的交通枢纽建设。到"十二五"末,争取实现干线公路高等级化,县乡公路全铺油,乡村道路水泥化。

(四)突出抓好招商引资

把招商引资作为推动县域经济发展的重要措施,常抓不懈,重点放在农产品、草畜、凹凸棒、旅游等产业开发和项目、资金、技术、人才引进上,坚持内外资并举、多产业并举、大中小项目并举,延伸招商引资触角,大力开展以产业链专题招商为主的各种招商活动,创新招商机制。"十二五"时期,招商引资达到30亿元以上。

(五)建立项目储备库

对接国家投资导向和产业政策,以基础建设、产业开发、生态改善、农民增收为重点,围绕交通能源建设、矿产资源勘查、生态环境治理、特色产品加工、社会事业发展等方面,凝练项目200项以上,规划总投资700亿元以上。超前谋划长远重大建设项目,加大白银经会宁至平凉铁路、白银至会宁高速公路、郭城火电厂、煤炭石油勘查、定西至会宁天然气管道建设、祖厉河城区段综合治理、靖天公路升级改造等重大项目的前期工作，提高项目成熟度，争取早日立项实施。

五、建设“三区一带两支撑”，带动城镇化新发展

“三区一带两支撑”是会宁发展县域经济的战略方针，按照“打造大平台、引进大项目、培育大产业、创建大品牌”的思路，加快建设西城产业开发区、郭城工业集中区、中国·会宁现代草产业科技园区，培育207线优势产业带，突出会师镇、郭城驿镇两大支撑点，把“三区一带两支撑”建设成为融入“兰白都市经济圈”的载体，壮大特色优势产业的主战场、招商引资的主阵地，县域经济发展的动力源和增长极。

(一)提高西城产业开发区承载能力

以升级为省级循环经济示范园区为契机，按照“打绿色牌、建设陇中绿色产业基地”的目标，发挥“全国农产品加工示范基地”“全国农村科普示范基地”“甘肃省科普示范基地”“甘肃省中小企业创业孵化基地”“甘肃省循环经济试点园区”等优势，依托马铃薯和豌豆淀粉加工、小杂粮综合开发、杏仁露生产、农用地膜生产、酿酒、PE管材生产、饲草料加工、商贸流通、服装加工、职业教育等多元化产业发展基础，重点加大招商引资力度，积极承接东部和省市产业转移，以增强产业集聚度、推进产业集群化为重点，土地等要素集约化为目标，着力引进劳动密集型、资本密集型产业，重点建设服装加工产业园，通过骨干企业品牌带动，实现规模化生产。举全县之力，集中攻坚，努力建设以农副产品加工、服装加工、物流配送、交通运输和职业技术教育为主的现代化工业园区。

加强产业园区基础设施建设，实施207线道路改线亮化，会师大道拓宽改造及子干道建设工程，加快园区供排水管道建设，实现水、电、路、暖、通讯等基础设施全面配套；建设园区派出所、幼儿园、社区服务中心、文化室、医疗卫生中心、金融网点、商业超市和专业市场等公共服务设施，为园区企业入驻、生产要素聚集奠定基础。把产业园区建成培育和发展现代产业的新高地、推进科技进步和创新的新平台、加快转变经济发展方式的示范区、发展循环经济的载体、吸引大企业大项目的洼地、扩大对外开放的窗口和推进全县经济社会跨越式发展的新引擎。到“十二五”末，园区建成面积5.5平方公里，入园企业达80家，总投资突破8亿元，产值达到15亿元，增加值达到5亿元，卫生、教育、金融等社会服务机构健全，配套设施完善。

(二)加快建设郭城工业集中区

以土地规整和增容扩区为契机,按照设施完备、功能齐全、特色鲜明、产业聚集的要求,建立高效灵活的开发体制,积极引进战略投资者,鼓励本地民间资本集中创业,坚持高新技术产业与传统特色优势产业相结合,资本密集型产业与劳动密集型产业相结合,现代加工制造与资源勘查开发相结合,现有的农产品加工业与为农业配套的制造业相结合,按照"一年打基础,两年见成效,三年大发展"的目标,加快道路、供排水、绿化亮化、通讯、市场等基础设施建设,布局建设火电厂、凹凸棒、硅铁、电石研发中心,引进建设籽瓜、玉米秸秆饲料加工等龙头企业,把郭城工业集中区建设成为以农副产品加工为主导,以高效养殖、农业生产资料及装备、商贸流通为支撑,以新型建材、能源及新能源、中药材加工、轻纺、矿产资源勘查等为接续的新型工业区。打造会宁北部区域经济中心,金融、商业服务和物流集散中心,农副产品精深加工基地,全县招商引资、承接东部产业转移的高效平台,县域经济跨越发展的增长极。到"十二五"末,工业集中区初具规模,入区企业达到30家,总投资突破5亿元,总产值突破8亿元。农副产品加工形成15个千万元以上产值、4个亿元以上产值的龙头企业。

(三)着力打造中国·会宁草产业科技园区

加快草产业开发,把会宁建成以优质牧草种植基地、标准饲草加工基地、饲草分类储备基地、优质牧草种子繁育基地、商品饲草集散基地、国家级草产业科研示范基地和草产品价格信息中心、草产品质量检验中心、人才技术培训中心"六基地三中心"为支撑的全国知名的优质饲草种植加工区和国家级牧草储备基地,全面提升草产业核心竞争力,探索一条优质草业、循环农业、生态环境可持续发展的长效机制,实现立草为业、富民强县的目标。

(四)强化207线优势经济带

因地制宜,大力发展设施农业和规模养殖,发展壮大207线特色优势产业,提升产业综合实力。加强镇区水、电、路、林、暖、通信、广播电视配套和商业网点、贸易市场建设,力争建成县域经济发展的辐射带、高效农业和特色农业的示范带、养殖业为主的示范长廊。依托产业开发、移民搬迁、新农村建设,发展一批产业主导型、商贸支撑型等特色明显的小城镇,促进城镇与新农村相互协调、统筹发展。"十二五"末,207线生产总值占全县生产总值的80%以上。

(五)提升县城城市化水平

坚持建设与管理并重,建立政府引导与市场运作相结合的开发建设融资机制，不断加强基础设施建设，落实各项政策措施，积极促进各种生产要素向县城靠拢。实施好会宁城区供水一期工程及配套、祖厉河城区段综合治理及绿化工程、北河坪新城区基础设施建设、县城污水处理厂及排水管网建设项目后续工程、县城集中供热改扩建工程、会宁会展中心建设等项目，增强县城综合承载能力。理顺建管机制，推动城市管理法制化、人性化、精细化，创建整洁、文明、生机、和谐、绿色的城市形象，提升城市品位，实现县城与中心镇、小城镇相互融合、相互促进，推进全县城镇化进程。以郭城工业集中区建设为载体，把郭城镇建设成为全县经济重镇。到2015年，县城人口达到16万人以上，郭城镇镇区人口达到6万人以上。到2020年，县城人口达到20万人以上，郭城镇镇区人口达到10万人以上。全县城镇化水平达到40%以上。

六、建设资源节约型环境友好型社会，增强可持续发展能力

坚持把建设资源节约型、环境友好型社会放在全县生态文明建设的突出位置，加强生态建设和环境保护，大力发展循环经济，不断增强区域可持续发展能力，促进人与自然和谐发展。

（一）加强生态建设

坚持建设与管护并举，科学规划，合理布局，推进林草建设。实施退耕还林（草）、"三北"防护林体系建设、天然林资源保护、国家级公益林、华家岭林带会宁段云杉林改造、人工种草基地建设等重点林草生态工程，实施退耕还林工程40万亩、"三北"防护林工程10万亩、天保工程5万亩、封山育林40万亩、异地造林工程60万亩、农田林网0.5万亩、果品基地25万亩，中幼龄林抚育改造91万亩，人工种草150万亩。到2015年，全县森林植被面积达到166万亩，森林覆盖率达到17%以上。加大封山禁牧和林草抚育管护力度，防止水土流失。加快城区绿化进程，坚持以庭院绿化为依托，以"三山"绿化为屏障，以道路绿化为骨架，以公共绿地建设为重点，推进周边大环境绿化，进一步改善城市面貌。大力开展全民义务植树活动，加强会师园、长征胜利景园等景点绿化保护建设，长征路、会师路、延安街等主要路段景观绿化及"三山"生态绿化、高速公路过境段风景林带建设，实施祖厉河城区段综合治理工程，建设集防洪、生态改善、城市休闲、旅游观光于一体的城市景观长廊。到2015年，城区绿化覆盖率达到23%。

（二）加强环境保护

全面认真落实环境保护及节能减排政策，严格执行项目建设环境影响评价

和“三同时”管理制度，加强城乡环境综合整治，提高环境污染治理能力，加大废旧地膜回收利用力度，推广使用清洁能源，调整农村能源结构，推进农村能源建设。加强环保队伍能力建设，构建环境监测预警体系，逐步提升环境监管能力，形成全社会共同参与保护环境的良好氛围。加大节能减排力度，加快企业技改和高新技术推广应用，全面实现全县万元GDP能耗、万元GDP电耗、规模企业增加值能耗、规模企业万元产值能耗达标。

（三）建设资源节约型社会

实施资源节约战略，坚持开发与节约并重。加强国土资源管理，严格落实土地管理基本国策，实行最严格的耕地保护制度，严肃查处违规违法使用土地行为，正确处理好保护耕地与保障发展的关系，积极开发整理土地，合理开发利用矿产资源，提高利用率。积极开发、引进和推广节水新技术、新材料、新工艺和新设备，全面推进城镇集中供暖和生活污水、生活垃圾无害化处理，建立“农户收集、镇村清运、集中处理”的农村生活垃圾集中处置制度。

（四）大力发展循环经济

以农业产业园区为载体，加大循环经济试点工作力度，构建粮、草、畜、沼肥循环体系。加大农业循环，建设肉类、牧草、林果、蔬菜、瓜类、马铃薯、中药材等无公害循环农业基地和绿色食品达标示范基地。大力发展农村清洁能源，推广秸秆有机转化和畜禽粪便无害化处理，加快户用沼气、联户沼气、大型沼气建设，形成循环产业链和循环生态农业链。加大地膜等废旧物品的回收再利用力度，促进工业循环经济建设，努力形成工农业相互推进、产业链较为完善的循环经济模式。

第五节 会宁县域经济发展战略实施

一、战略实施阶段

按照宣传动员、固本强基、强力推进的总体部署推进战略的快速实施。

1.宣传动员阶段。加大对战略的宣传力度，充分利用各种媒体，采取多种形式，广泛宣传，使县域经济发展战略的奋斗目标成为全县人民的共同蓝图，在全社会形成人人关心战略、自觉参与战略的良好氛围。

2.固本强基阶段。依托会宁经济社会发展的比较优势和国家支持甘肃加快发展的政策叠加优势，发挥后发优势，突出“三区、一带、两支撑”的空间框架，着力加强产业配套设施建设，强化经济发展硬环境；着力提升政府行政效能，改善示范区人居条件，优化经济发展的软环境。为战略实施夯实基础。

3.强力推进阶段。充分发挥县域比较优势，按照“一年打基础，三年见成效，五年大发展”的总体部署，强力推进战略的实施。

一年打基础：全面启动战略实施的各项工作，明确战略发展定位，优化发展环境，健全工作机制，推进园区建设，构建战略实施的基本框架，为全面实施战略开好头、起好步。

三年见成效：作为县域经济发展的重点区域“三区、一带、两支撑”建设取得重大进展，具有鲜明特色的产业发展格局初步形成；自主创新能力和公共服务能力进一步增强，全县经济综合实力显著提升，实施战略取得阶段性成果。

五年大发展：战略主要目标任务基本完成。现代产业体系基本建成，产业结构优化升级，城乡居民收入大幅提高，生态环境更加优美。

二、战略实施保障

1.加强组织领导。成立县域经济发展战略实施领导小组及办公室，全面负责战略的组织实施，明确工作要求，靠实工作责任；各部门成立相应的领导机构和工作机构，落实领导责任，细化分解工作目标和任务，推动战略有效实施。

2.重视战略衔接。加强全县总体战略与部门战略衔接，相互对应，相互协调，体系统一，突出宏观性、战略性和政策性；加强总体战略和部门战略与省、市总体战略和专项战略的对接，增强针对性和可操作性。

3.强化政策引导。建立健全战略实施推进机制，完善与战略相配套的各项政策措施，综合运用经济、法律、政策手段推进战略实施。进一步改善宏观调控，着力整顿和规范市场经济秩序，营造良好的发展环境。

4.建设人才队伍。牢固树立人才是第一资源的观念，以人才资源能力建设为核心，抓住培养、吸引和使用人才三个环节，不断创新工作机制，加强人才保障，形成人才资源的有效开发、合理使用、有序流动、科学管理。

5.推动科技创新。加大农业实用技术、品种的引进、试验、示范和推广力度，加快企业技术创新、产品创新、工艺创新和管理创新，扩大与科研院所的合作领域，加强科技队伍建设，完善科技服务体系。

6.建立项目支撑。把项目建设作为县域经济发展的支撑点和增长点，坚持发展抓项目，以项目建设为载体，实行国家投资、招商引资和民间资本一起上，以项目争取国家支持，以项目吸引投资，以项目扩张优势、配置资源。

7.提高融资能力。充分发挥国家投资项目的引导作用，鼓励社会投资向支撑战略实施的关键领域聚集。充分发挥政府的桥梁纽带作用，深化银企合作，扩大内联外引，积极探索建立有效的信用担保体系，推动企业直接融资。

参考文献

[1] 胡福明.中国县域经济学[M].南京:江苏人民出版社,1987.

[2] 刘志澄,余汉新.对县域经济发展的几个问题的认识[J].齐齐哈尔大学学报,1988(9).

[3] 王怀岳.中国县域经济发展实论[M].北京:人民出版社,2001.

[4] 谢之奋,凌耀初.县域经济发展的理论和实践[M].上海:上海社会科学院出版社,1996.

[5] 张金山.县域经济导论[M].杭州:杭州大学出版社,1997.

[6] 厉以宁.区域发展新思路——中国社会发展不平衡对现代化进程的影响与对策[M].北京:经济日报出版社,2002.

[7] 朱舜.县域经济学通论:中国行政区域经济研究[M].北京:人民出版社,2001.

[8] 陈锡文.发展县域经济,实现国民经济的良性循环[EB/OL].[2011-09-13].http://www.china-county.org.

[9] 刘福刚,孟宪江.中国县域经济年鉴:2004 卷[M].北京:社会科学文献出版社,2005.

[10]李小三,徐鸣.关于县域经济的理论思考[J].江西社会科学,2000(3).

[11] 陈清.关于县域经济问题的若干思考[J].学术论坛,2004(1).

[12] 刘俊杰.县域经济发展与小城镇建设[M].北京:社会科学文献出版社,2005.

[13] 闫恩虎.县域经济论纲[M].广州:暨南大学出版社,2005.

[14] 中郡所.县域经济评价指导思想:一壮大三提高,科学评价助推科学发展[EB/OL].[2011-09-13].http://www.china-county.org/index.html.

[15] 中郡所.县域经济评价体系[EB/OL].[2011-09-13].http://www.china-county.org/index.html.

[16] 中郡所.中郡所第十一届全国县域经济基本竞争力与县域科学发展评价报告[EB/OL].[2011-08-20].http://www.china-county.org/index.html.

[17] 中郡所.建设幸福县域初探[EB/OL].[2011-09-13].http://www.china-county.org/index.html.

[18] 谭运进.县域经济发展评价的意义和指导思想研究[J].湖北第二师范学院学报,2009(6):85-86.

[19] 常春光,贾兆楠.县域经济评价理论创新与体系构建[J].科技进步与对策,2011(7):94-97.

[20] 蔡艳芳.县域经济评价研究综述[J].现代商贸工业,2011(5):86-87.

[21] 唐志强,王丁宏.县域特色产业选择的指标体系构建[J].统计与决策,2010(6):75-77.

[22] 祝爱民,王温冉,于丽娟,等.基于模糊层次分析的县域特色产业选择[J].沈阳工业大学学报,2011(7):251-253.

[23] 孙新宝.县域经济发展中特色产业问题研究[D].青岛:中国石油大学(华东),2006.

[24] 毛尔炯.产业集群促进县域经济增长的实证分析——来自浙江绍兴县纺织业的证据[D].武汉:华中农业大学,2006.

[25] 许秀查.县域经济范围内的产业集群研究——以晋江制鞋产业为例[D].厦门:厦门大学,2006.

[26] 李焯章,李磊,郭新力.特色产业与湖北县域经济研究[J].江苏商论,2007(7):125-127.

[27] 王小慈,薛晓光,胡宝民.欠发达县特色产业发展的制约因素及其对策[J].中小企业管理与科技,2009(2):108.

[28] 杜文忠,唐贵伍.西部地区县域特色产业发展对策研究[J].重庆大学学报:社会科学版,2010(16):1-6.

[29] 李焯章,叶三薇,梁志朋,等.县域特色产业的集群化发展[J].江苏商论,2008(6):142-144.

[30]向书坚,郑瑞坤,郜元兴.循环经济视角下的县域经济增长质量评价指标体系研究——以江苏省江阴市为例[J].中南财经政法大学学报,2011(01):9-15.

[31] 江苏无锡副市长坦承苏南发展模式破坏环境[N].第一财经日报,

2006-09-18.

[32] 谁是渭河污染之源——渭河污染与治理调查之二[N].陕西日报,2005-09-07.

[33] 蒲火元.湖南省资源节约型与环境友好型县域经济发展研究[D].长沙:湖南师范大学,2009.

[34] 张坤.我国县域经济发展中环境保护问题对策研究[D].西安:长安大学,2007.

[35] 王彦武.发展县域经济的分析与思考[J].汉江论坛,2004(8).

[36] 蔡则祥.县域经济发展中的金融支持问题研究[J].经济学研究,2003(7):31-36.

[37] 钟园.地方性商业银行进入有利于缓解县域融资难题——徽商银行舒城县支行案例[J].中国金融,2007(1):65-66.

[38] 何志红,陈正达.寻找商业可持续的小额信贷模式——台州市商业银行"小本贷款"试点[J].中国金融,2007(1):63-64.

[39] 陈荣国,陈江.完善信用体系与制度建设是解决县域经济融资难的有效途径——临夏市案例[J].中国金融,2007(1):61-62.

[40] 夏法云等.解决县域经济融资难的途径[J].济南金融,2000(6):55.

[41] 韩泽县,张伟.县域经济融资难的现状、成因及对策分析[J].中国农业大学学报:社会科学版,2003(4):45-49.

[42] 陈国莉.县域经济发展中的金融支持问题研究[J].河南师范大学学报,2006(5):115-117.

[43] 李岱新.县域经济中小企业融资困境的原因分析[C].贵州大学硕士学位论文.2006.

[44] 袁珊.我国欠发达地区县域经济发展中融资问题研究——以江西省宜春市为例[C].厦门大学硕士学位论文.2009.

[45] 山东省经济和信息化委员会.德州临邑打造县域经济全业态投融资平台[EB/OL].[2011-12-07] .http://www.sdetn.gov.cn/portal/jmxx/jxgz/cyfz/webinfo/2011/12/1322976490676989.htm.

[46] 张国兴.县域经济发展战略的思考[J]. 辽宁师范大学学报:社会科学版,2005(8).

[47] 尹学彬,尹航.县域经济发展的战略意义和对策[J]. 农业科技管理,

2009(6).

[48] 徐小钦.试论特色县域经济发展战略的制定[J]. 西南民族学院学报:哲学社会科学版,1999(8).

[49] 蔡国华.县域经济理论与实务[M].西安:陕西人民出版社,2007.

[50] 薛国文.县域经济发展探索[M].郑州:郑州大学出版社,2008.

[51] 高焕春.县域经济发展论[M].济南:山东人民出版社,2005.

[52] 厉克奥博.改革开放与中国县域经济[M].北京:中国经济出版社,2008.

[53] 熊耀平.县域经济发展理论、模式与战略[M].长沙:国防科技大学出版社,2001.

[54] 张洪力.县域经济发展模式的理性思考[J].中州学刊,2006(4):59-61.

[55] 战炤磊.县域经济发展模式:自身局限与演进趋势[J].山东社会科学,2005(12):59-62.

[56] 张茹.县域经济发展模式:江苏省个案 [J].改革,2005(9):47-52.

[57] 赵伟.县域经济发展模式:基于产业驱动的视角[J].武汉大学学报,2007(4):481-486.

[58] 江振娜.政府扶持型县域经济发展模式研究——福建仙游县工艺美术产业实证分析[J].福建行政学院福建经济管理干部学院学报,2008(2):90-96.

[59] 战炤磊.中国县域经济发展模式的分类特征与演化路径[J].云南社会科学,2010(3):109-113.

[60] 梁兴辉,王丽欣.中国县域经济发展模式研究综述[J].经济纵横,2009(2):123-125.

[61] 梁四宝,张新龙.资源型县域经济发展模式探讨[J].理论探索,2007(2):111-113.

[62] 陈丽平.基于产业联动的县域经济发展模式研究[J].科技和产业,2009(10):13-16.

[63] 陈泽浦.沿海县域经济发展模式研究——以山东沿海县市为例[D].青岛:中国海洋大学,2004.

[64] 王立志.县域创业环境与经济发展的关系研究[D].长春:吉林大学,2008.

[65] 王森.县级政府在县域经济发展中的职能研究[D].泰安:山东农业大学,2006.

[66] 洪曦.农村城镇化对湖南省县域经济增长的实证研究[D].长沙:中南大学,2008.

[67] 谢德刚,吴友群,廖信林.城镇化与县域经济协调发展机制探析[J].江西金融职工大学学报,2009(2):84-87.

[68] 陈玉光.城镇化规律与我国城镇化战略策略选择及制度创新[J].江淮论坛,2010(6):17-22.

[69] 张云华.城镇化进程中要切实保护农民土地权益[J].发展研究,2010(12):105-107.

[70] 赵泉民.论县域经济发展中的政府职能定位与政府能力[J].发展研究,2010(12):105-107.

后 记

改革开放三十多年来,我国经济高速增长。有经济学家预言,用不了太长的时间,到2020年前后,中国就会进入世界高收入国家行列。如果是这样,中国就是在不到一百年的时间,从一个积贫积弱的国家,进入了世界强国行列。这是中华民族和中国人民长期不懈努力的结果。这主要得益于新中国的建立,社会主义制度的成熟,特别是中共十一届三中全会以来,以市场化为取向的改革开放,以及强有力的行政推动。改革开放,奠定了经济发展的制度基础,解放了社会生产力,激发了全社会的创业活力,使中国经济纳入世界经济大循环之中,实现了经济社会大发展。

同时,我国的政治体制决定了行政功能对经济社会发展的巨大推动力。行政功能是通过行政区划内各级政权组织发挥的。我国的行政区划是在历史发展过程中逐步形成的,虽然期间战争交错、区域纷争、你来我往、分分合合,有过无数次大的调整和民族融合,但总体格局基本稳定。这种基本稳定的行政区域,在经济社会长期发展过程中,就形成了基本的经济区域。在幅员辽阔的中国,区域经济的特征非常鲜明。区域内自然环境、人文特征、资源禀赋,成为基本经济要素。在此基础上形成的区域经济,有效发挥了区域内的资源优势,增强了区域竞争力。我国行政区域与经济区域是基本重合的,离开自给自足的自然经济,在外向度不断提高的新经济状态下,区域经济自然会参与世界经济的循环与竞争;同时,在以经济建设为中心的政绩观引领下,各个行政区域都注重和追求经济发展的速度,这种中国特色的宏观调控与市场竞争相结合的机制,助推了区域经济发展。

县域经济是区域经济的一种基本表现形态。中国的行政体制中,县的形式最稳定,自从郡县制诞生以来,县级行政机构设置一直存在,置县数量不断增多。历朝历代,对县一级政权组织都是坚持的,在政治稳定和社会发展中发挥了极为重要的作用。中国经济体制改革的深入推进和成功"软着陆",与县一级行政体制的稳定密切相关,也是县域经济稳定与发展的结果。改革开放以来,我国县域经济发展取得了丰硕成果,实现了由单一的农业经济向复合的多元经济转变,由计划经济向社会主义市场经济转变,由城乡二元结构向城乡一体化发展转变,由温饱型经济向全面小康转变。许许多多的县,工业崛起,农业产业化推进,城市化成为现实,县域经济的内生机制不断成熟,外向度迅速提高,成为国民经济和社会发展的有力支撑。无论从历史上看,还是从现实与未来看,县域经济在国民经济和社会发展中都有着举足轻重的作用。因此,中国的经济学家对县域经济非常关注,研究者甚多,而且各级政府的官员也非常重视。

中郡县域经济研究所是一家专门从事全国县域经济研究咨询和服务的单位,被称为"中国县域经济第一所"。我对县域经济的关注,也是从对中郡所的关注开始的。在我的工作学习中,中郡所的资料帮助很大。国内研究县域经济的著述很多,我收集的有刘国斌的《县域经济学》,古建佳的《县域经济学》,朱舜的《县域经济学》《中国行政区域经济研究》,黑龙江省县域经济学会的《农村改革与县域经济发展》,郭翔宇的《农业基础建设与县域经济发展》,李苗、郭建民、欧恒等人的《县域工业与金融研究》,郭建民的《中国县域金融体系发展与重构研究》,刘翠娥、赵国杰、兰国良等人的《县域产业集群的形成与发展》,许洪范的《县域经济增长差异及其收敛性研究》,姚超雄的《县域经济发展战略研究》,杨俊亮的《县域经济"三维一体"发展的哲学沉思》,胡福明的《中国县域经济学》,胡宝清、黄锡富、秦毓军等人的《县域循环经济发展评价理论方法与实例研究》,周金堂的《国家背景下的工业化与县域经济发展》,黄复真的《中国县域经济学》。这些著作,有的我做过深入研读,有的只是泛泛而看,都对我启发很大。《县域经济纵横》一书,是我出于对县域经济的关注和对经济问题的爱好而写的,之所以是"纵横",而没有用"研究"或"学"之类的字眼,是因为我不是经济学家或者大学专职教授,只是一些自己的想法,更重要的是在关注这些问题过程中的学习,是一种学习的方式方法。所谓"纵横",就是轻松的探讨,自然的研究,有一些随意性,不受学院理论束缚。

本书写作过程中,得到了许多人的支持。这其中,有我上中央党校研究生班时的老师,有我的领导,有我的同事,也有我的学生,还有我的朋友,我将赠书为谢。特别是兰州大学的聂华林教授,兰州理工大学的蔺全录教授,对我的鼓励和帮助;兰州大学出版社的领导和编辑们,给予了更大的支持,他们付出了辛勤的劳动。在此,我一并表示诚挚的感谢!同时,由于书中引用资料较多,其中的一些资料未能注明出处，在此希望得到原文作者的理解。我深知，关于县域经济的问题，各级领导、专家学者、社会各界人士，都有许多真知灼见，他们的研究有很多闪光之处，都是我要认真学习钻研的。限于我的学习能力、知识水平，以及掌握资料的程度，书中一些资料可能不很准确，其中的一些观点也可能与大家的认识有一定差距，还可能存在这样那样的一些问题，在此，请大家给予谅解。

王科健

2013.09.15